新型

现代交际礼仪实用教程

（第3版）

张岩松／主　编

清华大学出版社
北京

内 容 简 介

本书是"国家精品课程"微课＋电子活页版教材、"课程思政"建设·校企"双元"合作教材。本书根据行业、企事业单位日常活动所涉及的现代交际礼仪,构建"1大基础、3大模块、8个项目、18项任务"的内容体系。本书在绪论中阐释了"现代交际礼仪"国家精品课程的建设历程和经验,探讨了现代交际礼仪的含义、特征、原则、功能、修养等基本问题。在此基础上设计了个人形象礼仪、日常交际礼仪、交际活动礼仪三大模块,每个模块下设课程思政指南、若干个项目(共有仪容礼仪、服饰礼仪、仪态礼仪、会面礼仪、沟通礼仪、职场礼仪、会务礼仪、服务礼仪8个项目)、电子活页和思政园地。每个项目下设学习目标和若干任务(共18项任务)。每项任务即为一个现代交际礼仪训练单元,由案例导入、任务分析、任务设计、基本知识、任务评价、课后练习构成。全书体例新颖,内容丰富,版式灵活,且相关教学资源丰富,十分利于教学,使学生在练中学、学中练,学练结合,将礼仪规范不断内化为行为习惯,塑造出全新的自我。

本书既可作为应用型本科院校、职业教育本科院校、高职高专院校各专业学生的礼仪课程教材,也可作为各界人士提高礼仪素养和交际能力的优秀读物及自我训练手册,同时还可作为各企事业单位进行礼仪岗位培训的创新型教材。

图书在版编目(CIP)数据

新型现代交际礼仪实用教程/张岩松主编. —3 版. —北京:清华大学出版社,2023.4
ISBN 978-7-302-63265-8

Ⅰ. ①新… Ⅱ. ①张… Ⅲ. ①心理交往－礼仪－高等学校－教材 Ⅳ. ①C912.1

中国国家版本馆 CIP 数据核字(2023)第 058778 号

责任编辑:张龙卿
文稿编辑:李慧恬
封面设计:范春燕
责任校对:李 梅
责任印制:曹婉颖

出版发行:清华大学出版社
  网 址:http://www.tup.com.cn, http://www.wqbook.com
  地 址:北京清华大学学研大厦 A 座   邮 编:100084
  社 总 机:010-83470000   邮 购:010-62786544
  投稿与读者服务:010-62776969, c-service@tup.tsinghua.edu.cn
  质量反馈:010-62772015, zhiliang@tup.tsinghua.edu.cn
  课件下载:http://www.tup.com.cn,010-83470410
印 装 者:三河市龙大印装有限公司
经 销:全国新华书店
开 本:185mm×260mm 印 张:17 字 数:392 千字
版 次:2011 年 8 月第 1 版 2023 年 4 月第 3 版 印 次:2023 年 4 月第 1 次印刷
定 价:59.00 元

产品编号:095681-01

第三版前言

当今，现代交际礼仪的重要性日益显现。它是衡量人类文明程度的准绳，是个人交际技巧和应变能力的反映，也是现代人际交往的润滑剂。礼仪课程已成为高校学生重塑自我形象以及提升自身修养与素质的一个主要途径。大连职业技术学院"现代交际礼仪"课程是全国首门礼仪方面的国家精品课程（2007年立项建设），本书正是多年来该课程建设成果的结晶。本书自2008年第1版、2015年第2版出版以来，受到兄弟院校的普遍欢迎，先后16次印刷，发行近40000册。此次对全书进行了全面修订和创新，融合了最新教材编写理念，是具有工学结合特点、任务导向特色教材建设的一次新的有益尝试。本书特色更加鲜明，更加符合高等职业院校礼仪课程教学的需要，是高等院校应用型特色教材、"国家精品课程"微课＋电子活页版教材以及"课程思政"建设·校企"双元"合作教材。

作为活页式教材，本书便于开展项目式教学。本书对现代交际礼仪基本知识进行了认真梳理，并在其间穿插了"小案例""小故事""小贴士""小训练""小幽默"等板块，以增强启发性、互动性和趣味性。作者精心制作的22个微课小视频以及部分"小案例""小故事""小贴士"和"课后练习"中的"案例分析题原文"等精彩内容，以二维码形式呈现。本书中"电子活页"为每个模块下拓展阅读与学习的内容，也以二维码形式呈现。本书嵌入二维码105个，既方便了学生用手机扫码观看和阅读，又极大地扩展了教材的内容，丰富了教材的容量。

本书着力突出"课程思政"建设，专设"课程思政指南"和"思政园地"栏目，将思政教育潜移默化地融入现代交际礼仪中，发挥协同效应，构建"价值引领、知识传授和能力培养"三位一体的育人体系，促进学生思想道德水平的提升。

作为校企"双元"合作的新型实用教材，本书由职业院校一线教师与行业企业一线专家共同研究、联合编写。本书由"现代交际礼仪"国家精品课程负责人张岩松担任主编，由北京北控健康产业投资管理有限公司项目经理、北京恒颐健康管理有限公司副总经理赵晨和"现代交际礼仪"国家精品课程主讲教师穆秀英、高琳担任副主编。具体分工如下：张岩松编写绪论和项目1，赵晨编写项目2和项目8，穆秀英编写项目3、项目5和项目6并完成PPT课件等教学资源的制作，高琳编写项目4和项目7并完成微课小视频的制作。全书由穆秀英统稿，张桐菲参与部分资料收集和文字录入工作。

按照立体化教材开发的要求，本书提供的教学资源包括课程教学大纲、电子教案、PPT

课件、课后练习答案及案例分析提示、模拟试卷等，极大地方便了教师的授课和学生的自主学习，也为广大读者朋友提供了有益的参考。

本书编写过程中，参考了大量文献资料和网络资源，在此向这些资料和资源的原作者表示衷心的感谢。由于受时间、条件、水平所限，书中难免存在疏漏和不足之处，敬请广大读者批评指正。

"礼节乃是一封通行四方的推荐书"（［英］培根），希望本书一如既往地受到高校师生的喜爱、欢迎与支持。祝朋友们事业兴旺发达，有"礼"走遍天下！

编　者

2022年10月

目　录

绪　论

模块 1　个人形象礼仪

模块 2 日常交际礼仪

模块 3　交际活动礼仪

绪 论

不学礼，无以立。

——《论语·季氏》

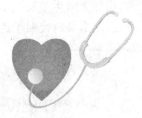

0.1 "现代交际礼仪"国家精品课程建设

对当今大学生加强礼仪教育是时代赋予我们一项十分重要的任务。1999年，大连职业技术学院开始开设"现代交际礼仪"课程，成为智慧健康养老服务与管理专业（原专业名：老年服务与管理）、酒店管理与数字化运营专业（原专业名：酒店管理）、现代文秘专业（原专业名：文秘）学生的专业基础课程，也成为其他专业学生的通识教育课程（公共选修课）。为了做好这门课程的教学工作，我们重点突出了"工学结合"人才培养模式改革的特点，重视校内学习与实际工作的一致性，突出教学过程的开放性和职业性，大力加强对学生实践能力的培养。经过多年的改革和建设，取得了良好的效果。2007年，大连职业技术学院"现代交际礼仪"课程获评国家精品课程，它是国家精品课程中的首门礼仪方面的精品课程。多年来"现代交际礼仪"课程建设可以归结为以下方面。

"现代交际礼仪"
国家精品课程建设

一、课程思政实施策略

2016年12月，习近平总书记在全国高校思想政治工作会议上强调："要坚持把立德树人作为中心环节，把思想政治工作贯穿教育教学全过程，实现全程育人、全方位育人，努力开创我国高等教育事业发展新局面。"[①]为实现全程育人、全方位育人的目标，一方面，高校继续坚持思想政治理论课程在思政教育中的核心地位，发挥思政教育的主战场作用；另一方面，加强其他课程的德育内涵，以思政为基础设计教学内容，探索教学改革之路，发挥课程思政的价值及引领作用。上海大学社会学系顾骏教授对"课程思政"的定义如下："在非思政课的平台上通过激活或融入思政元素，优化教学方法，促进专业培养与立德树人相得益彰的教学形式"。可见，"课程思政"的内涵是将非思政课与思想政治课同心同行，合力协同，实现"专业培养"与"立德树人"二者相辅相成、相得益彰的教育理念。因此，一定要通过礼仪课程培养学生的礼仪素养，形成良好的道德习惯，"以礼引德，以礼显德，以礼行德"，实现立德树人的思政教育功能。[②] 现代交礼仪课程的课程思政实施策略如下。

（一）将思想政治教育浸润于现代交际礼仪教育中，引导学生树立正确的
　　　 "三观"

要主动地将思想政治教育渗透到现代交际礼仪课程中，大力提倡做有理想、有信念的人，引导大学生主动去学习科学知识，树立崇高的理想。使大学生们真正懂得自己肩负的责任，不辜负时代赋予的使命，做一名知礼、懂礼、守礼、用礼并被社会所接受的合格大学

---

① 习近平. 把思想政治工作贯穿教育教学全过程　开创我国高等教育事业发展新局面[N]. 人民日报, 2016-12-09：1.

② 张丽. 高校礼仪课程与思政教育的融合路径[J]. 内蒙古财经大学学报, 2020(4)：30-33.

生,树立正确的世界观、价值观和人生观。

(二) 将思想政治教育与现代交际礼仪教育协同发力,提高学生的人际交往能力

要将思想政治教育与现代交际礼仪的教育有机结合,让学生认识到提高人际交往的能力对自己今后事业发展的重要性。让学生学会尊重他人、诚信友爱、平等合作,建立团队精神,从而提高自信心,降低挫败感。让学生认识到良好行为举止和行为规范会对自己今后走入社会及参加工作产生深远的影响。只有建立了健康和谐的人际关系,才能使自己今后事业走向成功。

(三) 将思想政治教育与现代交际礼仪教育落到实处,促进学生"知行合一"

现代交际礼仪既是一种行为规范,也是一种道德修养的自律,显然它的约束力在于自觉,是道德规范。教师在课堂上不仅要教给学生各种现代交际礼仪知识和规范,更要教育学生做到知与行的统一和言行一致。按照现代交际礼仪的原则去做,用理论指导实践,把现代交际礼仪教育落到实处。作为教师,要经常鼓励大学生们做到"言必行,行必果",注重诚信形象,提倡"敏于行而慎于言",言行一致、表里如一,把知识转化成行为,把养成当作习惯。学习现代交际礼仪并不只是在课堂上传授完知识,而是要落实在今后的实际工作与日常生活的行为中,每一个人都自觉地遵守现代交际礼仪,成为这方面的典范。

(四) 坚持将思想政治教育寓于现代交际礼仪活动中,训练学生心理素质

要将思想政治教育通过现代交际礼仪活动的方式传递出去,调动学生活动参与的积极性。通过开展丰富多彩的大学生各类社团活动,在理论上对学生的心理素质进行有效调节,在技能与方法上给予其培训与指导,用现代交际礼仪规范学生的一言一行,在活动中要求学生举止优雅大方,谈吐与穿着得体,注重仪容仪表,与人交往不卑不亢。这些训练都有助于提高大学生的自信心,消除他们的自卑和胆怯心理,进而提高其抗压、抗挫折能力,使学生们的思想道德水平和人际交往能力不断提高。[1]

(五) 努力通过中华民族礼仪文化传承、渗透与交融,开展思想政治教育

真正的文化传承是多样文化的交融过程,"现代交际礼仪"课程就是要通过文化的传承、渗透与交融起到思政教育的作用。首先要传承传统文化。中华优秀传统文化是以儒、释、道三家文化为主流,其不仅思想深邃圆融,而且内容广博浩繁。由此衍生出来的文字、语言、诗词、书法、音乐、节日、民俗更是其生气勃勃、绵延不尽的明证。在"现代交际礼仪"课程教学中,应以中华优秀传统文化中儒学为主体,以儒家思想资源为本课程的内涵支撑,通过精选切入点来建立并培养学生良好的日常行为规范,使他们逐渐树立"律己敬人"的礼仪观念,不断提升个人修养。通过师生课堂研讨活动、志愿者服务、中华优秀传统文化进校园、中华经典诵读、礼仪之邦舞蹈表演等形式,拓宽教学改革思路,丰富现代交际礼仪课程传承中华优秀传统文化的践行路径。其次要渗透民族文化。我国幅员辽阔、地大物博,56个兄弟姐妹组成一个大家庭,因此中华民族文化具有极强的民族性。中国各民族的节日丰富多彩:蒙古族的"那达慕"、傣族的泼水节、壮族的"三月三"等。通过现代交际礼仪

① 张霞. 高职社交礼仪课程与思政教育的有机结合[J]. 天津职业院校联合学报,2020(4): 62-65.

课程中民族礼仪知识的讲解，一方面，深入了解各个民族节日礼仪规范及禁忌；另一方面，通过这些民族节日弘扬中华民族尊老敬贤、孝敬父母、长幼有序、与人为善、容仪有整、崇尚民族气节的礼仪精神，据此深化课程思政的育人功能。最后要交融西方文化。教师在讲到涉外习俗礼仪之前，让学生收集中国传统节日（如春节、清明节、端午节、中秋节、重阳节）及西方节日的相关资料，包括节日起源、发展及相关的传说、历史故事等，通过中外节日的比较来展开教学内容。一是结合传统节日礼俗、禁忌等，教育学生要具备热爱祖国、尊老敬老、崇尚民族气节、诚实守信的中华民族传统美德；二是在中外节日的比较中，教育学生理解兼容开放、和而不同、推己及人、同舟共济、"己欲立而立人，己欲达而达人""己所不欲，勿施于人"的文化传承精神，最终起到传承民族精神及树立民族自豪感的思政教育作用。

思想政治教育要想取得实效，不能只靠理论说教，应与现代交际礼仪教育及现代交际礼仪活动相互融合，将内在的道德修养与外在的现代交际礼仪行为有机结合，不仅使学生身心得到健康发展，而且能帮助学生明辨是非，树立正确的价值观。教师只有在教学中认真贯彻"育人为本、德育为先"的原则，才能培养出具有较高道德素质和礼仪素养，并引领社会进步的一代新人。

二、基于岗位的课程内容设计

从高职智慧健康养老服务与管理、酒店管理与数字化运营、现代文秘等专业的培养目标出发，我们基于行业、企业单位相关岗位的职业能力和工作过程要求，对本课程进行了全方位改革，以工学结合为切入点重新对课程内容进行了设计。其相关工作岗位工作主要涉及日常接待、客户拜访、商务洽谈、沟通与协调、客户服务、会务活动组织、仪式活动组织以及专业服务礼仪、个人形象礼仪等，交际礼仪渗透在这些日常业务工作中，是岗位人员工作能力的重要体现，我们据此设计课程教学内容，形成"1大基础、3大模块、8个项目、18项任务"的"现代交际礼仪"课程内容体系（见表0-1）。在教学中，普遍采用了项目导向的教学方法，每个项目由若干个工作任务（即礼仪活动训练单元）组成。为了让这些专业的学生对现代交际礼仪有较全面、较系统的掌握，建议本课程为48学时，安排在第一学期，它是后续专业课程的基础。交际活动礼仪模块设有服务礼仪项目，对养老服务礼仪、酒店服务礼仪等

表0-1 "现代交际礼仪"课程内容体系

序号	模块（3个）	项目（8个）	任务（18项）
1	个人形象礼仪	仪容礼仪	化妆礼仪、饰发礼仪
		服饰礼仪	西装穿着礼仪、套裙穿着礼仪
		仪态礼仪	体态礼仪、表情礼仪、手势礼仪
2	日常交际礼仪	会面礼仪	见面礼仪、拜访礼仪、接待礼仪
		沟通礼仪	交谈礼仪、通信礼仪
		职场礼仪	面试礼仪、工作礼仪
3	交际活动礼仪	会务礼仪	会议礼仪、仪式礼仪
		服务礼仪	养老服务礼仪、酒店服务礼仪
	大基础		现代交际礼仪的含义、特征、原则、功能、修养

专业服务礼仪进行介绍,以增强相关专业的学生在其专业领域应用现代交际礼仪的能力。作为通识课程,对其他各高职专业的学生也可开设本课程,目的是使学生掌握待人接物的基本交际礼仪,规范和树立自身良好的礼仪形象,建议开设 16～24 学时,重点涉及 1 大基础和个人形象礼仪、日常交际礼仪两大模块的主要内容即可。

三、实践教学活动的组织与实施

在教学活动的设计和实施上,我们遵循应用型本科、高职课程建设的基本规律,突出了项目导向的课程教学模式,其间重点贯彻实施了"现代交际礼仪"课程"四结合"的实践教学模式,即通识教育与职业教育相结合、知识讲授与实践训练相结合、课堂教学与课外活动相结合、系统学习与习惯养成相结合。它对实现课程的教学目标、提高学生的礼貌素养和交际能力、培养学生良好的礼仪行为习惯都发挥了重要作用。

(一)通识教育与职业教育相结合

礼仪素养是个人在社会交往中必不可少的基本素质,而职业素养又是个人专业素质的重要考核标准,礼仪常识教育是基础,专业礼仪教育是中心,因此将通识性礼仪教育与职业性礼仪教育相结合是礼仪教育模式设计的起点。礼仪教育应根据不同专业性质和职业特征进行差别设置,这种差别不仅是指内容上的差别,还包括学时、教学计划安排,特别是实训项目设计上的差别。例如,智慧健康养老服务与管理、酒店管理与数字化运营、现代文秘等专业的礼仪课程应体现专业必修课和专业基础课的范畴;市场营销、大数据与会计、国际经济与贸易等专业的礼仪课程应体现专业基础课和公共基础课的范畴;而对于理工科专业,如机械设计与制造、应用电子技术、新能源汽车技术、计算机应用技术、药品生物技术等专业,礼仪课程应由公共基础课和就业培训的内容组成。要针对不同的专业设计相应的实训项目,更好地强化学生的职业能力培养,使其学有所用、学有所长。

(二)知识讲授与实践训练相结合

"现代交际礼仪"课程自身的特点决定了只有课本上的理论知识是不够的,只有理论知识讲授与实践训练紧密结合,才能激发学生的学习兴趣,才能更有说服力,教师才能在教学中不断发现问题、分析问题、解决问题,使课程日臻完善。知识讲授与实践训练相结合:一方面要按照不同章节拟实现的不同教育目的:该讲授知识、解释道理时以讲授为主;该掌握技能时以训练或社会实践为主。另一方面要做到理论与实践"你中有我,我中有你",互为支持,相互补充,统一于教学需要。在具体训练中有教师的讲解和示范;在专题讲授时有案例分析讨论、模拟训练等。知识讲授与实践训练相结合的教学模式是符合理论联系实际的教学原则的,不但使学生学会运用知识的基本技能和方法,而且通过联系实际使学生对知识的理解更深刻、更灵活。因此,将知识讲授与实践训练相结合是应用型本科以及高职礼仪教育模式设计的核心。

(三)课堂教学与课外活动相结合

高职礼仪教育中存在一个普遍现象:学生在礼仪课程学习期间,进步明显,提高迅速,但是随着课程的结束和时间的推移,学生脱离了特定的环境和老师的督促,言行又逐渐回到学习礼仪之前的状态。因此，将课堂教学与课外活动相结合，营造学礼仪、讲文明的良好氛围是十分必要的。它可以充分发挥学生的自主性、创造性和独立性，强调相互协作和个性发展，符合高职教育规律的教学实践，是礼仪实践教学的又一集中体现。这种实践使礼仪教育与学生走得更近，也使更多的师生参与到礼仪学习的行列中，在校园中形成良好的礼仪风气和氛围，达到了学以致用的目的。因此，课堂教学与课外活动相结合是高职礼仪教育的重要支撑。我们在教学实践中，主张"从实践中来，到实践中去"，以"从小事做起，从现在做起，从我做起"为理念，鼓励学生立足于校园，在条件允许的情况下向社会延伸，积极参与课外活动和社会实践。例如，指导学生举办了现代交际礼仪大赛、个人形象设计大赛、校园主持人大赛等校园文化活动；组织学生承担了校内外各项活动的礼仪服务工作，参与了产品促销等实践活动。通过课堂教学与课外活动的结合，使学生实践能力大幅提高，今后走上工作岗位能很快适应各种交际场合，应付自如，表现出良好的礼仪修养。

（四）系统学习与习惯养成相结合

礼仪体现人的文化修养、道德水准、个性特征和综合素质，要使学生成为拥有健全人格、符合社会需要的人才，必须注重养成教育，从规范学生的行为习惯做起，使礼仪的系统学习与习惯养成相结合。在新生进校后的第一学期，我们就在财经商贸大类、旅游大类、公共管理与服务大类的一些专业课程中安排了30学时、2学分的"现代交际礼仪"课程，使学生在进校之初就能系统了解礼仪规范的基本要求。为促进学生礼仪习惯养成、注重加强礼仪实训，各专业安排了为期一周的礼仪实训内容，以迎宾礼仪、办公礼仪为主要内容，训练学生严格遵守礼仪规范的意识和自觉性。还在学生日常管理中特别提出礼仪规范要求，制订了细致的"学生礼仪规范"，在学生进校之初就进行宣讲，通过组织各种活动使礼仪观念深入人心，将学生的礼仪表现与班级、个人考核挂钩，对不良行为及时通报批评、纠正，对良好行为给予表扬、奖励。每年将一个月或一周作为礼仪月或礼仪周，届时举办丰富多彩的有关礼仪内容的活动，开展礼仪讲座，评选礼仪典型等，这些做法使学生做到"讲文明、懂礼貌、重礼仪"，将礼仪规范内化为自觉的行为，养成良好的职业习惯，塑造了大学生的礼仪形象，形成了一个人人学礼、知礼、懂礼、守礼、行礼的氛围。

四、教学手段和方法的改革

在教学手段和教学方法上，注重采取讲练式教学、模拟式教学、学生讲课式教学、讨论式教学、案例教学等新颖多样的课堂教学方法，辅以课外礼仪文化活动，让学生在模拟的情境和真实的情境中，掌握礼仪规范和操作方法，实现"现代交际礼仪"课程的教学目标。

（一）讲练式教学

礼仪教育的理想方式是把讲授知识、模仿练习和人际交往实践结合运用。在课堂教学中应从不同角度、不同层面对礼仪进行综合阐述，通过图片、音像和示范等方式展示标准礼仪，要求学生进行站姿、坐姿、走姿、蹲姿、引导客人、介绍、握手、奉茶等具体礼节规范的训练，安排他们分组练习，互相观摩、互相纠正，共同提高。在训练过程中突出听、看、做、练等需要亲身体验的关键环节，轻松自如地加深对礼仪知识的掌握，充分激发学生的学习兴趣。

（二）模拟式教学

模拟式教学是指在教学过程中，模拟交际场景或情景，突出礼仪技能的运用，帮助学生掌握礼仪规范的教学方法。在实施中教师要对学生进行充分的引导，增强学生身临其境的实际感受，激发他们在不同情境下的创造性，不但有利于学生牢固掌握所学的理论知识，还有利于他们将理论更好地运用于实际中。在运用该教学方法时，首先为学生设定课程总体框架，然后引导学生进入模拟训练设计，教师注意指导学生模拟内容与礼仪情景相符合，并且注意留下足够的发挥空间。在模拟教学之初，如果学生遇到难题，教师可以稍加提示，重要的是让学生在模拟时相互评议，在进行中提高。在整个模拟结束时，教师应及时将模拟过程中所反映出来的问题进行归纳总结，使之上升为理论化、系统化内容，便于学生从整体上全面把握。例如，在讲授"会面"任务时，我们将学生分成若干个小组，每组 4～6 人，要求每组学生以平日生活为蓝本，自由编撰一个生活情景剧，在模拟训练中要运用称呼、打招呼、介绍、握手、交换名片、礼物馈赠、接待、访问等日常交际的礼仪规范，并注意展现自身良好的仪容、仪表、仪态。录下每组学生的"表演"视频后回放，供师生一起观摩分析，课上大家现场点评，课堂气氛十分热烈，学生非常投入，使抽象的理论变成了直观形象的体验，收到了理想的教学效果。

（三）学生讲课式教学

根据"教学相长"的原理，我们在礼仪课程教学中注重让学生参与教学过程。首先，对一些简单易懂的内容，如问候、书信、各种场合的秩序等礼仪问题，提前给出题目，让学生自己动手查资料、备课。其次由学生制作课件，上台"讲课"、演示，教师和其他学生在台下听课。最后教师点评、指导，这样加深了学生对礼仪知识的印象，提高了其语言表达能力，对其仪容、仪表、仪态也是一个很好的检验和提升，效果良好。

（四）讨论式教学

教师讲课时可以把一些富有启发性的礼仪问题或者身边发生的事例编成讨论题，引导学生课下查找资料，独立思考，课上组织学生分组讨论，推荐代表发言，最后教师概括点评。这一方式使学生更深刻地理解和应用所学知识，拓宽了学生的思路。学生在教师的启发下，热烈讨论，各抒己见，即使是错误的，也在辩论中明白了错误所在，这使学生成为课堂教学的主体，变被动学习为主动探索，最大限度地实现了教学互动，尤其对提高学生的综合素质发挥了重要作用。例如，在讲授礼仪的意义和作用时，我们让学生回忆一下自己所遇到的不文明行为，让学生去亲身观察、发现生活中和校园里的违背礼仪规范的现象，并提出自己对这些现象的看法，在课堂上开展讨论、辩论和演讲。这样做使学生从浑然不知的当局者变为清醒的旁观者，许多平时不以为意的小事和小节，放在大家的共同讨论中就被放大了，正确与错误产生强烈的对比，对学生进行的这种自我教育，使其印象十分深刻。

（五）项目式教学

项目式教学是指教师与学生共同实施一个完整的项目工作的教学活动。其中，项目是指以完成一件具体的、具有实际价值的礼仪服务为目的的工作。比如，为某个大型社会活动免费提供礼仪方面的服务。这种教学方式可以让学生积累更多的社会实践经验,将理论知识和实际技能结合起来,使学生有独立制订计划并实施的机会,让学生自己克服在项目工作中遇到的困难并处理遇到的问题。学习结束时,师生共同评价项目工作成果。项目工作对学生而言具有一定的难度,学生在项目实践的过程中,要理解和把握课程要求的知识和技能,体验创新的艰辛与乐趣,培养分析问题和解决问题的思想和方法,并且通过实际运作,训练自己在实际工作中与不同专业、不同部门的同事协调、合作的能力。

五、课程考核方式的改革

传统的课程考核方式是一卷定终身,卷面所反映的是单一的理论知识,有的学生考试成绩很高,但可能缺乏应用能力,尤其是实际的操作能力,这不利于课程目标的实现,因此必须进行改革。新的考核方式如下。

第一部分:平日成绩 20 分

考核标准:出席与课堂表现 5 分,平时作业 5 分,日常小考 10 分。

第二部分:期末成绩 80 分

考核标准:笔试 30 分,口试 50 分。

笔试侧重于考查学生对交际礼仪理论知识的掌握能力,让学生在掌握基本礼仪知识的基础上,进行一定的总结归纳。例如,"请你谈谈某某专业人员在工作中应注意哪些礼仪?""作为一名职业技术学院的大学生,应从哪些方面塑造良好的形象?"等题目贯穿了相关章节的知识点,考了学生对基本礼仪知识的掌握程度和归纳总结能力,此外,笔试还配有一定的案例分析题。

口试即由学生抽取题签,每签一题。主要题型有案例分析题、实际操作题、现场表演题等类型,每题包括三项考核点,每个考点 10 分,共计 30 分。

学生口试回答问题时的综合表现 20 分,其细则如下。

仪容、仪表 5 分:面部干净整洁 1 分,发式整齐 1 分,妆容适度 1 分,着装干净整洁 1 分,佩饰得体 1 分。

站姿 3 分:站立时头、眼、颌 1 分,胸、腹、臀、双臂、脚 1 分,站立整体形象 1 分。

坐姿 3 分:落座时 1 分,坐时体态、双腿的要求 1 分,坐姿的整体形象 1 分。

行姿 3 分:行走时的头、眼、背 1 分,行进间的双臂、行走时步幅 1 分,行走的整体形象 1 分。

举止 3 分:小动作 1 分,手势 1 分,表情 1 分。

语言 3 分:普通话使用 1 分,表达流畅、清晰 1 分,回答问题的逻辑性 1 分。

日常小考随堂进行,期末考核在课程结束后在实训室完成。

六、课程基础的建设

请扫描二维码学习本部分内容。

课程基础的建设

0.2 现代交际礼仪基础

一、交际礼仪的含义

(一) 什么是交际

美国成人教育家卡耐基认为：一个人事业上的成功，只有 15％ 是由于他的专业技术，另外的 85％ 要靠人际关系、处世技巧。卡耐基对人际交往的重视程度基于他对人生的深刻理解和领悟。今天，尽管我们无法测定卡耐基量化数值的精确程度，但是，几乎没有人否定交际在人生、家庭、事业中的重要性。

现代交际礼仪基础

古希腊哲学家亚里士多德曾说过："一个生活在社会之外、同人不发生关系的人，不是动物就是神。"如果人完全脱离了人际交往、脱离了社会，人就不再是人，而成了动物。国外有的学者估计：人们在日常生活中，除 8 小时的睡眠时间以外，其余 16 小时中约 70％（10 小时左右）都在进行着交际。那么，究竟什么是交际呢？

🦊 **小贴士**

谁都不愿意与世隔绝

美国心理学家沙赫特曾做过这样一个实验：他以每小时 15 美元的酬金先后聘请了 5 位志愿者进入一个与外界完全隔绝的小屋，屋里除提供必要的物质生活条件外，不会接触任何社会信息，以观察人与世隔绝时的反应。结果，其中 1 个人在小屋里只待了 2 小时就出来了，有 3 个人待了 2 天，另一个人待了 8 天。这位待了 8 天的人出来说："如果让我再在里面待 1 分钟，我就要疯了。"实验证明，没有一个人愿意与其他人隔绝，所有人都害怕孤独。

交际是标志人类活动的特殊领域的概念，在英语中使用 communication 一词表达，其含义有通信、传达、交流、意见的交换等。交际在汉语中又称交往。"交"有接合、通气、赋予的意思；"际"有接受、接纳、交合、会合、彼此之间等意思。朱熹对"交际"的注释是："交际，谓人以礼仪币帛相交接也。"这里"礼仪"的"相交接"，即日常所说的"礼尚往来"，主要指人与人之间精神性的交换；而"币帛"的"相交接"，是指人与人之间物质性的交换。朱熹把人与人之间精神和物质的交换称为交际，这种诠释是很有见地的。

由此可见，交际是人与人之间在共同的社会活动中，通过相互接触、互通信息、交流情感，达到相互了解，彼此吸取对方的长处和积极因素的目的，从而增进友谊，促进事业成功；或满足相互间的精神慰藉，实现自我价值，增加社会群体的聚合力。

(二) 什么是现代交际礼仪

现代交际礼仪泛指人们在社会交往活动过程中逐步形成、演变和发展的，为现代社会的人们所共同认可并应当共同遵守的行为规范和准则，具体表现为礼节、礼貌、仪式、仪表、礼俗等,其本质是通过某些规范化的行为,交流与表达人与人之间的真诚、尊重、友好、体谅等情感,是人的社会关系的体现。通俗地说,现代交际礼仪就是人们待人接物的一种惯例,有助于调节和增进人与人之间的交往和联系。它已经成为社会交际活动中不可缺少的内容。

二、交际礼仪的特征

（一）共通性

交际礼仪是人们在社会交往过程中形成并得到共同认可的行为规范。它贯穿于整个人类社会发展的始终,普遍存在于社会的各个领域,渗透到各种社会关系中。只要人类存在交际活动,社会就有礼仪的存在。尽管不同的国家、不同的地区、不同的民族对于礼仪内容的理解不同,重视的程度不同,表现的形式也不同,但都体现为社会共同认可的行为规范,就现代交际礼仪本身的内涵和作用来说,仍具有共通性。特别是在现代社会中,世界各地人们的交往更为快捷、更为频繁、更为多样,许多礼仪更加具有国际通用的特点。

酒店老板与无赖

一个人走进饭店要了酒菜,吃罢摸摸口袋,发现忘了带钱,便对店老板说:"店家,今日忘了带钱,改日送来。"店老板连声说:"不碍事,不碍事。"并恭敬地把他送出了门。

这个过程被一个无赖看到了,他也进饭店要了酒菜,吃完后摸了一下口袋,对店老板说:"店家,今日忘了带钱,改日送来。"

谁知店老板脸色一变,揪住他,非剥他衣服不可。

无赖不服,说:"为什么刚才那人可以赊账,我就不行?"

店家说:"人家吃菜,筷子在桌子上找齐,喝酒一盅盅地筛,斯斯文文,吃罢掏出手绢揩嘴,是个有德行的人,岂能赖我几个钱。你呢? 筷子往胸前找齐,狼吞虎咽,吃上瘾来,脚踏上条凳,端起酒壶直往嘴里灌,吃罢用袖子揩嘴,分明是个居无定室、食无定餐的无赖之徒,我岂能饶你!"

一席话说得无赖哑口无言,只好留下外衣,狼狈而去。

（二）多样性

世界是丰富多彩的,其中现代交际礼仪也是五花八门、绚烂多姿的。世界各地的民俗礼仪千奇百怪,几乎没有人能说清楚世界上到底有多少种礼仪形式。从语言的表达礼仪到文字的使用礼仪,从举止礼仪到规范化礼仪,从服饰礼仪到仪表礼仪,从风俗礼仪到宗教礼仪等,在不同的国家、不同的场合,其表达方式也有所不同。比如,在人们常见的国际交往中,仅现代交际礼仪中的见面礼节就有握手礼、点头礼、亲吻礼、鞠躬礼、合十礼、拱手礼、脱帽礼、问候礼等,可谓多种多样、纷繁复杂。

不仅如此,有些现代交际礼仪形式所表达的内容,在不同国家或地区有可能截然相反,甚至一个国家不同地区也可能不同(见表0-2)。

表 0-2　手势在不同国家所表达的含义

手势	中国	美国	英国	法国	日本	印度	其他国家
👍	棒、厉害	顺利	搭车	搭车	男人、父亲	搭车	在孟加拉国意味着侮辱和挑衅
☝	最小的或倒数第一	打赌			女人、女孩、恋人	想去厕所	在缅甸表示想去厕所；在尼日利亚等国家表示打赌
👌	数字 0 或 3	征求对方意见或表示同意、赞扬、了不起	零、一钱不值	金钱	正确、不错		在韩国、缅甸表示金钱；在菲律宾表示想得到钱或没有钱；在印度尼西亚表示一无所有或一事无成；在突尼斯表示无用

（三）规范性

交际礼仪规范的形成，不是人们抽象思维的结果，而是对人们在社会交往实践中所形成的一定礼仪关系的概括和反映。礼仪来源于长期的社会生活实践，被大多数社会成员认可并施行，成为调整人际关系的习惯性标准，形成人们普遍遵循的行为准则。这种行为准则约束和支配着人们的交往行为。它虽然不像法律那样具有强制力，但被社会成员认同并遵从，往往有一种无形的力量迫使人们遵守它，因为这种规范性是人们在一切交际场合必须采用的一种"通用语言"，是衡量他人、判断自己是否自律、敬人的一种尺度。

 小故事

修理抽水马桶的外国小男孩

一次在瑞士，龙永图与几个朋友去公园散步，上厕所时，听到隔壁的卫生间里"砰砰"地响，他有点纳闷。出来之后，一个女士很着急地问他有没有看到她的孩子，她的小孩进厕所十多分钟了，还没有出来，她又不能进去找。龙永图想起了隔壁厕所间里的响声，便进去打开厕所门，看到一个七八岁的小孩正在修抽水马桶，怎么弄都抽不出水来，急得满头大汗。这个小孩觉得他上厕所不冲水是违背规范的。

（四）传承性

任何国家的礼仪都具有自己鲜明的民族特色，其现代交际礼仪都是在继承本国古代礼仪的基础上发展起来的。离开了对本国、本民族既往交际礼仪成果的传承，就不可能形成现代交际礼仪，这就是现代交际礼仪传承性的特定含义。作为一种文明积累，人们将交际应酬中的习惯做法（即礼仪）固定流传下来，并逐渐形成自己的民族特色，这不是一种短暂的社会现象，而且不会因为社会制度的更替而消失。对于既往的礼仪遗产，正确的态度不应当是食古不化、全盘沿用，而应当是既有扬弃，又有发展。

🦉 小贴士

"礼仪"的词源

在西方，"礼仪"一词最早见于法语的 etiquette，原意是法庭上的通行证。无论是在古代还是在现代，所有进入法庭的人员必须十分严格地遵守法庭纪律。古代法国的法庭不是

当庭宣读这些纪律，而是将其印在或写在一张长方形的 etiquette（通行证）上，发给进入法庭的每一个人，作为其进入法庭后必须遵守的规矩和行为准则。在社会交往中，人们也必须遵守一定的规矩和准则，才能显示出人类区别于动物的特有风范，才能保证文明社会得以维系和发展。于是，当 etiquette 一词进入英文后，就有了"礼仪"的含义，意即"人际交往的通行证"。

三、交际礼仪的原则

（一）遵守原则

交际礼仪规范是为维护社会生活的稳定而形成和存在的，实际上是反映了人们的共同利益要求。社会上的每个成员不论身份高低、职位大小、财富多寡，都有自觉遵守、应用礼仪的义务，都要以礼仪去规范自己的一言一行、一举一动。如果违背了礼仪规范，会受到社会舆论的谴责，交际自然就难以成功。

（二）敬人原则

尊敬是"礼"的本义，是礼仪的重点和核心。在对待他人的诸多做法中最重要的一条，就是要敬人之心长存，处处不可失敬于人，不可伤害他人的个人尊严，更不能侮辱对方的人格。可以说，掌握了敬人的原则就等于掌握了礼仪的灵魂。尊敬的作用是巨大的。

🦉 **小贴士**

"礼"字的由来

从"礼"字的发展演化看，"礼"的最初含义与礼仪的起源——原始宗教祭祀活动有密切关系。"礼"字在甲骨文里写为"豐"，其下半部分的"豆"字是指古代的一种器具，上半部分的"玨"表示一块块整齐摆放的玉，然后将"玉"放在盒子里。这从侧面反映了古人的祭祀活动。后来在其基础上又繁化为"禮"，整个字为敬神之意。随着人类对自然与社会各种关系的认识逐渐加深，礼的范围和内容就从各种神事扩大到人事。表示对他人的尊敬，尊重就是"礼"的本质含义。

（三）宽容原则

一般来说，交往双方的心理总存在一定的距离，存在不相容的心理状态，这种差异会在交往者之间产生思想隔膜，甚至会使关系僵化。要想缩小这种心理上的差异，求得人与人之间能多一分和谐、多一分信赖，就必须抱着宽容之心。宽容就是要求人们既要严于律己，又要宽以待人，要多容忍他人，多体谅他人，多理解他人，而不能求全责备，斤斤计较，咄咄逼人。孔子说："宽则得众。"唯有宽容才能排除人际交往中的各种障碍，不能宽容他人的人，往往会得理不饶人，使人际关系恶化。共性是寓于个性之中的，人们应该维护和发展共性，以理解和宽容来增强人们之间的凝聚力。

 **小故事**

六 尺 巷

位于安徽桐城的六尺巷，其得名源于康熙朝宰辅张英对邻居"让出三尺"的故事。

据史料记载，清康熙年间，文华殿大学士、礼部尚书张英（1637—1708 年）的桐城老家人与邻居吴家在宅基问题上发生争执，两家各不相让，将官司打到县衙。因双方都是官位显赫的名门望族，县官不敢轻易了断。

图 0-1　六尺巷

于是，张家人千里传书信给在京城的张英求援。收到书信后，这位当朝宰辅批诗一首寄回老家，便是这首流传至今的打油诗："一纸书来只为墙，让他三尺又何妨。长城万里今犹在，不见当年秦始皇。"

一见回信，张家人豁然开朗，将围墙退让了三尺。吴家见状深受感动，也让出三尺，形成了一个六尺宽的巷子，如图 0-1 所示。

从此以后，这条六尺宽的巷子就以"六尺巷"之名闻名乡里，成为民间佳话。

时至今日，虽然张、吴两家的老宅都已在三四百年的时光里走进了历史，但这条巷子却依然安静地伫立在那里，并引得人们慕名而来，领悟、体会其宽容他人、互敬礼让、和谐包容、进退有度的文化内涵。

（四）平等原则

平等是人与人之间建立情感的基础，是达到最佳交际效果的诀窍，是建立和保持良好人际关系的基础之一。在尊重交往对象、以礼相待这一点上，对任何交往对象都必须一视同仁，给予同等程度的礼遇。不允许因为交往对象彼此之间在年龄、性别、种族、文化、身份、财富以及关系的亲疏远近等方面有所不同而厚此薄彼，给予不同待遇。当然，可以根据不同的交往对象，采取不同的具体方法。

八万两银子
的破箩筐

（五）信用原则

信用原则即讲究信誉的原则，守信是中华民族的传统美德，信守约定也是交往活动中必须严格遵守的一项原则。要遵守信用，做到守时、守约，说话要算数，许诺要兑现，"言必行，行必果"。在交际中只有讲究诚信，才能赢得别人的尊敬。

（六）自律原则

自律原则要求个体把学习和运用礼仪当作对自己的约束和要求。通过学习，在心目中树立起礼仪信念和行为准则，以此来约束自己在社会交往中的行为，并做到"吾日三省吾身"，不断地用礼仪规范对照检查自己的交际行为，以形成良好的礼仪习惯。只有做到"慎独"，才是一个真正讲礼仪的人。

🦉小贴士

社交活动中不要随便发怒

在社交场合中随便发怒，会造成两种不良的后果：一是对发怒的对象不友好，会伤了和气，失去朋友、同事之间的友谊与信任。二是对发怒者不利，一方面对本人的身体产生不良的影响；另一方面对发怒者的形象产生不良的影响，人们会认为他缺乏修养，不宜深交。

在社会生活中，人们适应环境，并求得环境的认可和接受，是一种本能的表现，在社会交往中主要表现为以良好的心态与朋友、同事友好相处，不发怒或不发脾气，并从多方面克制自己。

四、交际礼仪的功能

（一）塑造个人形象

塑造个人形象是现代交际礼仪的第一功能。在人际交往中，礼仪往往是衡量一个人文明程度的准绳，它不仅反映一个人的交际技巧和应变能力，还反映一个人的气质、风度、阅历见识、道德情操及精神风貌。现代交际礼仪有助于人们更好地设计、塑造、展现、维护个人形象。

没有任何介绍信的小伙子

一位先生要雇一个没有任何介绍信的小伙子到他的办公室工作，先生的朋友很奇怪。先生解释说："其实，他带来了不止一封介绍信。你看，他在进门前先蹭掉脚上的泥土，进门后又先脱帽，随手关上了门，这说明他很懂礼貌，做事很仔细；当看到那位残疾老人时，他立即起身让座，这表明他心地善良，知道体贴别人；那本书是我故意放在地上的，所有的应试者都不屑一顾，只有他俯身捡起，放在桌上；当我和他交谈时，我发现他衣着整洁，头发梳得整整齐齐，指甲修得干干净净，谈吐温文尔雅，思维十分敏捷。所以你不认为这些小节都是极好的介绍信吗？"

（二）促进人际交往

交际礼仪是人们沟通思想的桥梁，也是交际个体与其他交际个体、交际群体之间的"协调器"。人与人之间的了解和沟通，一般都是从彼此的礼仪表现开始的。讲究礼仪，可以唤起人们的沟通欲望，相互建立起好感和信任，进而形成和谐、良好的人际交往过程，并推动和维护这种人际交往过程。

一束玫瑰花

乔·吉拉德是世界上最伟大的推销员。一天，一位中年妇女从对面的福特汽车销售部走进了吉拉德的汽车展销室。她很想买一辆白色的福特车。"夫人，欢迎您来看我的车。"吉拉德微笑着说。妇女兴奋地告诉他："今天是我55岁的生日，想买一辆白色的福特车作为送给自己的生日礼物。"

"夫人，祝您生日快乐！"吉拉德热情地祝贺道。随后，他轻声地向身边的助手交代了几句。吉拉德领着夫人边看边介绍，一会儿，助手走了进来，把一束玫瑰花交给了吉拉德。吉拉德把这束漂亮的玫瑰花送给夫人，再次对她的生日表示祝贺。那位夫人感动得热泪盈眶，当即在

日本木村事务所

吉拉德这里买了一辆白色的雪佛兰轿车。

（三）改善人际关系

进一步说,在人际交往过程中,人们只有讲究礼仪,共同用礼仪来规范彼此的交际活动,才能够更好地表现互相尊重的感情,增进相互的了解和友谊。当人们在社会交往中出现矛盾时,礼仪可以起到"润滑剂"的作用,促进人们相互理解、相互谦让,协调和改善人们之间的关系,增进彼此间的友谊,形成良好的社会环境。

（四）促进社会和谐

礼仪反映了社会的文明程度及公民的精神面貌,是精神文明的重要组成部分。人人遵守交际礼仪,可以净化社会风气,提升个人和社会的精神品位,建立一种体现时代精神的新型人际关系。特别是在当今商品经济大潮的背景下,礼仪有助于我们看到现实中存在的差距,进而提高社会的文明程度,促进社会的和谐发展。

 小贴士

新加坡全国性礼貌运动

当年,新加坡总理李光耀先生提出开展全国性礼貌运动时,有许多人不赞成。有人认为自己遵循礼仪规范多年,何来不文明;有人认为由国家发起并主持这种活动似乎没有多大的必要。于是,有不理解的人,也有讽刺讥笑的人。新加坡政府不为这些议论所动摇,坚持不懈地在全国开展了多年的礼貌运动,许多企业也积极响应号召。礼貌变成了服务,礼貌带来了效益。今天,新加坡已树立起文明、整洁、清新的形象。

五、交际礼仪的修养

请扫描二维码学习本部分内容。

交际礼仪的修养

 课后练习

1. 问答题

(1) 什么是交际?什么是现代交际礼仪?

(2) 交际礼仪的特征是什么?

(3) 交际礼仪有哪些原则?

(4) 交际礼仪有哪些功能?

(5) 谈谈你准备怎样加强交际礼仪的修养。

2. 实践题

(1) 讨论并分析大学生,尤其是职业技术学院的学生掌握礼仪礼节的重要意义何在。

(2) 调查本校学生现代交际礼仪缺失的现状,分析原因并提出改善措施。

(3) 请观看电影《公主日记》《窈窕绅士》,总结主人公在从麻雀变凤凰的过程中的诸多礼仪元素以及其礼仪修养方法。

(4) 请指出以下五种情况中相关人员礼仪上存在的问题。

① 小王邋遢地站在总经理办公室门前，头发乱蓬蓬的，西装皱皱巴巴，刚一进门就被秘书小姐请出了办公室。

② 小李坐在接待室等待顾客，不耐烦地走过来走过去，还不时地翻看接待室的物品。顾客一来他就迫不及待地开始推销产品，顾客没机会插上一句话。

③ 拥挤的公共汽车上，小张因一点小事和一个乘客争吵起来。他气呼呼地赶到顾客那儿，发现顾客是刚才和自己在车上争吵过的那个人。

④ 小刘是酒店前厅的接待小姐，客人登记住店时看了房价后无意中说了一句："这么高的房价？你们的房价为什么这么高呢？"小刘回答："本来还要高，看你不是经商的，这不已经给你打折了。"客人听后极为不悦，大步离开了店堂。

⑤ 居民区苏小姐正在忙家务，门铃响了，她打开门，迎面而立的是一位戴墨镜的年轻男士。苏小姐问："您是……"男士没有摘下墨镜，而是从口袋里摸出一张名片，"我是保险公司的。"苏小姐接过名片看了看，不错，他的确是保险公司的，但这位男士的形象让她反感，便说："对不起，我们不打算买保险。"说着就要关门，而这位男士动作非常敏捷，已将一只脚迈进门内，挤了进来，一副极不礼貌的样子，在屋内打量，"你们家的房子装修得这么漂亮，真令人羡慕。可天有不测风云，万一发生个火灾什么的，损失就大了，不如现在你就买份保险……"苏小姐越听越生气，光天化日之下，竟然有人闯进门来诅咒她的房子，于是，她把年轻男士轰了出去。①

（5）刺猬效应：两只相爱的刺猬，由于寒冷而相拥在一起。长长的刺刺痛了彼此小小的身体，将双方刺得鲜血淋漓。无奈之下，它们只好保持足够的距离，默默地忍受着寒冷。可是天气越来越冷，两个小家伙谁都受不了刺骨的寒风，下意识地又凑到了一起。经过一番努力，它们终于找到了一个最合适的距离：既能获得对方的温暖，而又不至于刺痛彼此。

请结合交际礼仪的原则分析这则小寓言。

3. 案例分析题

扫描二维码，阅读案例原文，然后回答每个案例后的问题。

4. 实训项目

项目名称：日常礼仪行为养成。

实训目标：了解礼仪的基本知识和规范，遵循礼仪的基本原则，并在日常生活、学习、工作中培养良好的礼仪习惯。

案例分析题原文

实训课时：从开学第一周到第十五周的课外时间，第十六周全班总结，为2学时。

实训地点：教室、寝室、食堂、图书馆、社交生活等公共场所。

实训内容：学习礼仪修养基本知识；学习礼仪修养基本规范；从第一节课后起，每天在教室、寝室、食堂、图书馆、社交生活等公共场所，运用课堂所学的礼仪知识了解如何待人接物，培养礼仪习惯。

① 胡详鸿.礼仪：销售人员的第一课[J].现代营销（经营版），2010(1)：42-43.

模块1 个人形象礼仪

课程思政指南

课程思政的基本要求

1. 一条主线

坚定学生理想信念,爱党、爱国、爱社会主义、爱人民、爱集体。

2. 五大重点

习近平新时代中国特色社会主义思想、社会主义核心价值观、中华优秀传统文化、宪法法治、职业理想和职业道德。

项目 1　仪容礼仪

仪容是指讲究容貌上的美化和修饰,主要包括化妆与饰发。在社交中,交往对象对自己发自内心的好恶亲疏,往往都是根据其在见面之初对自己仪容的基本印象"有感而发"的。这种对他人仪容的观感除了先入为主之外,往往还一成不变。实际上,在任何情况下,一个正常人如果不注意对本人的仪容进行合乎常规的修饰与维护,往往在他人的心目中也难有良好的个人形象可言。美好的仪容,既反映了个人爱美的意识,又体现了对他人的一种尊重;既振奋了自己的精神,又表现了个人的敬业。所以,社交中不可忽视仪容,我们在平时必须时刻不忘对自己的仪容进行必要的修饰和整理,做到"内正其心,外正其容"。

学习目标

知识目标

- 掌握仪容的基本要求；
- 了解皮肤的类型及其保养方法。

能力目标

- 能够结合自身特点修饰、美化自己的仪容；
- 熟练地进行得体的化妆；
- 能够结合自身特点选择适合的发型，做到发型美观。

素质目标

- 在日常工作和生活中有意识地维护自身的形象；
- 提升审美品位，有针对性地修饰和美化仪容；
- 具有创新意识、集体意识和团队合作精神。

任务 1.1　化妆礼仪

当窗理云鬓，对镜帖花黄。

——［南北朝］《木兰诗》

 **案例导入**

吴菲的妆容

　　吴菲是某高校文秘专业的高才生，毕业后就职于一家公司做文员。为适应工作需要，上班时，她毅然放弃了"清纯少女妆"，化起了整洁、漂亮、端庄的"白领丽人妆"：不脱色粉底液，修饰自然、稍带棱角的眉毛，与服装色系搭配的灰度高、偏浅色的眼影，紧贴上睫毛根部描画的灰棕色眼线，黑色自然型睫毛，再加上自然的唇形和略显浓艳的唇色。虽化了妆，却好似没有化妆，整个妆容清爽自然，尽显自信、成熟、干练的气质。但在公休日，吴菲又给自己来了一个大变脸，化起了久违的"清纯少女妆"：粉蓝、粉绿、粉红、粉黄或粉白等颜色的眼影，彩色系列的睫毛膏和眼线，粉红或粉橘的腮红，自然系的唇彩或唇釉，看上去娇嫩欲滴、鲜亮淡雅，令人倍感轻松。

　　心情好，工作效率自然就高。一年来，吴菲以得体的外在形象、勤奋的工作态度和骄人的业绩，赢得了公司同仁的好评。

 任务分析

　　化妆是修饰仪容的一种高级方法，是一门艺术。在现代交际的各种场合，适度而得体的妆容可以体现女士的端庄、美丽、温柔、大方的独特气质，同时也是对自己和他人的一种尊重。化妆的主要目的是把自己的外在美和内在的文化修养更好地展示出来。

职业女性恪守的信条是沉稳、干练、典雅,化妆要讲究简约、清丽、端庄,化妆的效果要与办公室场所、工作环境相匹配,要给人以明朗阳光、端庄大方、理性自信和精神饱满的印象。妆容应尽可能平和,切勿浓妆艳抹,过分地修饰夸张、引人注目是不可取的,化妆后表现出若有若无的效果才是化妆的最高境界。

在"案例导入"中,吴菲通过化妆,展现出清爽自然的妆容,尽显其自信、成熟、干练的气质,取得了良好的效果,可见化妆的意义非同一般。著名主持人、作家、美籍华人靳羽西女士曾说过:"世界上没有难看的女人,只有不懂得如何打扮得体的女人。"为了达到化妆的最高境界,女性尤其是职业女性必须掌握化妆的方法。

化妆礼仪

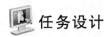 **任务设计**

化职业妆实训

实训目标:掌握化妆的基本操作规程,结合自己的脸形化职业妆。

实训准备:洗面奶、粉底液、眉粉、眉刷、眼影、眼线笔、腮红、口红、香水、棉球等。

实训方法:教师示范,学生分组操作。

实训步骤如下。

(1) 按照化妆的步骤和方法,教师为一名学生操作示范,然后学生以小组(每组 5 人)为单位进行化职业妆操作。

(2) 学生自我评价、小组评价。教师点评总结,指出各组存在的共性问题。

(3) 全班评选出"最佳表现组"和"最佳表现个人"。

一、化妆的原则

化妆必须坚持美化、自然、协调的原则。

1. 美化原则

化妆要在把握脸部个性特征和正确的审美观的指导下进行,修饰得法、适度矫正、扬长避短、力戒怪异,变拙陋为俏丽,使容貌更迷人。

李霞,你过得好吗?

今天是李霞的大学同学毕业 20 周年聚会的日子。李霞在毕业后就没有见过任何一位同学,对于今天的同学聚会,李霞非常激动。平时不怎么化妆的她觉得应该把自己好好地打扮一下。于是她涂上厚厚的白粉,抹上深紫色的口红和深蓝色的眼影,兴高采烈地来到聚会地点。当她出现在同学面前时,同学们都大吃一惊,有的同学还走过来关切地问她是否过得不如意,说她看起来脸色不好,充满了沧桑感。她的心情一下就降到了冰点,她纳闷同学们莫名的惊讶与关心,她觉得自己过得很好。

每一个化妆的人都希望化妆能使自己变得更美丽,这是无疑的,但事实上,像李霞这样以为把各种色彩涂抹在脸的相应部位就自然美了，这是错误的，化妆坚持美化原则十分必要。

2. 自然原则

"化妆上岗，淡妆上岗"是商务人员的基本要求，也只有达到"清水出芙蓉，天然去雕饰""妆成有却无"的境界，才是真正自然状态的体现，才是最高水准的显现。这就要求选择合适的化妆品，并运用一丝不苟、体现层次、讲究过渡、点面到位、浓淡相宜的化妆技巧。

🦉小贴士

生命的化妆

作家林清玄在《生命的化妆》这篇文章里引用一位专业化妆师的评述："最高明的化妆术，是经过非常考究的化妆，让人家看起来好像没有化过妆一样，并且这化出来的妆与主人的身份匹配，能自然表现那个人的个性与气质。次级的化妆是把人凸显出来，让她醒目，引起众人的注意。拙劣的化妆是一站出来别人就发现她化了很浓的妆，而这层妆是为了掩盖自己的缺点或年龄。最坏的一种化妆，是化过妆以后扭曲了自己的个性，又失去了五官的协调，如小眼睛的人竟化了浓眉，大脸蛋的人竟化了白脸，阔嘴的人竟化了红唇……"

可见，自然的修饰使人的面目真实生动，更显精神；反之，不当的妆容则会使人显得虚假而呆板，从而缺少生命力，让人生厌。化妆贵在自然。

3. 协调原则

（1）妆面协调：指化妆部位色彩搭配、浓淡协调，所化的妆针对脸部个性特点，整体设计协调。

（2）全身协调：指脸部化妆还必须注意与发型、服装、饰物协调，力求取得完美的整体效果。

（3）身份协调：指商务人员化妆时要考虑到自己的职业特点和身份，采用不同的化妆手段和化妆品，化妆后体现端庄稳重的职业气质。

（4）场合协调：日常办公，妆可以化淡一些；出入宴会、舞会等场合，妆可以化浓一些，尤其是舞会，妆可以亮丽一些。不同的场合化不同的妆，相得益彰，不仅会使化妆者内心保持平衡，也会使周围的人心理融洽。

化妆前后的对比如图1-1所示。

图 1-1　化妆前后的对比

（资料来源：https://m.sohu.com/a/107892902_445266；https://www.163.com/dy/article/FVOII680054452WY.html）

如此工作妆

李琳刚从学校毕业,入职一家外贸公司,公司要求女员工每天上班都要化妆,由于刚开始学化妆,李琳感觉到很新鲜,因此在办公室里,她很注意观察其他同事的妆容。结果她发现一些同事的妆容存在一定的问题。例如,一位稍年长的同事没有对其他部位化妆,只是涂了口红,而且口红的颜色非常艳,整体看来只突出一张"血盆大嘴";另一位较年轻的同事妆容看起来很漂亮,只可惜脖子却泛着黑色;还有一位同事用粗的黑色眼线将眼睛轮廓包围起来,像个"大括号",看上去生硬不自然;一位长得挺漂亮的同事,身穿浅蓝色的套裙,却画着橘红色的唇膏。李琳感到很困惑,工作妆到底应该怎么化呢?

可见,化妆是女士礼貌的表现,在化妆时应注意一定的技巧,不能局部化妆,应注意均衡,同时也应该配合自己的服装,适合自己的年龄和身份。

二、化妆的准备与步骤

1. 化妆的准备

(1) 化妆工具的准备。一般需准备以下物品。

① 化妆纸。一般是购买专用的化妆纸(棉),或用质地柔软的纸巾,用于吸汗、吸油、净手、卸妆等。

② 棉签。可购买或自制。用于细小化妆部位的清理,如涂唇膏、描眉、染睫毛等。

③ 海绵。用于上底色、拍涂胭脂和定妆。

④ 胭脂刷。用于化妆时涂抹胭脂(腮红)和定妆,可准备两个以上以便于涂抹不同色彩时使用。

⑤ 眼影刷。涂抹眼影时使用。因为眼状的色彩分为主色和副色,为了在使用不同颜色的眼影时颜色之间不相互影响,所以要多备几个刷子。

此外还须备有睫毛夹、眉笔、眉刷、美容剪等。

(2) 化妆品的准备。化妆时,必须准备化妆品。国际上,根据不同功能,化妆品一般分为两大类:一类是调整肌肤并使之润滑的基础化妆品,如爽肤水、面霜、润肤乳等;另一类是美容化妆品,又称"彩妆",如眉笔、唇膏、胭脂(腮红)、粉饼(底)等。我国的美容化妆界又根据国民的皮肤构造和消费水平,将化妆品分为六大类,分别如下。

① 护肤类化妆品:爽肤水、面霜、润肤乳、润唇膏等。

② 清洁类化妆品:洁肤皂、洗面奶、沐浴液等。

③ 修饰类化妆品:粉底液、唇膏、唇彩、腮红等。

④ 美发类化妆品:洗发水、护发素、发乳、发蜡、发胶等。

⑤ 芳香类化妆品:香水、香精等。

⑥ 营养类化妆品:人参霜、珍珠霜、粉刺(雀斑)霜等。

现代职业女性化妆要准备的必需品有:粉饼、粉底、腮红、眼影、眉笔、眼线笔、唇膏、睫毛液、妆前霜、爽肤水、卸妆油等。

(3) 洁面。化妆前要彻底清洁皮肤,可用洗面奶、香皂等洁面,并用清水洗净,以除去皮肤表面的老化上皮细胞、皮脂、汗液、尘埃、细菌等,否则不仅会使皮肤受到损害,同时妆面也易脱落，不易持久。

 小贴士

脸部皮肤的分类

了解自己脸部的皮肤状况，可以有针对性地选择洁面品、护肤品和化妆品。脸部皮肤的分类见表1-1。

表1-1　脸部皮肤的分类

皮肤类型	毛孔情况	油、水分布情况	弹性	光泽度	出现问题
油性	粗大	油分泌旺盛，水分泌一般	一般	好	易长暗疮、黑头、白头和螨虫
干性	细小	油、水均分泌较少	差	差	易脱屑以及长皱纹、斑点
中性	均匀	油、水分泌适中	好	正常	易随季节变化而变化
混合性	T字区（额头和鼻翼）毛孔粗大，面颊处毛孔细小	T字区油分泌较多，面颊处油分泌较少；水分泌都较少	一般	一般	T字区易长暗疮、黑头、白头和螨虫，面颊易脱屑以及长皱纹、斑点

（4）保湿。上化妆水、保湿性面霜、隔离霜等进行保湿，一定要充分、足量，这样可以避免皮肤干燥。必要时可以上2～3遍保湿面霜，使面部皮肤充分保湿，不至于定妆时出现脱皮现象。

2. 化妆的步骤

化妆时要认真掌握化妆的方法。化妆大体上应分为打粉底、画眼线、施眼影、描眉形、上腮红、涂唇彩、喷香水等步骤。每个步骤均有一定之法，必须认真遵守，讲求化妆的技巧。

化妆水介绍

化妆的操作程序与要求见表1-2。化妆成功范例如图1-2所示。

表1-2　化妆的操作程序与要求

步　骤	目　的	操作要点	注意事项
（1）打粉底	调整面部肤色，使之柔和美丽	① 选择粉底霜；② 用海绵取适量粉底，涂抹细致均匀	① 粉底霜与肤色反差不宜过大；② 切忌在脖颈部打粉底，以免面部与颈部"泾渭分明"
（2）画眼线	使眼神生动有神，并且更富有光泽	① 笔法先粗后细，由浓而淡；② 上眼线从内眼角向外眼角画；③ 下眼线从外眼角向内眼角画	① 一气呵成，生动而不呆板；② 上下眼线不可在外眼角处交会
（3）施眼影	强化面部立体感，使双眼明亮传神	① 选择与个人肤色适合的眼影；② 由浅而深，施出眼影的层次感	① 眼影色彩不宜过分鲜艳；② 工作妆应选用浅咖啡色眼影
（4）描眉形	突出或改善个人眉形以烘托容貌	① 修眉，拔除杂乱无序的眉毛；② 逐根眉毛描眉形	① 使眉形具有立体感；② 注意两头淡、中间浓、上边浅、下边深

步　骤	目　的	操作要点	注意事项
(5)上腮红	使面颊更加红润，轮廓更加优美，显示健康活力	① 选择适宜的腮红； ② 延展晕染腮红； ③ 扑粉定妆	① 注意腮红与唇膏或眼影属于同一色系； ② 注意腮红与面部肤色过渡自然
(6)涂唇彩	改变不理想的唇形，使双唇更加娇媚	① 用唇线笔描好唇线； ② 涂好唇膏； ③ 用纸巾吸去多余的唇膏	① 先描上唇，后描下唇，从左右两侧沿唇部轮廓向中间画； ② 描完后检查一下牙齿上有无唇膏的痕迹
(7)喷香水	掩盖不雅体味，使之清香宜人	① 选择适宜的香水类型； ② 喷涂于腕部、耳后、下颌、膝后等适当之处	① 香水切勿使用过量； ② 香水气味应淡雅清新

梳理眉毛很重要，根据发色，眉毛不要太黑

粉嫩的腮红，用打圈式画法，甜美可爱

唇部颜色依旧很清新，很适合夏天

图 1-2　化妆成功范例

（资料来源：http://bbs.mrhzp.cn/forum.php?mod＝viewthread&tid＝35268&page＝2）

香水礼仪　　　　　　　　　　　如何卸妆

 小幽默

化　妆

　　小眉的闺蜜很少化妆，这天两人聊天，小眉就问："你怎么不爱化妆？"

　　闺蜜一脸严肃地说："我不化妆，别人说我丑，我可以说我是没化妆。可万一我化了妆，还有人说我丑，我就什么借口都没有了。"

三、不同脸形的化妆

　　脸部化妆一方面要突出面部五官最美的部分，使其更加美丽；另一方面要掩盖或矫正缺陷或不足的部分。经过化妆品修饰的美有两种：一种是趋于自然的美，另一种是艳丽的美。前者是通过恰当的淡妆来实现的，它给人以大方、悦目、清新的感觉，最适合在家或平时上班时使用；后者是通过浓妆来实现的，它给人以庄重高贵的印象，可出现在晚宴、演出等特殊的社交场合。无论是淡妆还是浓妆，都要利用各种技术，恰当地使用化妆品，通过一定的艺术处理，达到美化形象的目的。

1. 椭圆脸形

椭圆脸形可谓公认的理想脸形，化妆时宜注意保持其自然形状，突出其可爱之处，不必通过化妆去改变脸形。胭脂应涂在颊部颧骨的最高处，再向上、向外揉化开去；使用唇膏时，除唇形有缺陷外，尽量按自然唇形涂抹；眉毛可顺着眼睛的轮廓修成弧形，眉头应与内眼角齐，眉尾可稍长于外眼角。

2. 长脸形

长脸形的人在化妆时力求达到的效果应是增加面部的宽度。涂胭脂时，应注意离鼻子稍远些，在视觉上拉宽面部，可沿颧骨的最高处与太阳穴下方所构成的曲线部位，向外、向上抹开去。施粉底时，如果双颊下陷或者额部窄小，应在双颊和额部涂浅色调的粉底，造成光影，使之变得丰满一些。修正眉毛时，应令其成弧形，切不可有棱有角。眉毛的位置不宜太高，眉毛尾部切忌高翘。

3. 圆脸形

圆脸形予人可爱、玲珑之感，如果要修正为椭圆形并不十分困难。涂胭脂，可从颧骨起始涂至下颌部，注意不能简单地在颧骨凸出部位涂成圆形。涂唇膏，可在上嘴唇涂成浅浅的弓形，不能涂成圆形的小嘴状，以免有圆上加圆之感。施粉底，可在两颊造阴影，使圆脸消瘦一点。选用暗色调粉底，沿额头靠近发际处起向下窄窄地涂抹，至颧骨部下可加宽涂抹的面积，使脸部亮度自颧骨以下逐步集中于鼻子、嘴唇、下巴附近部位。修眉毛，可修成自然的弧形，可作少许弯曲，不可太平直或有棱角，也不可过于弯曲。

4. 方脸形

方脸形的人以双颊骨突出为特点，因而在化妆时，要设法加以掩蔽，以增加柔和感。涂胭脂，宜涂抹得与眼部平行，切忌涂在颧骨最突出处，可抹在颧骨稍下处并往外揉开。施粉底，可用暗色调在颧骨最宽处造成阴影，令其方正感减弱。下颚部宜用大面积的暗色调粉底造阴影，以改变面部轮廓。涂唇膏，可涂得丰满一些，以增强柔和感。修眉毛，应修得稍宽一些，眉形可捎带弯曲，不宜有角。

5. 三角脸形

三角脸形的特点是额部较窄而两腮较阔，整个脸部呈上小下宽状。化妆时应将下部宽角"削"去，把脸变为椭圆状。涂胭脂，可由外眼角处起始向下抹涂，将脸部上半部分拉宽一些。施粉底，可用较深色调在两腮部位涂抹、掩饰。修眉毛，宜保持自然状态，不可太平直或太弯曲。

6. 倒三角脸形

倒三角脸形的特点是额部较宽大而两腮较窄小，呈上阔下窄状。人们常说的瓜子脸、心形脸，即指这种脸形。化妆时，掌握的诀窍恰恰与三角脸相似，需要修饰的部分则正好相反。涂胭脂，应涂在颧骨最突出处，而后向上、向外揉开。施粉底，可用较深色调涂在过宽的额头两侧，而用较浅色调涂抹在两腮及下巴处，获得掩饰上部、突出下部的效果。涂唇膏,宜用稍亮些的唇膏以加强柔和感,唇形宜稍宽厚些。修眉毛,应顺着眼部轮廓修成自然的眉形,眉尾不可上翘,描时从眉心到眉尾宜由深渐浅。

🦊**小贴士**

化妆的禁忌

(1) 切忌在公共场合化妆。在众目睽睽之下化妆是非常失礼的,这样做有碍于别人,也不尊重自己。

(2) 不能非议他人的化妆。由于个人文化修养、皮肤及种族的差异,每个人对化妆的要求及审美观是不一样的,不要总认为只有自己的妆才是最好的。在和他人交往的过程中,即便是好朋友,也不要主动去为别人化妆、改妆及修饰,这样做是不礼貌的。

(3) 不要借用别人的化妆品。在确实忘了带化妆盒而又需要化妆的情况下,除非别人主动给你提供方便,否则千万不要用人家的化妆品,因为这是极不卫生的,也是很不礼貌的。

四、男士的妆容

请扫描二维码学习本部分内容。

男士的妆容

🖊 **任务评价**

"化职业妆实训"考核评分标准见表1-3。

表1-3 "化职业妆实训"考核评分标准

序号	考核内容	考 核 要 点	分值	自评分	互评分	教师评分
1	妆前准备	化妆工具准备,化妆品准备,洁面,保湿	20			
2	施妆过程	掌握化妆的操作程序和要求,结合自己的脸形化职业妆	70			
3	妆后检查	对称、自然、协调、完美	10			
	总　　分					
小组自评		存在不足:				
		改进措施:				
小组互评		存在不足:				
		改进措施:				
教师评价		存在不足:				
		改进措施:				
训练总结:						

课后练习

1. 判断题

(1) 事实上,修饰与维护对于仪容的优劣而言往往起着一定的作用。　　（　　）

(2) 女士出席宴会、舞会等场合,妆可以化得浓一些。　　（　　）

(3) 某女士在一星级酒店的大厅内等朋友,她看到朋友还没有来,于是拿出自己的化妆包开始修饰起来。　　（　　）

(4) 不能非议他人的化妆。　　（　　）

(5) 可以在全身各部位都搽上香水。　　（　　）

(6) 面容美化主要针对女性而言,男性无所谓。　　（　　）

2. 简答题

(1) 化妆的步骤和要领是什么？

(2) 不同的脸形各有哪些相应的化妆技巧？

(3) 化妆的禁忌有哪些？

(4) 怎样使用香水？

(5) 男士怎样拥有得体的妆容？

3. 实践题

(1) 作为女士,你能用5分钟时间给自己化一个漂亮的工作妆吗？请实际操作,如果结果不令你满意,要继续实践、反复练习,直到取得满意效果为止。

(2) 根据自己的脸形、五官特征和皮肤状态,找到自己化妆时必须掩盖和修饰的部分及相应的解决方法。

(3) 有人说:"化妆不只是技术,还是一门艺术,一种生活。"请谈谈你对这句话的理解。

4. 案例分析题

扫描二维码,阅读案例原文,然后回答每个案例后的问题。

案例分析题原文

任务 1.2　饰 发 礼 仪

君子之修身也,内正其心,外正其容。

——［宋］欧阳修《左氏辨》

 **案例导入**

松下幸之助与理发师

日本著名跨国公司"松下电器"的创始人松下幸之助被称为"经营之神",他从前不修边幅,企业也不注重形象,因此企业发展缓慢。一次他到东京银座的一家理发室去理发,理发师看到他的形象后,毫不客气地对他说:"你对自己的容貌修饰毫不重视,就如同将你的产品弄脏。作为公司的代表,如果你不注意形象,产品能打开销路吗?"一句话将松下幸之助问得哑口无言。他将理发师的劝告牢记在心,从此后对自己的外在形象十分重视,生意也随之兴旺起来。现在,松下电器的产品享誉天下,这与松下幸之助长期率先垂范,要求员工懂礼貌、讲礼节是分不开的。

 任务分析

美的发型,使人在社交中增强自信心,陶冶情操,领略对生活的热爱。不同的发型,能带给人整洁、庄重、洒脱、文雅、活泼的不同感觉,因而不同的气质、爱好、脸形、发质、年龄的人要针对自身情况,扬长避短,选择和修饰适合自己的发型。

影星赫本的经典发型如图 1-3 所示,体现了赫本良好的气质魅力。

图 1-3　影星赫本的经典发型

（资料来源：https://huaban.com/pins/247943488；http://3g.xiziwang.net/zhaoxing/shiyang/22102_7.html）

由本任务的"案例导入"可以看出:头发表现了一个人的生活状况和情绪,尤其对于男士来说,仪容是从"头"开始的。理发师的话无疑给松下幸之助很大的启发,作为一名企业领导者,其个人形象还关系到企业的形象。

发型是构成容貌美的重要组成部分,作为一名现代人,一定要讲究发型的设计、梳理,以显现出真正的美。

饰发礼仪

任务设计

项目名称：头发的梳理与定型实训。

实训目标：掌握发型梳理与定型的基本要领。

实训准备：梳子、胶圈、发网、小镜子、固发发胶（啫喱）、电吹风机等。

实训方法：教师讲解，学生分组操作。

实训步骤如下。

（1）将学生分成若干小组，对自己的发型进行梳理定型，必要时请组内同学帮助。

（2）女生还须进行盘发练习（因为在工作岗位上不允许长发过肩、自然披散开来，所以在上岗前宜将长发盘起来、束起来、编起来）。

（3）每组推选1～2名代表上台展示自己的发型，并说明其理由。

（4）学生自我评价、小组评价。教师点评总结，指出各组存在的共性问题。

（5）全班评选出"最佳表现组"和"最佳表现个人"。

一、保持头发的清洁和健康

中国人一般认为头发健康的标准就是具有光泽、发色乌黑、清洁滋润、无头皮屑。当然这离不开平日均衡的营养、适当的运动、充分的休息与对头发的护理，另外也离不开定期清洁与修剪。洗发的次数可以因人而异，发质较油腻或是运动量多且易流汗的人，天天洗较理想；而活动量少或头皮较干燥的人可两三天洗一次头。清洁是保持美丽头发最重要的一项，还要勤梳理修剪，如头发像堆稻草，毫不修整，就会给人邋遢之感。

不同发质有不同的护理方法，见表1-4。

表1-4　不同发质的成因及其护理

发质类型	表　现	成　因	护　理
油性	头发细长，发丝油腻，需要经常清洁；洗后第二天，发根出现油垢；头皮厚，容易头痒	荷尔蒙分泌紊乱，精神压力大，遗传，过度梳理，常吃高脂肪食物	缓解精神压力，勤于洗发，调节内分泌，少吃高脂肪食物
干性	头发缺乏光泽，干燥，油脂少；爱打结，难梳理，易生头皮屑；一般发根稠密、发梢稀薄、时有分叉，头发僵硬、弹性较差	皮脂分泌不足，头发蛋白缺乏水分，经常漂染或高温吹干，天气干燥等	多摄入高脂肪食物和水分，少漂染头发，少用高温吹干，最好自然风干，勤于梳理
中性	头发不油腻、不干燥，柔软光滑，有光泽，只有少量头皮屑	皮脂分泌正常，日常护理良好	无须特别护理，进行常规护理即可
混合性	头皮油腻、干燥，靠近头皮1厘米以内的头发有很多油，越靠近发梢越干燥，甚至分叉	经期女子或青春期少年体内的激素水平不稳定；过度烫发或染发等	少烫发或染发，在护发专家的指导下进行护发

二、发型与脸形、体形的配合

发型的选择要符合自己的职业，符合自己的内在气质和风度，要与脸形、体形等协调搭配才能显示出和谐美。同时，要慎重染色。

女性常见脸形与发型的搭配见表1-5。

表1-5 女性常见脸形与发型的搭配

脸 形	适 合 发 型
椭圆脸形	东方女性的最佳脸形，可选任何发型
圆脸形	尽量使脸趋于椭圆形，使头顶部头发蓬松，而拉长脸部两侧头发并使之服帖
方脸形	尽量使脸趋于圆形，头顶区头发稍微蓬松，而额头两侧与下颌两侧头发较为拉低，能使脸形看起来修长柔和；也可以烫发，用烫出的曲线修饰方形脸的欠缺
长脸形	适当用刘海儿遮住前额，头顶区头发不要太过蓬松
三角脸形	可以尝试比较温柔的波浪卷发，长度最好是中长或及肩，并增加额头两侧头发的厚度
倒三角脸形	让下颌两侧的头发看起来较蓬松，而在上额两侧的头发则较为服帖，以视觉平衡的方式来修饰这类脸形。短发较适宜此种脸形

女性常见体形与发型的搭配见表1-6。

表1-6 女性常见体形与发型的搭配

体 形	发 型
瘦高形	不宜留短发或把头发高盘在头上，适宜留长发或大波浪的卷发
矮小形	不宜留长发、披肩发，适宜留短发和盘发
高大形	适宜留直发或大波浪的卷发，适宜盘发
矮胖形	适宜轻便的运动式发型或盘发

🦊 小贴士

用发型矫正面部缺陷的方法

（1）遮盖法。以头发组成适当的线条或块面来改变脸形的不足，主要是在视觉上把原来比较突出而不够完美的部分遮盖掉，冲淡突出的部分。

（2）衬托法。主要将顶部和两侧的部分头发梳得蓬松或紧贴，以增加或减少某部分的块面，改变其轮廓。例如，为圆形脸时，顶发向上梳得高而挺，下颌两侧紧缩些，脸形即有拉长感。脸形平扁时，发型的起伏要大，以增加脸形的立体感等。

（3）填补法。利用头发或饰物来填补不足的部位。例如，当头部有瘪塌部分时，可用结扎蝴蝶结、发夹、插花或衬假发填补。

（4）增美法。脸形、肤色都很美时，则要求发型不能破坏自然美，而应该衬托或者增加自然美。

课堂训练

根据自己的脸形、头型、身材及性格等要素，设计一款适合自己的发型（学生可用软件制作发型图像，用 PPT 方式在学生之间进行解说和点评）。

三、兼顾发型的美观与方便

美丽的发型千姿百态，而且随着时代的发展，发型的流行趋势也在千变万化，昨天还流行飘逸的长发,今天又流行翻翘式的短发。在选择发型时既要追求美观与时尚,又要兼顾方便易梳。例如,在美容院可以梳理出许多漂亮的发型,但如果自己无法整理出这样的发型,那么最好还是放弃,因为很少有人能天天去美容院。尤其是职业女性,每天既要工作又要照顾家庭,最好选择洗发后不必太费时整理的发型。发型的整理既然每天都必须做,所以以简单方便又易于整理的发型为佳,这样可避免增加额外负担。如果想使头发长久保持发型,简单易行的方法就是早上吹头发时预先喷些胶水或啫喱水,然后用热风吹干,这样发型就可长久不变,保持一天的美丽与清爽。

任务评价

"头发的梳理与定型实训"考核评分标准见表1-7。

表1-7 "头发的梳理与定型实训"考核评分标准

序号	考核内容	考核要点	分值	自评分	互评分	教师评分
1	头发的清洁与健康	发质的类型及其护理	20			
2	发型与脸形、体形的配合	发型与脸形的配合,发型与体形的配合	30			
3	发型的美观与方便	发型的梳理、定型等	50			
	总　　分					
小组自评	存在不足:					
	改进措施:					
小组互评	存在不足:					
	改进措施:					
教师评价	存在不足:					
	改进措施:					

训练总结:

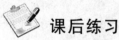

课后练习

1. 判断题

(1) 头发较干燥的人可两三天洗一次头。　　　　　　　　　　　　　　(　　)

(2) 身材娇小者适宜留短发或盘发。　　　　　　　　　　　　　　　　(　　)

(3) 长发过肩的女性必须全部将其剪短才能上岗。　　　　　　　　　　(　　)

(4) 选择发型可不考虑个人气质、职业、身份等因素。　　　　　　　　(　　)

(5) 在大众场合,不时用手整理头发,以确保仪容整齐。　　　　　　　(　　)

(6) 每天都要梳理头发。　　　　　　　　　　　　　　　　　　　　　(　　)

(7) 女士在工作岗位上处理超长头发应盘起来、束起来或编起来。　　　(　　)

（8）男士的头发应该前发不覆额，侧发不掩耳。　　　　　　　　　（　　）

2. 简答题

（1）发质有哪些类型？各应如何护理？

（2）发型美化的要点是什么？

（3）发型如何与脸形、体形相配合？

3. 实践题

（1）你的脸形、发质和职业最适合怎样的发型？

（2）根据礼仪要求，对身边同事的头发护理及发型提出合理化建议。

4. 案例分析题

扫描二维码，阅读案例原文，然后回答案例后的问题。

案例分析题原文

项目 2　服饰礼仪

　　莎士比亚说过："一个人即使他默默无闻,从他的着装也可以了解到他的过去"。可见,在现代交际的场合,着装应是一个人着重考虑的因素。一个人的着装直观地反映出他(她)的精神内涵、审美品位和礼仪素养。

　　早在 1972 年,世界著名心理学家及讲演大师肯利教授就发现,在高中女孩的交往中,穿衣最重要,占留给别人印象的 67% 之多。在多年之后,我们即便回忆不起当年的容貌,却对"当时穿什么"印象特深,其次才是个性,再次是共同的兴趣。因此他发现了着装是一个强烈、显著的信号,并告诉人们一个原则:服装只要运用得当,就是最有利的沟通工具之一,也是最便捷的交际"名片"。同时,通过实验进一步证实,着装能让我们得到不同的待遇。假如穿戴像一个成功的人,就能让您在各种场合得到应有的尊敬和善待。肯利教授最后指出:在任何事业上,成功的穿着能够帮助您获得更大的成功。因此,我们要学会运用服饰这一武器来"武装"自己,塑造完美的个人形象。

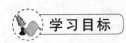

学习目标

知识目标

- 熟悉正装穿着要求,掌握在不同场合搭配服装的技巧;
- 了解正装饰物佩戴的原则和佩戴技巧;
- 明确服装与整体形象的关系。

能力目标

- 能根据不同场合有针对性地进行服饰搭配;
- 自主学习新知识,能够利用网络媒体资源查找与服饰礼仪相关的知识。

素质目标

- 具有良好的审美情趣;
- 努力提升个人整体形象。

任务 2.1 西装穿着礼仪

衣冠不正,则宾者不肃。

——《管子·形势篇》

 案例导入

服饰助希尔创业成功

美国商人希尔清楚地认识到,在商业社会中,一般人是根据一个人的衣着来判断对方的实力的,因此,他首先去拜访裁缝。靠着往日的信用,希尔定做了三套昂贵的西服,共花了 275 美元,而当时他的口袋里仅有不到 1 美元。然后他又买了一整套最好的衬衫、领带及内衣裤,而这时他的债务已经达到 675 美元。每天早上他都会身穿一套全新的衣服,在同一时间与同一位出版商"邂逅",希尔每天都和他打招呼,并偶尔聊上一两分钟。

这种例行性会面大约进行了一星期之后,出版商开始主动与希尔搭话,并说:"你看来混得相当不错。"接着出版商便想知道希尔从事的是哪一个行业。因为希尔身上的衣着表现出来的这种极有成就的气质,再加上每天一套不同的新衣服,已引起了出版商极大的好奇心,这正是希尔所盼望发生的事情。于是希尔很轻松地告诉出版商:"我正在筹备一份新杂志,打算在近期内出版,杂志的名称为《希尔的黄金定律》。"出版商说:"我是从事杂志印刷和发行的。也许我可以帮你的忙。"这正是希尔等候的那一刻,而当他购买这些新衣服时,心中已料到了这一刻。这位出版商邀请希尔到他的俱乐部和他共进午餐,在咖啡和香烟尚未送上桌前,已说服希尔答应和他签合约,由他负责印刷和发行希尔的杂志。发行《希尔的黄金定律》这本杂志所需要的资金在 3 万美元以上,而其中的每一分都是依靠漂亮衣服所创造的"幌子"筹集来的。

任务分析

西装又称西服,西装是一种"舶来文化",它产生于欧洲,距今已有 150 多年的历史,是目前世界较流行的一种服装,已成为公司、政府部门男性工作人员在较为正式场合着装的首选。西装之所以长盛不衰,很重要的原因是它拥有深厚的文化内涵,主流的西装文化常常被打上"有文化,有教养,有绅士风度,有权威"的标签。

西装一直是男性服装王国的宠儿,"西装革履"常用来形容文质彬彬的绅士俊男。西装的主要特点是外观挺括、线条流畅、美观大方、穿着舒适,如果配上领带或领结,则显得干练、高雅而富有气派。在日益开放的现代社会,西装作为一种衣着款式也进入女性服装的行列,体现出女性和男性一样的独立、自信。

在"案例导入"中,不难看出西装的穿着在美国商人希尔成功创业中发挥了重要作用。为了展现自身独特的气质,塑造良好的个人形象,助力事业的成功,男士一定要掌握西装的正确穿着。

这里主要介绍一下男士西装的穿着原则和搭配。

西装礼仪

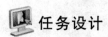**任务设计**

男士西装穿着实训

实训目标:掌握西装的穿着要求和搭配方法。

实训准备:男士西装、衬衫、领带、腰带、皮鞋、手机。

实训方法:教师讲解示范,学生操作。

实训步骤如下。

(1) 男生 5 人为一小组,以小组为单位展示西装的穿着、领带打法以及西装与衬衫、领带、皮鞋、袜子的搭配,并说明搭配的理由。

(2) 全程录像,通过大屏幕回放,学生自我评价、小组评价,教师点评总结。

(3) 评选出"最佳服饰先生"若干名。

一、西装的穿着原则

1. 三三原则

所谓"三三原则"是穿西装要坚持以下三个三。

(1) 三色原则:指在穿着西装时,全身的颜色不能多于三种,包括上衣、裤子、衬衫、领带、鞋子、袜子在内。

(2) 三一定律:指在重要场合穿西装套装外出时,鞋子、腰带、公文包必须是一个颜色,而且首选黑色。

(3) 三大禁忌:袖子上的商标不拆;在非常重要的场合,尤其在国际交往中,不打领带;在正式场合穿西装套装时,穿白色的袜子或尼龙丝袜。

黑色皮鞋里的秘密

曾经有个国内公司老总到国外宣传推广自己的企业,听众都是国际著名的投资公司管理人员。在这个很正式的场合里,听众们发现台上的老总裤脚下露出一道棉毛裤的边,而且老总的黑皮鞋里是一双白色袜子。这样的穿着在商务场合很是失态。这样一个公司老总能管好他的企业吗?听众们马上对这个公司的管理产生了疑问。

作为企业老总,着装不注重细节,违反穿西装的禁忌,是很不应该的,这样不但影响其个人形象,更影响了其所代表的企业形象。

2. 庄重原则

庄重原则首先要求西装熨烫平整。线条笔直、熨烫平整挺括的西装穿在身上显得美观而大方,而脏兮兮、皱巴巴、美感尽失的西装穿在身上定会"惨不忍睹",有失庄重。所以如果着装美观,除了定期对西装干洗外,还要在每次正式穿着之前认真熨烫,使其平整。不仅要使西装平整,还要做到细心呵护,无论什么时间、什么场合,都不要把西装上衣的袖子挽上去,也不要把西装当披风一样披在肩上。其次西装的色彩及图案必须符合规范。西装的色彩必须显得庄重、保守,如藏蓝、藏青、灰色、棕色等,黑色的西装也可以考虑,但它更适合在庄严和肃穆的礼仪活动中穿着。按照惯例,越是正规的场合,越讲究穿单色的西装。西装表现的是成熟、稳重,所以西装一般以没有图案为好。

3. 合体原则

合体的西服是保证西服穿着挺括的基本条件。合体的西服要求上衣盖过臀部,四周平整无皱褶,手臂伸直时,袖子长度应到手的虎口处,领子应紧贴后颈部,衬衫的领子应露出西服上衣领子约 1.5 厘米,衬衫的袖口应比外衣的袖口长出约 1.5 厘米。与上衣相配的通常是面料相同的西裤,其应有合适的腰围和长度。合适的腰围应是裤子穿在身上并拉上拉链,扣好扣子后,腰处还能伸进五指并拢的手掌;合适的裤长应是穿上裤子后,裤脚下沿正好触及脚面,并保证裤线笔直。如果裤子太长,裤线就会弯曲,从而影响西裤的挺括;如果裤子太短,坐下或蹲下时容易露出内衣,甚至皮肤,显得不雅观。一件西服上衣最好配两条裤子,因为裤子比上衣容易起皱,所以应该经常更换。裤线保持挺括,会使人显得精神抖擞。

西服的口袋

男士穿西服时,千万不要放太多的东西在口袋里,既不美观,又失礼仪,而且会把西服弄变形。西服上衣的口袋只作装饰,不放东西,必要时,也仅装折叠好的花式手帕,不应再放其他任何东西,尤其不应放钢笔或挂眼镜。西服左胸内侧口袋,可以装记事本、信封式钱包、票夹、小计算器等。西服右胸内侧口袋,可以装名片夹、香烟、打火机等。西服外侧下方的两个口袋,原则上是不放任何东西的。西服马夹的口袋起装饰作用,除可以放置怀表之外,不宜再放别的东西。西裤侧面的口袋只能放纸巾、钥匙包或钱包,其后侧的口袋,一般不放任何东西,以求裤型美观。

二、西装的选择

1. 选择合适的款式

西装的款式可分为英国、美国和欧洲三大流派。尽管西装在款式上有流派之分，但是各流派之间的差异并不是很大，只是在后开衩的部位、扣子的排数、领子的宽窄等方面有所不同。不过，在胸围、腰围的胖瘦，肩的宽窄上还是有所变化的。因此，我们在选择西装时，要充分考虑到自己的身高、体形：如身材较胖的人最好不要选择瘦型短西装；而身材较矮者也最好不要穿上衣较长、肩较宽的双排扣西装。

2. 选择合适的面料和颜色

西装的面料要挺括一些。正式礼服的西装可采用深色（如黑色、深蓝、深灰等）的全毛面料制作。日常穿的西装颜色可以有所变化，面料也可以不必讲究，但必须熨烫挺括。如果穿着皱巴巴的西装，是会损坏自己的交际形象的。

🐾 小贴士

职场西装的款式

欧式西服：领型狭长，腰身中等，胸部收紧突出，袖笼与垫肩较高，整体造型优雅，一般为双排扣。

英式西服：外观与欧式相仿，但垫肩较薄，后背两侧开衩，绅士味道很足。

美式西服：领型较宽大，垫肩适中，胸部不过分收紧，单开衩，是一种比较自然的风格流派。

日式西服：外观略呈 H 形，领型较窄、较短，垫肩不高，后部多不开衩，一般为单排两粒扣。

以上几种西装款式中最适合中国人的无疑是日式西服，它的设计考虑到了东方人的形体特征。

三、西装的搭配

1. 西装与衬衫的搭配

搭配西装的衬衫，颜色应与西装颜色协调。在正式场合，一般选择棉质的白色衬衫。与西装配套的衬衫要求是硬领式的，必须挺括、整洁、无皱褶，尤其是领口。衬衫大小合身，是指西装穿好后，衬衫领应高出西装领口 1 厘米左右，衬衫袖长应比西装上装衣袖长出 1 厘米左右，这就是穿西装的"两一规则"。这样既可以避免西装袖口受到过多的磨损，又可以用白色衬衫衬托西装的美观，显得更干净、利落。在正式场合，不管是否与西装合穿，长袖衬衫的下摆必须塞在西裤里，袖口必须扣上，不可翻起。系领带时，衬衣领口扣子必须系好，不系领带时衬衣领口扣子应敞开。

选衬衫时，领围以合领后可以伸入一个手指头为宜。正装衬衫以无胸袋为佳，如果穿着有胸袋的衬衫，要尽量不放或少放东西。每位男士都应该至少有一件白色或浅蓝色的领部扣衬衫。商界男士在自己的办公室里，可以暂时脱下西装上衣，直接穿着长袖衬衫，打上领带，但不能以此形象外出办事，否则就会有失体统。衬衫的领型如图 2-1 所示。

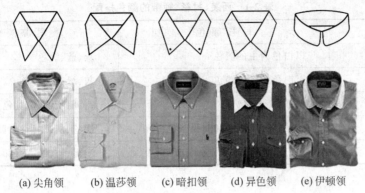

(a) 尖角领　　(b) 温莎领　　(c) 暗扣领　　(d) 异色领　　(e) 伊顿领

图 2-1　衬衫的领型

2. 西装与领带的搭配

领带属于男士的饰物，女士一般不打领带。男士打领带，在穿着西装时效果最佳，因此领带又叫作"西服的灵魂"。穿西装时，特别是穿西装套装时，不打领带往往会使西装黯然失色。然而在平时穿着其他服装（如大衣、风衣、夹克、猎装、毛衣、短袖衬衫）时，打领带就是"无的放矢"，不成体统，因此大可不必煞有介事地打领带。

🐾 小贴士

领带的由来

领带最先出现在 17 世纪，当时一支骑兵部队来到巴黎街头，那些士兵都身穿制服，脖颈上系着一根细布条。部队的法国军官见了，赞叹不已，争相效仿，后来连贵族也系起了围巾。有一天，一位大臣上朝，颈上围着一条白色绸巾，并在前面打了个结，路易十四见了大为欣赏，他宣布领结为高贵的标记，下令凡尔赛城的上流人士都该这样打扮。领带的前身——领巾就这样诞生了。

一套同样的西装，只要经常更换不同的领带，往往也能给人以耳目一新的感觉。领带打好之后，外侧应略长于内侧，其标准的长度应当是领带的下端正好触及腰带扣的上端。领带打好以后，应被置于合乎常规的位置。穿西装上衣系好衣扣后，领带应该处于西装上衣与内穿的衬衫之间。如果穿毛衣或者毛背心，应将领带置于它们与衬衫之间。

领带的打法

领带结的基本要求是挺括、端庄，形状呈倒三角形。原则是领带结的大小大体上应与同时所穿的衬衫领子的大小成比例，即衬衣的领角越大，领带结扎得越大；领角越尖，领带结扎得越小；领角适中，领带结也扎得适中。

为使领带保持贴身、笔直、下垂，可以使用领带夹。领带夹可体现男士的绅士风采，显示对别人的尊重和不失礼仪。领带夹应别在特定的位置，即从上往下数，在衬衫的第四与第五粒纽扣之间，将领带夹别上，然后扣上西服上衣的扣子，从外面一般应看不见领带夹。

西装、衬衫、领带的颜色搭配见表 2-1。

表 2-1　西装、衬衫、领带的颜色搭配

西装颜色	衬衫颜色	领带颜色
黑色	以白色为主的淡色	灰、蓝、绿色
灰色	以白色为主的淡色	灰、绿、黄、砖色
浅蓝色	白、明亮蓝色	蓝、胭脂红、橙黄色
深蓝色	乳黄、粉红、银灰和明亮蓝色	浅蓝、灰、胭脂红、黄、砖色
褐色	白、灰、银和明亮褐色	浅褐、灰、绿、黄色

😄 小幽默

马克·吐温的领带

美国著名作家马克·吐温曾经是斯托夫人的邻居。他比斯托夫人小 24 岁，对她很尊敬。他常到她那里谈话，这已成为习惯。

一天，马克·吐温从斯托夫人那里回来，他妻子吃惊地问：“你怎么不结领带就去了？”不结领带是一种失礼。他的妻子怕斯托夫人见怪，为此闷闷不乐。

于是，马克·吐温赶快写了一封信，连同一条领带装在一个小盒里。送到斯托夫人那里。信上是这样写的：“斯托夫人：给您送去一条领带，请您看一下。我今天早晨在您那里谈了大约 30 分钟，请您不厌其烦地看它一下吧。希望您看过马上还给我，因为我只有这一条领带。”

3. 西装与皮带的搭配

与西服相匹配的皮带要求是皮质材料，光面、深色，带有钢质皮带扣。皮带的宽窄一般在 2.5 厘米左右，颜色应与鞋子和公文包的颜色相统一。穿西装时，皮带上不要挂手机、钥匙等物品。

4. 西装与鞋袜的搭配

穿西装一定要穿皮鞋，即便是夏天也应如此。和西装搭配的皮鞋最好是系带的、薄底、素面的西装皮鞋。皮鞋的颜色要与西装颜色搭配，深色西装搭配黑色皮鞋。皮鞋要上油擦亮，不留灰尘和污迹。穿西装皮鞋时，袜子的颜色要深于鞋的颜色，一般选择黑色。要特别强调的是，穿西装一定不能穿白色袜子。袜筒的长度要高及小腿并有一定的弹性，如果穿袜口太短或松松垮垮的袜子，坐下来时会露出腿部皮肤或腿毛，不符合礼仪规范。

5. 西装与公文包、钱夹的搭配

与西装搭配的公文包是长方形公文包，面料以真皮为宜，并以牛皮、羊皮制品为最佳。颜色一般选择黑色或咖啡色，最好与皮鞋和皮带的颜色一致，造型要求简单大方。除商标之外，公文包在外观上不宜带有任何图案和文字。穿西装时，应该使用皮制的、造型长而扁的西服钱夹，钞票可以平放其中。西服钱夹应该插放在西装内兜里，不能装太多东西，以免破坏西装的平整。

6. 西装与手表、饰品的搭配

与西服相配的手表要选择造型简约、颜色保守、时钟标示清楚、表身比较平薄的商务款式。男士在职业场合的首饰要减到最少,至多戴一枚婚戒。西装手帕是以熨烫平整的各种单色丝质手帕折叠而成的,可以折叠成三角形、三尖峰形、V 形等,插于西装上衣左上侧的胸袋,达到锦上添花的效果。

归纳起来,男士西装的着装要求见表 2-2。标准的男士西装穿着如图 2-2 所示。

表 2-2 男士西装的着装要求

着装	要 求
衬衣	白色或单色,无污渍,袖口不要长于手。领口不得显露破痕,将所有的扣子系上,质地、款式、颜色与其他服饰相匹配,并符合自己的年龄、身份和公司文化
领带	领带紧贴领口,端正整洁,不歪不皱,不过分华丽耀眼,与衬衣、西裤匹配,并符合自己的年龄、身份和公司文化
西装	整洁笔挺,背部无头发和头屑。不皱,不过分华丽。与衬衣、领带和西裤匹配。与人谈话或打招呼时,将第一颗扣子扣上。可放东西的口袋不应因放置钱包、名片、香烟、打火机等物品而鼓起
铭牌	擦亮,表面没有胶条及皮筋。佩戴在上衣口袋连缝处,不能随意佩戴各种纪念牌
皮带	松紧适度,高于肚脐,不选用怪异的皮带头,颜色与鞋子、公文包搭配
裤子	无褶皱,适体,不系皮带时裤子不掉落。站立时裤脚不应拖地,应能盖住袜子
鞋子	鞋袜搭配得当。鞋面干净亮泽,鞋底不宜钉铁掌。不穿尼龙丝袜,袜子颜色和皮鞋接近

🦊 小贴士

西装纽扣的系法

穿西装时,上衣纽扣的系法尤为讲究。西装有单排扣和双排扣之别,其系法也有不同的要求。

(1)单排一扣的西装:系上或敞开均可。

(2)单排双扣的西装:系上面一粒扣或者不系。

(3)单排三扣的西装:系第一粒和第二粒扣,也可只系中间一个。

(4)双排扣的西装:扣子要全部扣上。

双排扣的西装是不能敞开怀的,无论是站起来还是坐下,其纽扣都应系上。

而穿单排扣西装的要求是站起来时系好,以示郑重;坐下来之后则要解开,以防西装扭曲走样。

图 2-2 标准的男士
西装穿着

✒ 任务评价

"男士西装穿着实训"考核评分标准见表 2-3。

表 2-3 "男士西装穿着实训"考核评分标准

序号	考核内容	考核要点	分值	自评分	互评分	教师评分
1	西装的穿着原则	三三原则、庄重原则、合体原则	30			
2	西装的选择	合适的款式、合适的面料和颜色	20			
3	西装的搭配	与衬衫、领带、皮带、鞋袜、公文包、手表等的搭配	30			
4	领带的打法	至少会两种领带的打法	20			
	总 分					
小组自评	存在不足：					
	改进措施：					
小组互评	存在不足：					
	改进措施：					
教师评价	存在不足：					
	改进措施：					

训练总结：

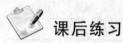 课后练习

1. 判断题

(1) 西装穿好后，衬衫的领子应露出西装上衣领子 1 厘米左右。 （ ）

(2) 西装穿好后，衬衫袖口应比西装上衣的袖口长出 2 厘米左右。 （ ）

(3) 领子被称为西装的"灵魂"。 （ ）

(4) 穿单排双扣的西装时，可以系上面一粒扣，也可以不系扣。 （ ）

(5) 穿西装不系领带时，衬衣领口扣子应敞开。 （ ）

(6) 穿西装时，皮带上不要挂手机、钥匙等物品。 （ ）

(7) 穿西装一定要穿皮鞋，但是夏天除外。 （ ）

(8) 西服上衣两侧的衣袋以及裤袋不可装物。 （ ）

(9) 西装手帕折叠后插于西装上衣左上侧的胸袋，可达到锦上添花的效果。 （ ）

(10) 打领带时，衬衫的第一颗纽扣一定要扣上。 （ ）

(11) 领带夹的合适位置一般在衬衣的第四与第五个纽扣间。 （ ）

(12) 年轻人穿西装可以搭配白袜子和休闲鞋。 （ ）

2. 简答题

(1) 男士穿西装应遵循哪些原则？

(2) 男士如何选择适合自己的西装？

(3) 男士穿西装有哪些搭配上的要求？

3. 实践题

（1）作为商务人员,在选择衣着款式时应考虑哪些因素?

（2）假设下周你被邀请去电视台参加录制一个财经类访谈节目,你觉得自己穿什么衣服比较合适?

（3）日常生活中违反服装礼仪规范的常见现象有哪些?请与同学讨论。

（4）作为男性职业人员,请每天出门前对照以下"男士着装自我检测"仔细审视自己,看看自己哪些方面需要改进,以养成良好的习惯。

男士着装自我检测

衬衣领口整洁,纽扣已扣好。

耳部清洁干净,耳毛不外露。

领带平整、端正。

衣、裤袋口平整服帖。衬衣袖口清洁,长短适宜。

手部清洁,指甲干净整洁。

衣服上没有脱落的头发和头皮屑。

裤子熨烫平整,裤缝折痕清晰。裤腿长及鞋面。拉链已拉好。

鞋底与鞋面都很干净,鞋跟无破损,鞋面已擦亮。

4. 案例分析题

扫描二维码,阅读案例原文,然后回答每个案例后的问题。

案例分析题原文

任务 2.2　套裙穿着礼仪

佛是金装,人是衣装。

——冯梦龙《醒世恒言·卷一》

 **案例导入**

小张的一场面试

一次,某公司招聘文秘人员,由于待遇优厚,应聘者很多。中文系毕业的小张同学前往面试,她的背景材料十分出类拔萃:大学期间在各类刊物上发表了 3 万余字的作品,内容涵盖小说、诗歌、散文、评论、政论等;为 6 家公司策划过周年庆典;英语口语表达得极为流利;书法作品也堪称佳作。此外,在外形上,小张五官端正,身材高挑、匀称。在面试时,招聘者拿着她的材料在等她进来。这时,小张穿着迷你裙,露出藕段似的大腿,上身是露脐装,涂着鲜红的唇膏,轻盈地走到一位面试官面前,不请自坐,随后跷起了二郎腿,笑眯眯地等着问话。孰料,3位招聘者互相交换了一下眼色后,面试官便说:"张小姐,请回去等通知吧。"

 ## 任务分析

在日常工作与生活中,女性商务人员的着装应当因场合不同而异,在不同的场合选择不同的服装,以此来体现自己的身份、教养与品位。一般而言,女性商务人员涉及的场合有三类,即社交场合、休闲场合和公务场合。社交场合,可体现时尚个性,宜着礼服、时装;休闲场合要求舒适自然,宜着运动装、牛仔服、便装等;而公务场合,要求正规、保守,就宜着西装套裙、制服等,不宜穿时装、便装等。"案例导入"中的小张在着装上的问题则不言自明。

女士在公务场合的着装以西装套裙最为规范和常见。西装套裙可以使着装者看起来干练、洒脱和成熟,而且能够烘托出女性独具的韵味,使其显得优雅、文静。可以说西装套裙是能够体现职业女性的工作态度和女性美的最好道具。

套裙礼仪

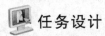 ## 任务设计

女士西装套裙穿着实训

实训目标:掌握女士套裙的穿着要点和搭配方法。

实训准备:西装套裙、衬衫、鞋袜、饰物等。

实训方法:教师讲解示范,学生操作。

实训步骤如下。

(1) 女生5人为一小组,以小组为单位分别上台展示西装套裙的穿着、丝巾的佩戴以及西装套裙与衬衫、鞋袜、饰物的搭配,并说明搭配的理由。

(2) 全程录像,通过大屏幕回放,学生自我评价、小组评价,教师点评总结。

(3) 评选出"最佳服饰淑女"若干名。

一、西装套裙的款式

20世纪30年代,法国时装设计师克里斯蒂安·迪欧以拉丁字母为形式,创造了H形、X形、A形、V形四种造型模式。这四种套裙造型各有其特点,见表2-4。

表2-4 套裙款式列表

款式	特 点
H形	上衣较为宽松,裙子多是筒式,显得优雅、含蓄,可以为身材肥胖者避短
X形	上衣多为紧身式,裙子则都是喇叭式,可以突出着装者腰部的纤细,可以令着装者看上去婀娜多姿、魅力无穷

款式	特　点
A 形	上衣为紧身式,裙子则为宽松式,可以适当地遮掩下半身的缺陷,适合上身苗条但臀部大或腿粗的女士
V 形	上衣为松身式,裙子多为紧身式,并且以筒式为主,可以遮掩上半身的缺陷,使上半身肥胖而下半身苗条的着装者看上去亭亭玉立、端庄大方

二、西装套裙的穿着规范

1. 符合标准

西服套裙应该选用质地上乘的面料,且上衣与裙子应使用相同的面料。除女士呢、薄花呢、人字呢、法兰绒等纯毛面料之外,也可选择高等的丝绸、亚麻、府绸、麻纱、毛涤面料来制作西装套裙,应注意的是,用来制作西装套裙的面料应匀称、平整、滑润、光洁、丰厚、柔软、挺括,其弹性一定要好,而且要不易起皱。

套裙色彩以冷色调为主,藏蓝、炭黑、烟灰、雪青、黄褐、茶褐、蓝灰、暗黄、紫红等颜色都是很好的选择。不宜选择过于鲜亮扎眼的色彩,同时,应当与流行色保持一定的距离。另外,套裙的上衣和裙子可以是一色,也可以采用上浅下深或上深下浅两种并不相同的颜色,使之形成鲜明的对比。前者显得庄重、正统;后者显得富有活力和动感。

套裙应图案简洁、尺寸适宜、造型简约。在正式的商务场合中,无论什么季节,正式的西装套装都必须是长袖的,长及手腕,裙子应该长及膝盖,坐下时裙子会自然向上缩短。如果裙子缩上后离膝盖的长度超过 10 厘米,就表示这条裙子过短或过窄。

2. 穿着到位

上衣的领子要完全翻好,衣袋的盖子要拉出并盖住衣袋;裙子要穿得端端正正,上下对齐。穿衬衫时,衬衫的纽扣要一一系好,除最上端的一粒纽扣按惯例允许不系外,其他纽扣均不得随意解开,衬衫在公共场合不宜直接外穿。

3. 注意场合

重大的宴会、庆典和商务谈判,尤其是涉外性质的商务活动,当组织者所发请柬上专门注有着装要求的,参加者应按要求着装。即便组织者没有注明具体的着装规定,参加者也应穿着较正式的服装。通常,女士可穿西装套裙、民族服装、旗袍或连衣裙等。

商务礼仪规定:女士在各种正式的商务交往活动中,一般以穿着西装套裙为好,但是忌穿黑色皮裙;在出席宴会、舞会、音乐会时,可酌情选择适合参加这类活动的时装或礼服。

🐱 **小贴士**

套裙穿着六不准

(1) 不准过大或过小。

(2) 不准衣扣"不到位"。

(3) 不准不穿衬裙。

(4) 不准内衣外现。

（5）不准随意自由搭配。

（6）不准乱配鞋袜。

三、西装套裙的搭配

1. 套裙与衬衫的搭配

女士衬衫面料要求轻薄而柔软，可选择真丝、麻纱、纯棉等。与职业套裙搭配的衬衫色彩要求雅致而端庄，且不失女性的妩媚。最好是白色、米色、粉红色等单色。衬衫色彩与套裙的色彩要协调，内深外浅或内浅外深，形成深浅对比，最好无图案，也可以有一些简单的线条和细格图案。衬衫的款式要裁剪简洁，不带花边和皱褶。穿衬衫时，衬衫的下摆必须放在裙腰之内，不能放在裙腰外，或把衬衫的下摆在腰间打结。在穿着职业套裙时，不能在外人面前脱下西装，尤其是身穿紧身且透明的衬衫时，特别要注意这一点。套裙与衬衫的搭配如图2-3所示。

2. 套裙与丝巾的搭配

职业女性一定要必备一款唯美的丝巾，丝巾是职场女性的标志，既能展示出干练的气质，还能增添几分柔情似水，使女性朋友们显得更有魅力和气质。

图2-3　套裙与衬衫搭配

丝巾的款式丰富，按规格可分为大、中、小丝巾；按材质可分为丝、棉、麻、混纺丝巾；按形状可分为长方形、正方形和三角形丝巾。在商务场合常用的小方巾的规格一般是60厘米×60厘米，形状为正方形，优选丝绸材质丝巾。

丝巾的常用系法

佩戴丝巾要注意，如果脸色偏黄，则不宜选用深红、绿、蓝、黄色丝巾；如果脸色偏黑，则不宜选用白色、有鲜艳大红图案的丝巾。

丝巾折叠的基本动作包括折、收、绕、拧、拉、系和穿。其折叠方法有巴黎结、领带结、西班牙结、海芋结、竹叶结、凤蝶结等。

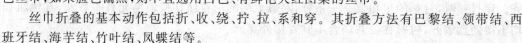

小贴士

丝巾的搭配

丝巾折叠的宽度可根据颈部比例而定，太宽会导致整条丝巾失去平衡感。搭配圆领时，可以将带有休闲风格的衣领演绎得更加华美；与方领的搭配，看上去充满女人味；如搭配套装，最好选用尺寸稍大一些的丝巾，看起来更加协调，使丝巾的两端垂在前面，增加丝巾的垂感，但这不适合脖子太短或梨型脸形。

3. 套裙与鞋袜的搭配

（1）袜子的搭配。许多人说，夏季是女士的季节，女人在夏季是最美丽的，这可能要归功于裙子，而把裙子衬托得更美丽的，就是女性的袜子。在社交场合中，穿裙装而不穿袜子是很不礼貌的。女性袜子的款式和色彩多种多样，但在裙装里占主导地位的还是丝袜，穿裙子时，应配长筒丝袜或连裤袜。千万要记住：袜子的长度一定要高于裙子下部边缘，否则走一步露一截腿出来是很不雅观的，而且袜子不可以有丝毫破洞、抽丝、染色等现象，否则会给人粗心大意、缺乏细致作风或经济条件不佳的感觉。职业女性的提包里一般都要带有备用的丝袜。袜子的选择要注意色彩和薄厚搭配,一般来说,肤色越深,袜子的颜色也应越深,在普遍情况下,肉色或相对颜色深一点的袜子较为适宜。在正式场合中,袜子不能有网眼、花纹、图案,穿上后要平整;白色袜子在正式场合中不多见,一般只适合在运动场中出现,或者小姑娘穿,显得活泼可爱;厚袜子不要配细高跟鞋,薄袜子不要配球鞋。

(2)鞋的搭配。在社交场合中,最常穿的鞋是皮鞋。黑色皮鞋四季穿都适合,而且可以与所有颜色的服装相搭配,无论搭配什么样的服装,都能给人稳重、沉着之感,所以多配几双总没错。白色皮鞋与浅色服装相配,给人年轻活泼的感觉。如果选择其他颜色的鞋,要注意与服装色调为同色系,如果鞋的颜色与服装的颜色反差太大,就会破坏整体之美。总之,鞋的颜色最好与服装主色调相呼应。皮鞋鞋跟的高低选择应视身材来决定,一般而言,中跟皮鞋能使女性显得挺拔与秀气;身材较高的女性可以穿平跟鞋;身材较矮的女性可以穿高跟鞋。皮鞋鞋跟的形状也要注意:身材较矮的女性最好不要穿方跟或酒杯跟的皮鞋;身材较高的女性不要穿鞋跟特别细、特别尖的皮鞋,会令人产生"头重脚轻"、不稳重之感。

4. 套裙与佩饰的搭配

女士的饰物有戒指、项链、耳环、手镯(手链)、胸针、头饰等。在职业场合,女士佩戴的饰物与服装要协调搭配,款式简单、精致;同时佩戴的饰物不要超过三种,否则会造成焦点过多,影响整体效果。

(1)戒指。戒指的佩戴隐含了一定的意义,所以佩戴戒指时不能随心所欲。一般情况下,一只手上只戴一枚戒指。戒指通常戴在左手上。戴在食指上,表示没有交男朋友;戴在中指上,表示正处于恋爱之中;戴在无名指上,表示已经订婚或结婚;戴在小手指上,表示自己是独身主义者。

小芳的戒指

小芳毕业后到一家公司做文秘工作不久,一次在接待客户时,领导让她照顾一位华侨女士。临别时,华侨对小芳的热情和周到的服务非常满意,留下名片,并认真地说:"谢谢!欢迎你到我公司来做客,请代我向你的先生问好。"小芳愣住了,因为她根本没有男朋友,何谈"先生"呢?可是,那位华侨也没有错,她之所以这么说,是因为看见小芳的左手无名指上戴有一枚戒指。

可见,戒指的佩戴是有基本规定的,这些规定透露出相应的信息。为了避免交际对象的误解,一定要注意将戒指佩戴在合适的手指上。

(2)项链。佩戴项链时,可以利用项链的长短来调节视线,起到锦上添花的作用,如又细又长的项链可以拉长视线,弥补脖子短粗的缺陷等。项链上的挂件,也体现佩戴者的气质和个性。例如,椭圆形的挂件体现佩戴者成熟、圆润的个性,菱形和方形的挂件体现独立、自信的个性等。

(3)耳环。在职业场合,不要佩戴造型夸张的耳环。造型简洁的耳饰,既具女性美,又显端庄、稳重。戴耳钉时,一只耳朵只能戴一只,不能出现一只耳朵戴多只耳钉的造型。穿礼服时可以佩戴装饰性较强的耳环,但是也要注意和脸形相适应。

（4）手镯及手链。一只手腕不要同时戴手表和手链（或手镯）,也不要同时戴两只手链（或手镯）。如果戴手链（或手镯）妨碍工作（如办公室文员经常要打字复印）,就不要佩戴。

（5）胸针。胸针是西服裙装最主要的饰品。穿西装套裙时,别上一枚精致的胸针,能使视线上移,让身材显得高挑一些。胸针一般别在左胸襟,胸针的大小、款式、质地可根据个人的喜好决定。

标准的女士套裙穿着如图 2-4 所示。

包的选配　　　　　　　　　图 2-4　标准的女士套裙穿着

任务评价

"女士西装套裙穿着实训"考核评分标准见表 2-5。

表 2-5　"女士西装套裙穿着实训"考核评分标准

序号	考核内容	考核要点	分值	自评分	互评分	教师评分
1	西装套裙的穿着规范	符合标准,穿着到位,注意细节	30			
2	西装套裙的搭配	与衬衫、丝巾、鞋、袜、配饰等的搭配	50			
3	丝巾的打法	至少会两种丝巾的打法	20			
		总　　分				
小组自评		存在不足:				
		改进措施:				
小组互评		存在不足:				
		改进措施:				
教师评价		存在不足:				
		改进措施:				
训练总结:						

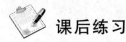 **课后练习**

1. 判断题

(1) 女士一套套裙的全部色彩不要超过两种。 （　）

(2) X 型西装套裙可以为身材肥胖者避短。 （　）

(3) A 型西装套裙可以突出着装者腰部的纤细。 （　）

(4) 西服套裙应该选用质地上乘的面料,且上衣与裙子应使用相同的面料。 （　）

(5) 套裙色彩以冷色调为主。 （　）

(6) 穿西装套裙时,衬衫下摆必须掖入裙腰内。 （　）

(7) 如果脸色偏黄,则不宜选用深红、绿、蓝、黄色丝巾。 （　）

(8) 如果脸色偏黑,则不宜选用白色、有鲜艳大红图案的丝巾。 （　）

(9) 与职业套裙配套的鞋子,应该是高跟、半高跟的船式皮鞋。 （　）

(10) 正式场合穿职业套裙时,要选择肉色长筒丝袜。 （　）

(11) 戒指戴在无名指上,表示已经订婚或结婚。 （　）

(12) 胸针一般别在左胸襟。 （　）

2. 简答题

(1) 女士西装套裙有几种款式?

(2) 穿着西装套裙有何规范?

(3) 西装套裙的搭配要注意哪些问题?

3. 实践题

(1) 请根据你同学(同事)的脸形、形体和个性特点,给他(她)在服饰上提些合理化建议。

(2) 服装美的最高境界是外在美和内在美的统一,你对这个问题是怎样理解的? 请结合下面文学名著中的一段情节描述谈谈你的看法。

列夫·托尔斯泰的《安娜·卡列尼娜》一书中有这样一段情节:

在安娜和渥伦斯基相识的舞会上,安娜穿着全黑的天鹅长裙,长裙上镶威尼斯花边,闪亮的边饰把黑色点缀得既美丽安详,又神秘幽深,这同安娜那张富有个性的脸庞十分相称。当安娜出现在舞会的门口时,吸引了在场所有人的视线,吉蒂看到安娜的装束后,也强烈地感受到安娜比自己美。安娜的黑色长裙在轻淡柔曼的裙海中显得高贵典雅、与众不同,也与安娜藐视世俗的个性融为一体。

(3) 作为女士,每天出门前应对照以下的"女士仪容仪表自我检测"仔细审视自己,看看自己哪些方面需要改进,以养成良好的习惯。

女士仪容仪表自我检测

① 头发保持干净整洁,有自然光泽,不要过多使用发胶;发型大方、高雅、得体、干练,前发以不要遮眼、遮脸为好。

② 化淡妆:亮眼、粉薄、眉轻、唇浅红。

③ 服饰端庄：不太薄、不太透、不太露。

④ 领口干净，脖子修长，衬衣领口不过于复杂和花哨。

⑤ 饰品不过于夸张和突出，款式精致、材质优良，耳环小巧、项链精细，走动时安静无声。

⑥ 公司标志佩戴在要求的位置上，私人饰品不与之争夺别人的注意力。

⑦ 衣袋中只放小而薄的物品，衣装轮廓不走样。

⑧ 指甲精心修理过，不太长、不太怪、不太艳。

⑨ 裙子长短、松紧适宜；拉链拉好，裙缝位正。

⑩ 衣裤或裙子以及上衣的表面无明显的内衣轮廓痕迹。

⑪ 鞋洁净，款式大方简洁，没有过多装饰与色彩，鞋跟不太高、不太尖。

⑫ 衣服上没有脱落的头发和头皮屑。

⑬ 丝袜无钩丝、无破洞、无修补痕迹，包里有一双备用丝袜。

4. 案例分析题

扫描二维码，阅读案例原文，然后回答每个案例后的问题。

案例分析题原文

项目 3　仪态礼仪

优雅的举止、洒脱的风度,最能给人留下深刻的印象。在日常生活中,人们常常会评论某个人的行为优雅或粗俗,实际上,就是在评论其仪态是否符合礼仪的要求。所谓仪态,是指人的体态、举止和动作。每个人总是以一定的仪态出现在别人面前,通过仪态可以透视出一个人的精神状态、心理活动、文化修养及审美情趣。

对现代人而言,仪态有四个方面的基本要求:一是仪态应文明。一个人的仪态是其教养和修养的体现。仪态要显得有修养、讲礼貌,不应在他人面前有粗野动作与行为。要通过良好的仪态来表达对他人的尊敬之意,而不要失敬于人。二是仪态应优雅。无论何时何地、或站或坐,一颦一笑、一举一动,都要注意造型优美、举止优雅。一般来说,男尚阳刚,女尚温柔。男性仪态要体现刚劲、强健、粗犷、潇洒的特征;女性仪态要体现温柔、细腻、娴静、典雅的特征。三是仪态应适宜。仪态是口语表达的辅助手段。在表现上,首先要适度,不可喧宾夺主。其次要切合场景、符合身份。在喜庆的场合要兴高采烈,甚至可以翩翩起舞;但在严肃、庄重的场合不能高声说笑、手舞足蹈。中老年人要稳重老成,不能有轻浮的动作表情;青少年则要活泼大方,不要故作老成。四是仪态应修炼。一个人优雅、得体、自然的举止,是日常生活中的不断修养所致,是长久熏陶、顺乎自然的结果。要想仪态美,须内外兼修:内修品格,外练礼仪;内修于心,外秀于形。日积月累,不断修炼,才能展现潇洒风度,拥有仪态美。

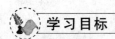

学习目标

知识目标

- 在社交场合，能够以正确优美的站姿、坐姿、走姿、蹲姿展现出良好的体态；
- 在社交场合，能够正确遵循眼神、微笑、手势等礼仪规范要求，展现出大方自然的个性形象；
- 能够杜绝各种不良的行为举止。

能力目标

- 能根据不同场合有针对性地展现自身的良好仪态；
- 自主学习新知识，能够利用网络媒体资源查找与仪态礼仪相关的知识。

素质目标

- 具有良好的审美情趣；
- 在举手投足之间努力提升个人整体形象。

任务3.1 体态礼仪

宜行则行，宜止则止。

——［唐］韩愈《上留守郑相公序》

案例导入

面　试

　　某公司招聘文员，三位毕业生同时前去应聘。面试前他们坐在会客室等候。当总经理经过会客室时，看到了这样的情形：两位同学坐在沙发上，一位跷起"二郎腿"，而且两腿还不停地抖动；另一位身体松懈地斜靠在沙发一角，两手还攥握得手指"咯咯"作响。只有一位同学端坐在椅子上。总经理非常客气地对坐在沙发上的同学说："对不起，你们两位的面试已经结束了。"两位同学面面相觑，不知为何面试还没开始就已经结束了。

任务分析

　　体态是指人的身体姿态，是身体所表现的样子，它包括站姿、坐姿、走姿和蹲姿等。人的一举手、一投足、一弯腰，并非偶然的、随意的，而是自成体系，像有声语言那样具有一定的规律，并具有传情达意的功能。美好的体态会使你看起来年轻、有朝气，也会使你的着装显得更漂亮。善于用好的体态语言与别人交流，也一定会让你受益匪浅。

　　在"案例导入"中，公司总经理为什么还没和应聘者正面接触，就对坐在沙发上的两位应聘者说："对不起，你们两位的面试已经结束了。"原因就在于这两位应聘者的体态不合要求，坐姿不规范、不端庄，暴露出他们内在修养的不足，给人极为不好的感觉，其面试失败也就不足为怪了。

在现代交际中，每个人都要加强站姿、坐姿、走姿、蹲姿等体态的规范和修炼，努力打造出良好的气质风度。

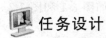 **任务设计**

体态实训

实训目标：进行站姿、坐姿、走姿和蹲姿训练，纠正不良的体态，练就挺拔健美的仪态气质。

实训地点：墙面安装长度及地镜子的形体训练室。

实训准备：书籍、靠背椅、音乐播放器。

实训方法：教师讲解示范，学生操作。

实训步骤如下。

(1) 首先播放轻松舒缓的音乐，作为训练背景音乐，按照基本站姿的要领站好，静态训练15分钟。然后进行如下站姿基本训练：①站立训练：腰板挺直，两手自然交叉，放在前面，面带笑容。②提踵训练：脚跟提起，头向上顶，身体有被拉长的感觉。注意保持姿势稳定。练习平衡感。③背靠背训练：两人一组，背靠背站立，要求脚跟、小腿、臀部、双肩、后脑勺都贴紧。④对镜训练：面向镜子按照动作要领体会站立姿势。⑤夹上书本训练：把书夹在两腿之间，使书本不掉下来。练习大腿、小腿的直立。⑥背贴墙训练：下巴向内收，头、背、臀、肩、脚都靠墙壁，上身挺直。⑦头顶书训练：利用头顶一册书的方法来练习，使书不掉下来。练习颈直和头颈部的稳定性。

(2) 休息调整5分钟后，女生按照"丁"字步场合站姿要领训练10分钟；男生按照分腿站立的场合站姿要领训练10分钟。

(3) 两人一组，面对面坐好，按照标准坐姿要求进行坐姿训练，保持10分钟。

(4) 播放节奏感较强的音乐，进行如下步态训练：①进行走姿的提、迈、落的分步骤练习。②进行步位练习，沿着地面上的直线行进，有意识地纠正内外八字习惯。③以10米距离为一行程，头顶书本，来回反复行进，并观察自己的步幅是否适当。

(5) 进行蹲姿的训练：①男、女生进行运用标准蹲姿地面取物训练，然后进行高低式蹲姿训练；②男生进行单膝点地式蹲姿训练，女生进行交叉式蹲姿训练。

实训要求：全程录像，通过大屏幕回放，学生自我评价、小组评价、教师点评总结。评选出"最佳表现小组"和"最佳表现个人"若干。

一、站姿

俗话说"站如松"，站姿是人类的一种象征，男子的站姿如"劲松"之美，具有男子汉刚毅英武、稳重有力的阳刚之美；女子的站姿如"静松"之美，具有女性轻盈典雅、亭亭玉立的阴柔之美。正确的站姿是自信心的表现，会给人留下美好的印象。

1. 标准的站姿

标准的站姿，从正面看，全身笔直，精神饱满，两眼正视（而不是斜视），两肩平齐，两臂自然下垂，两脚跟并拢，两脚尖张开60°，身体中心落于两腿正中；从侧面看，两眼平视，下颌微收，挺胸收腹，腰背挺直，手中指贴裤缝，整个身体庄重挺拔。

站姿的要领是：一要平，即头平正、双肩平、两眼平视；二要直，即腰直、腿直，后脑勺、背、臀、脚后跟成一条直线；三要高，即重心上拔，看起来显得高。标准站姿如图3-1和图3-2所示。

2. 不同场合的站姿

在升国旗、奏国歌、接受奖品、接受接见、致悼词等庄严的仪式场合，应采取严格的标准站姿，而且神情要严肃。在发表演说、做新闻发言、做报告时，为了减少身体对腿的压力，减轻由于较长时间站立双腿的疲倦，可以用双手支撑在讲台上，双腿轮流放松。主持文艺活动、联欢会时，应将双腿并拢站立，女士最好站成"丁"字步，让站立姿势更加优美。站"丁"字步时，上体前倾，腰背挺直，臀微翘，双腿叠合，玉立于众人间，富于女性魅力，如图3-3所示。门迎、侍应人员往往站得时间很长，双腿可以平分站立，双腿分开宽度不宜超过肩。双手可以交叉或前握垂放于腹前；也可以背后交叉，右手放到左手的掌心上，但要注意收腹。礼仪小姐的站立，要比门迎、侍应人员更趋于艺术化，一般可采取立正的姿势或"丁"字步。当双手端、执物品时，上手臂应靠近身体两侧，但不必夹紧，下颌微收，面含微笑，给人以优美亲切的感觉。

图3-1　标准站姿（正面）　　图3-2　标准站姿（侧面）　　图3-3　"丁"字步站姿

小贴士

站姿与性格

双腿并拢站立者，给人的印象是可靠、意识健全、脚踏实地且忠厚老实，但表面有时显得有点冷漠。

两腿分开尺余，脚尖略朝外偏的站姿，表现出站立者果断、任性、富有进取心，不装腔作势。

双腿并拢站立，一脚稍后，两足平置地面，则体现出站立者有雄心，性格暴躁，是个积极进取、极富冒险精神的人。

站立时一脚直立，另一脚弯置其后，以脚尖触地，则说明站立者情绪非常不稳定，变化多端，喜欢不断的刺激与挑战。

3. 克服不雅的站姿

（1）身躯歪斜。所谓"立如松"，就是指站立姿势以身躯直且正为美。在站立时，如果身躯出现明显的歪斜，将直接破坏人体的线条美，而且会给人颓废消沉、萎靡不振、自由放纵的直观感觉。

（2）弯腰驼背。弯腰驼背其实是身躯歪斜的一种特殊表现。除腰部弯曲、背部弓起之外，它大多会伴有颈部弯缩、胸部凹陷、腹部挺出、臀部撅起等其他不雅体态。凡此种种，都会显得一个人健康欠佳、无精打采。

（3）趴伏倚靠。在工作岗位上，要确保自己"站有站相"。站立时，随随便便地趴在一个地方，伏在某处左顾右盼，倚着墙壁、货架而立，靠在台桌边，或者前趴后靠，自由散漫，都是极不雅观的。

（4）腿位不雅。腿位不雅即双腿叉开，间隔距离太大。应切记：自己双腿在站立时分开的幅度，在一般情况下越小越好；在可能之时，双腿并拢最好，即使是分开，也要注意不可使两者之间的距离超过本人的肩宽。另外，双腿扭在一起、双腿弯曲等姿势也应避免。

（5）脚位欠妥。在正常情况下，双脚站立时呈现出 V 字式、Y 字式（丁字形）、平行式等脚位。但是，采用"人"字式、蹬踏式和独脚式则是不允许的。所谓"人"字式脚位，是指站立时两脚脚尖靠在一起，而脚后跟却大幅度地分开，这一脚位又叫"内八字"。所谓蹬踏式，是指站立时为了舒服，在一只脚站在地上的同时，将另一只脚踩在鞋帮上，或踏在椅面上，或蹬在窗台上，或跨在桌面上等。独脚式即把一脚抬起，另一只脚落地。

（6）手位失当。站立时不当的手位主要包括：一是将手插在衣服的口袋内；二是将双手抱在胸前；三是将两手抱在脑后；四是将双手支于某处；五是将两手托住下巴；六是手持私人物品。

（7）半坐半立。在工作岗位上，必须严守岗位规范，该站就站，该坐就坐，而绝对不允许在需要站立时，为了贪图安逸而擅自采取半坐半立之姿。当一个人半坐半立时，既不像站，也不像坐，只能让别人觉得过分随便且缺乏教养。

（8）全身乱动。站立乃是一种相对静止的体态，因此不宜在站立时频繁地变动体位，甚至浑身不住地上下乱动。手臂挥来挥去，身躯扭曲，腿脚抖来抖去，都会使站姿变得十分难看。

（9）摆弄物件。站立时，不要下意识地做些小动作，如摆弄手机、玩弄衣带、发辫，咬手指甲等，这些动作不但显得拘谨，给人以缺乏自信和教养的感觉，也有失仪态的庄重。

 小训练

站姿练习

要形成正确站姿，不仅要掌握基本理论要求，更要进行科学的训练。练习者从最初的基本状态，到养成正确的站立姿态，需要进行耐心、认真和持之以恒的练习。

（1）对镜练习。在明确站姿要求的基础上面对镜子进行训练，从镜子中观察自己的姿态是否准确、优美，必要时可请他人进行协助和指导。在找到标准站姿的感觉后，再坚持每次20分钟左右的训练，以巩固动作技能，形成习惯性动作姿态。

（2）靠墙站立练习。靠墙站立练习要求五点成一条线，即脚后跟、小腿、臀部、双肩、后脑勺都要紧贴墙壁，如图 3-4 所示。每次训练时间控制在 20～30 分钟，直至延长至40 分钟。

（3）工具辅助练习。在前两项练习的基础上，加强训练难度，使用工具辅助练习，工具可以是书籍。要求将一本厚度适中的书放在头顶中心，为使书不掉下来，头、躯须挺直，自然保持平衡，如图 3-5 所示。这种训练方法可以纠正低头、仰脸、晃头及左顾右盼等不良习惯。每次训练时间控制在 20～30 分钟。

图 3-4　靠墙站姿　　　　　　　　　　图 3-5　头顶书练习站姿

二、坐姿

俗话说"坐如钟"，坐姿是人际交往中人们采用最多的一种姿势，它是一种静态姿势。优雅的坐姿给人一种端庄、稳重、威严的美。

1. 标准的坐姿

落座时，要坚持尊者为先的原则入座，不要争抢；通常侧身走近座椅，从椅子的左侧就座，如果背对座椅，要首先站好，全身保持站立的标准姿态，右腿后退一点，用小腿确定椅子的位置，上身正直，目视前方就座。用小腿落座时声音要轻，动作要缓。落座过程中，腰、腿肌肉要稍有紧张感。女士着裙装落座时，要用双手从后拢平裙摆，不可落座后整理衣裙。

坐立时，上身正直而稍向前倾，头、肩平正，腰部内收，通常只坐椅子的 1/2～2/3 处，两臂贴身下垂，两手可以搭放在椅子扶手上。无扶手时，女士右手搭在左手上，放于腹部或者轻放于双腿之上；男子双手掌心向下，自然放于膝盖上。男士膝盖可以自然分开，但不可超过肩宽；女士膝盖不可以分开。女士要注意使膝盖与脚尖的距离尽量拉远，以使小腿部分看起来显得修长，只有脚背用力挺直时，脚尖与膝盖的距离才最远，在视觉上产生延伸的效果，会使小腿部分看起来修长，腿部线条优美。当与他人进行交谈时，要注意不能只是转头，而应将整个上身朝向对方，以示对其重视和尊敬。

离座时要先以语言或动作向周围的人示意，才可站起，突然一跃而起会使周围的人受到惊扰；同落座时一样，要注意按次序进行，尊者为先；起身时不要弄出响声，站好后才可离开，同样要从左侧离座。

人在坐着时，由臀部支撑上身，减少了两腿的承受力。由于身体重心下降，上身适当放松，可减轻心脏的负担。因此，坐姿是一种可以维持较长时间的姿势。它既是一种主要的白昼休息姿势，也是一般的工作、劳动、学习姿势，还是社交、娱乐的常见姿势。正因为这个缘故，坐姿要求端正、大方、舒展。标准坐姿如图3-6和图3-7所示。

坐姿与性格

图 3-6　标准坐姿（正面）

图 3-7　标准坐姿（侧面）

2. 不同场合的坐姿

谈判、会谈时，场合一般比较严肃，适合正襟危坐，但不要过于僵硬。其要求上体正直，端坐于椅子中部，注意不要使全身的重量只落于臀部，双手放在桌上、腿上均可，双脚按标准坐姿进行摆放。倾听他人教导、传授知识、指点时，如对方是长者、尊者、贵客，坐姿除了要端正外，还应坐在座椅、沙发的前半部或边缘，身体稍向前倾，表现出一种谦虚、迎合、重视对方的态度。在比较轻松、随便的非正式场合，可以坐得轻松、自然一些，全身肌肉可适当放松，可不时变换坐姿，以做休息。

小贴士

使用计算机时的坐姿

职场中绝大部分人士需要坐着使用计算机，究竟怎样坐才能既不累又美观，也是很多职场人士关注的问题，以下是几点提示。

（1）上半身应保持颈部直立，以使头部获得支撑，两肩自然下垂，上臂贴近身体，手肘弯曲呈90°。操作键盘或鼠标时，应尽量使手腕保持水平姿势，手掌中线与前臂中线应保持直线状态。下半身腰部挺直，膝盖自然弯曲呈90°，并维持双脚着地的坐姿。

（2）必须选择符合人体工学设计的桌椅，使用专用的电脑椅，坐在上面遵循三个直角：电脑桌下膝盖处形成第一个直角；大腿和后背成第二个直角；手臂在肘关节处形成第三个直角。肩胛骨靠在椅背上，双肩放松，下巴不要靠近脖子。两眼平视计算机屏幕中央，座椅最好有支持性椅背及扶手，并能调整高度。

（3）计算机的摆放高度要合适。使计算机屏幕中心与操作者胸部在同一水平线上，最好使用可以调节高低的椅子。应有足够的空间伸放双脚，膝盖自然弯曲呈90°，并维持双脚着地，不要交叉双脚，以免影响血液循环。

3. 克服不雅的坐姿

（1）不雅的腿姿。主要表现为以下方面。

① 双腿叉开过大。面对外人时，双腿如果叉开过大，无论是大腿叉开，还是小腿叉开，都极其不雅。

② 架腿方式欠妥。将一条小腿架在另一条大腿上，在两者之间还留出大大的空隙，成为所谓的"架二郎腿"或架"4"字形腿，甚至将腿搁在桌上，就显得更放肆了。

③ 双腿过分伸张。坐下后，将双腿直挺挺地伸向前方，这样不仅可能会妨碍他人，而且也有碍观瞻。因此，身前如果无桌子，双腿尽量不要伸到外面来。

④ 腿部抖动摇晃。不可力求放松，坐下后就抖动摇晃双腿。

（2）不安分的脚姿。坐下后脚后跟接触地面，而且将脚尖翘起来，脚尖指向别人，使鞋底在别人眼前"一览无余"。另外，以脚蹬踏其他物体，以脚自脱鞋袜，都是不文明的。

坐姿练习

坐姿的常用方式较多，在基本坐姿训练的基础上，可以利用具体情境进行训练，同时加强入座和离座的训练，使整体就座过程连续、流畅，更富感染力。

（1）重视基本坐姿训练。在明确坐姿的基本要求和进行站姿训练的基础上，可以进行坐姿训练。在训练过程中，可以采用对镜规范训练、工具辅助训练（如头顶书籍）等方式。进行初级练习时，每次的训练时间应保持在20～30分钟；以后可随技能的掌握水平，逐渐减少连续练习时间。

（2）运用具体情境练习。为提高学习者的兴趣，调动其学习积极性，可模拟具体情境进行训练，如招聘会、见面会、校友会等，把坐姿与情境相结合，由学习者自行设计并保持姿态，达到强化的目的。每次训练时间控制在10～15分钟，可分多次进行。

（3）加强入座和离座训练。在进行坐姿训练时，往往较重视姿态训练，而忽略过程训练，因此学习者会表现出动作过程不完整或缺失的现象。入座和离座应分别进行单一动作训练，每次训练时间控制在5～10分钟。单一训练后再合成动作，保持动作的连贯性和准确性，达到体现优雅、庄重坐姿的目的。

三、走姿

俗话说"行如风"，这说的是走姿。走姿始终处于动态之中，体现了人类的运动之美和精神风貌。男式的走姿要刚健有力、豪迈稳重，有阳刚之气；女士的走姿要轻盈自如、含蓄飘逸，有窈窕之美。

1. 标准的走姿

有人编了走路的动作口诀，体现了走姿的要领："双眼平视臂放松，以胸领动肩轴摆，提髋提膝小腿迈，跟落掌接趾推送。"标准的走姿为：上身基本保持站立的标准姿势，挺胸收腹，腰背笔直，两臂以身体为中心，前后自然摆动。前摆约35°，后摆约15°，手掌朝向体内。起步时身子稍向前倾,重心落前脚掌,膝盖伸直,脚尖向正前方伸出,行走时双脚踩在一条线的两侧。正确地行走时,上体的稳定与下肢的频繁规律运动形成的对比,干净利落、鲜明均匀的脚步,前后、左右行走动作的平衡对称,都会呈现行走时的形式美。男子走路两步之间的距离要大于自己的一个脚长;女子穿裙装走路时要小于自己的一个脚长。正常的情况下步速要自然舒缓,显得成熟自信;男子行走的速度标准为每分钟步速108~110步;女子每分钟步速118~120步为宜。

2. 不同场合的走姿

参加喜庆活动,步态应轻盈、欢快、有跳跃感,以反映喜悦的心情;参加吊丧活动,步态要缓慢、沉重、有忧伤感,以反映悲哀的情绪;参观展览、探望病人,环境安谧,不宜出声响,脚步应轻柔;进入办公场所、登门拜访,脚步应轻而稳;走入会场、走向话筒、迎向宾客,步伐要稳健、大方、充满热情;举行婚礼、迎接外宾时,脚步要稳健,节奏稍缓;办事联络、往来于各部门之间时,步伐要快捷又稳重,以体现办事者的效率、干练;陪同来宾参观时,要照顾来宾行走速度,并善于引路。

🐺 小贴士

以走姿促健美

良好的走姿能起到健美的作用。曾两度荣获奥斯卡最佳女主角奖的美国著名好莱坞影星简·方达,非常注重研究形体健美。她的健美形体曾一度成为人们羡慕和效仿的标准。她以自己的亲身体验和心得总结,撰写了《简·方达健美操》一书,这本书一经面世就备受推崇,风靡世界。她在日常生活中加强锻炼,始终保持健美的形体。她有一套走路健身法,对形体健美颇为有效。其方法可以概括为以下几点。

(1) 活泼轻松地走。为了获得走路的有氧锻炼效果,简·方达摸索出理想的步速是6.9~8千米/每小时,即120米/分钟左右。

(2) 中心向前倾。走路时,脚掌的用力方向应是向后蹬,而不是向下扣。

(3) 步伐不要过小,稍微拉大一些走,可以加快速度,并使步子富有节奏感,使腿和臀部处于充分活动的状态。

(4) 提高重心。走路时,要挺胸收腹,背要直,头要抬。颈部和腰部都要有挺起感。身体要保持正直,但不要紧张、僵直,要放松。

(5) 两手臂的摆动要自然有力。甩臂要像吊钟的钟摆一样,幅度要大而有力,但始终要保持轻松自如。

3. 穿职业装的走姿

(1) 穿西装的走姿要求。西服以直线为主,应当走出穿着者挺拔、幽雅的风度。穿西装时,后背保持平正,两脚立直,走姿的步幅可略大些,手臂放松,伸直摆动,手势简洁大方。行走时男士不要晃动;女士不要左右摆髋。

(2) 西服套裙的走姿要求。西服套裙多以半长筒裙与西装上衣搭配,所以着装时应该尽量表现出这套职业装的干练、洒脱的风格特点。要求步履轻盈、敏捷、活泼,步幅不宜过大,可用稍快的步速节奏来调和,以使走姿活泼灵巧。

(3) 穿旗袍的走姿要求。旗袍作为东方晚礼服的杰出代表,在世人眼里拥有着经久不衰的美丽。所以,很多服务行业通常将其作为迎宾、引位或者中式宴会厅的职业服装。穿着这款服装,最重要的是要表现出东方女性温柔、含蓄的柔美风韵,以及身体的曲线美。所以穿中式旗袍要求身体挺拔,胸微含,下颌微收;塌腰撅臀是着旗袍的大忌。旗袍必须搭配高跟或中跟皮鞋才能走出这款服装的韵味。行走时,走交叉步直线,步幅适中,步子要稳,双手自然摆动,髋部可随着身体重心的转移稍加摆动,但上身绝不可跟着晃动。总之,穿旗袍应尽力表现出一种柔和、妩媚、含蓄、典雅的东方女性美。

（４）穿高跟鞋的走姿要求。女士在正式场合经常穿着黑色高跟鞋,行走时要保持身体平衡。具体做法是:直膝立腰、收腹收臀、挺胸抬头。为避免膝关节前屈导致臀部向后撅的不雅姿态,行走时一定要把踝关节、膝关节、髋关节挺直,只有这样才能保持挺拔向上的形体。行走时步幅不宜过大,每一步要走实、走稳,这样步姿才会有弹性并富有美感。

小贴士

不同走姿所反映的心理特征

心理学家史诺嘉丝发现,走路大步,步子有弹性及摆动手臂,显示一个人自信、快乐、友善及富有雄心;走路时拖着步子,步伐小或速度时快时慢则相反。喜欢支配别人的人,走路时倾向于脚向后踢高;性格冲动的人,就像鸭子一样低头急走;而拖着脚走路的人,通常不快乐或内心苦闷;女性走路时手臂摆得高,则显示出她精力充沛和快乐。

4. 克服不雅的走姿

（１）横冲直撞。行进中,专爱拣人多的地方行走,在人群之中乱冲乱闯,甚至碰撞到他人的身体,这是极其失礼的。

（２）抢道先行。行进时,要注意方便和照顾他人,通过人多路窄之处务必要讲究"先来后到",对他人"礼让三分",让人先行。

（３）阻挡道路。在道路狭窄之处,悠然自得地缓慢而行,甚至走走停停,或者多人并排而行,显然都是不妥的。还须切记,一旦发现自己阻挡了他人的道路,务必要闪身让开,请对方先行。

（４）蹦蹦跳跳。务必要注意保持自己的风度,不宜使自己的情绪过分地表面化,如激动起来,走路便变成了上蹿下跳,甚至连蹦带跳的失常情况。

（５）奔来跑去。有急事要办时,可以在行进中适当加快步伐。但如果不是碰上了紧急情况,则最好不要在工作时跑动,尤其是不要当着客户或服务对象的面突如其来地狂奔而去,那样通常会令其他人感到莫名其妙,产生猜测,甚至还有可能造成过度紧张气氛。

（６）制造噪声。应有意识地使行走悄然无声。其做法:第一,走路时要轻手轻脚,不要在落脚时过分用力,走得"咯咯"直响;第二,上班的时候,不要穿有金属鞋跟或金属鞋掌的鞋子;第三,上班时所穿的鞋子一定要合脚,否则走动时会发出令人厌烦的噪声。

小训练

走姿练习

必须经过科学训练以及进行一定量的练习,才可以形成良好的走姿。

（１）分步骤基本练习。初级训练阶段应采用分解式练习,把走姿分成三个训练过程,即提腿、迈步、落地。"提腿"指行进腿大腿向上提 45°，形成膝盖上提，脚尖向下，如图 3-8 所示；"迈步"指行进腿以膝盖为轴，大腿保持不动，小腿向前伸长，脚尖稍离地，如图 3-9 所示；"落地"指行进腿落地，后脚推前脚，重心前移，如图 3-10 所示。

图 3-8　提腿　　　　　　　图 3-9　迈步　　　　　　　图 3-10　落地

练习时，先分解练习，再整合动作。节奏可以由三拍过渡至两拍，速度由慢到快。

（2）工具辅助练习。为保持走姿的平稳性，可用书籍作为工具辅助练习。要求在行进中将一本厚度适中的书放在头顶中心，头、躯干挺直，自然保持平衡。这种训练方法可以纠正身体出现的不良习惯，如身体左右摇摆、头部晃动等。每次训练时间控制在 20 分钟左右。

（3）音乐体验练习。当行走姿态基本正确后，可以配合音乐进行练习。音乐可采用慢速和中速节奏。这种训练方法不仅可以起到调节情绪的作用，同时可培养动作的韵律感和表现力，陶冶学习者的艺术素养。

四、蹲姿

俗话说"蹲要雅"。蹲姿是人的身体在低处取物、拾物、整理物品、整理鞋袜时所呈现的姿势，它是人体静态美与动态美的综合。蹲姿要动作美观、姿势优雅。

1. 标准的蹲姿

标准的蹲姿有如下要求：首先要讲究方位，当需要拣拾低处或地面物品时，可走到其物品的左侧；当面对他人下蹲时，要侧身相向；当需要整理鞋袜或于低处整理物品时可面朝前方，两脚一前一后，一般情况是左脚在前，右脚在后，目视物品，直腰下蹲。直腰下蹲后，方可弯腰捡低处或地面的物品，以及整理鞋袜或在低处工作。取物或工作完毕后，先直起腰部，使头部、上身、腰部在一条直线上，再稳稳站起。行蹲姿时，男士两腿间可留有适当的缝隙，女士则要两腿并紧，穿旗袍或短裙时需更加留意，以免尴尬。标准蹲姿如图 3-11 所示。

2. 蹲姿的种类

（1）高低式蹲姿。这是常用的一种蹲姿，基本特征是双膝一高一低。此蹲姿男士、女士均可使用。要领是：下蹲后，左脚在前，右脚在后；左脚完全着地，小腿基本垂直于地面；右脚要脚掌着地，脚跟提起；右膝要低于左膝，右膝内侧可靠于左上腿的内侧，形成左膝高、右膝低的姿态；臀部向下，基本上以右腿支撑身体。女士应注意紧靠双腿，男士两腿之间可有适当的距离，如图 3-12 所示。

图 3-11　标准蹲姿

图 3-12　高低式蹲姿

（2）单膝点地式蹲姿。这种蹲姿适用于男士，其特征是双腿一蹲一跪。它是一种非正式的蹲姿，多用于下蹲时间较长或为了用力方便时。要领是：下蹲后，右膝点地，臀部坐在脚跟之上，以脚尖着地；另一条腿全脚掌着地，小腿垂直于地面；双膝同时向外，双腿尽力靠拢，如图 3-13 所示。

（3）交叉式蹲姿。这种蹲姿优美典雅，其基本特征是双腿交叉在一起，此蹲姿适用于女士。要领是：下蹲后，左脚在前，右脚在后，左小腿垂直于地面，全脚着地；左腿在上，右腿在下，二者交叉重叠，右膝从后下方伸向左前侧，右脚跟抬起，脚掌着地，两腿前后靠近，全力支撑身体；上身略向前倾，臀部朝下，如图 3-14 所示。

图 3-13　单膝点地式蹲姿

图 3-14　交叉式蹲姿

3. 易出现的不良蹲姿

（1）方位不准确。应根据具体的场合和需要选择蹲姿，注意方位的准确运用，如对人下蹲时，如果采用正面下蹲，就是很不礼貌的行为。

（2）蹲速不当。在下蹲时速度不能过快，要轻稳，同时速度适中。特别是女性穿旗袍等服饰时，更要注意。

（3）不注意动作的隐蔽性。蹲姿因重心过低，故要十分注重腿部动作的控制。要收紧腿部动作，两腿之间不能有缝隙，特别是女性穿裙装时，更要注意下蹲动作的隐蔽性。

（4）随意滥用。不要在工作中随意采用蹲姿，也不可蹲在椅子上或蹲在地上休息。

蹲姿练习

要有意识、经常主动地进行标准蹲姿训练,形成良好习惯。可以运用压腿、踢腿、活动关节等方式加强腿部膝关节、踝关节的力量和柔韧性训练,这是优美蹲姿的基础。

平时在进行蹲姿训练时可以配上优美的音乐,放松心情,减轻单调、疲劳之感。

任务评价

"体态训练"考核评分标准见表 3-1。

表 3-1 "体态训练"考核评分标准

序号	考核内容	考核要点	分值	自评分	互评分	教师评分
1	站姿训练	标准的站姿,克服不雅的站姿	30			
2	坐姿训练	标准的坐姿,克服不雅的坐姿	30			
3	走姿训练	标准的走姿,克服不雅的走姿	30			
4	蹲姿训练	标准的蹲姿克服不良的蹲姿	10			
	总　分					
小组自评	存在不足:					
	改进措施:					
小组互评	存在不足:					
	改进措施:					
教师评价	存在不足:					
	改进措施:					

训练总结:

 课后练习

1. 判断题

(1) 交际场所最基本的姿势是站立。　　　　　　　　　　　　　　　　　　　(　　)

(2) 在升国旗等庄严的仪式场合,应采取标准站姿,且神情要严肃。　　　　　(　　)

(3) 标准的站姿,从正面看,全身笔直,精神饱满,两眼可斜视。　　　　　　　(　　)

(4) 主持联欢会时,女士最好站成"丁"字步,让站姿更优美。　　　　　　　　(　　)

(5) 站立时,可以下意识地做些小动作。　　　　　　　　　　　　　　　　　(　　)

(6) 女士着裙装落座时,可落座后整理衣裙。　　　　　　　　　　　　　　　(　　)

(7) 落座时,要坚持尊者为先的原则入座。　　　　　　　　　　　　　　　　(　　)

(8) 坐姿是一种可以维持较长时间的姿势。　　　　　　　　　　　　　　　　(　　)

(9) 落座后,可抖动摇晃双腿,以求放松。　　　　　　　　　　　　　　　　(　　)

(10) 坐在椅子上,通常只坐椅子的 1/2～2/3 处。　　　　　　　　　　　　　(　　)

（11）在交际场合，女士可叠腿呈"4"字形就座。　　　　　　　　　　　（　　）

（12）正常的情况下，男子行走的速度标准为每分钟步速 118～120 步为宜。（　　）

（13）标准的走姿是两臂前后自然摆动。前摆约 35°，后摆约 15°。　　　（　　）

（14）行走时双脚踩在一条线的两侧。　　　　　　　　　　　　　　　　（　　）

（15）行蹲姿时，男士两腿间可留有适当的缝隙，女士则要两腿并紧。　（　　）

（16）交叉式蹲姿适用于男士和女士。　　　　　　　　　　　　　　　　（　　）

2. 简答题

（1）标准的站姿是怎样的？

（2）标准的走姿是怎样的？

（3）标准的坐姿是怎样的？

（4）标准的蹲姿是怎样的？

3. 实践题

（1）你对自己的体态满意吗？请观察一下你周围人的站姿、坐姿、走姿等方面存在什么问题。提醒自己避免出现这些问题。

（2）请每天拿出 10～20 分钟时间进行体态练习。

（3）在遇到陌生人时，怎样用你的身体语言使对方精神放松，以博得对方的好感。

（4）分析判断：一个人的体态可以间接地传递出他（她）的心理状态。了解体态语与心理态势之间的关系，有助于指导我们在交际场合中用好体态语，或借助对交际对象体态语的理解，来做出相应的心理调整，实现与交际对象的心理沟通，从而有效地调控口语交际活动的进行。请你对以下体态语逐一加以分析，看看他们分别传递了交际者的哪些心理信息。

① 抬头仰靠座椅，双手环抱于胸；

② 脚搁在桌子上；

③ 分腿叉腰站立；

④ 只将坐具坐了一半，一直看着自己的脚尖；

⑤ 晃动二郎腿；

⑥ 不时变换坐姿或站姿；

⑦ 行走时忽左忽右，方向不定，变化多端；

⑧ 行走时左顾右盼，或频频回头注视身后。

4. 案例分析题

扫描二维码，阅读案例原文，然后回答每个案例后的问题。

案例分析题原文

任务 3.2　表情礼仪

> 巧笑倩兮,美目盼兮。
>
> ——《诗·卫风·硕人》

案例导入

微笑也要有分寸

某日,一饭店经理接到某顾客的投诉,称其饭店内出售的海鲜有异味,不能食用。这位经理自认为颇有处理这类问题的本领和经验,于是不慌不忙地向顾客的那个餐桌走去。饭店经理面带微笑,向顾客进行解释,海鲜不是鲜货,虽然味道有些不纯正,但吃了不会要紧的,希望顾客谅解包涵。

不料此时,同桌的一位顾客突然站起来,用手指着饭店经理的鼻子大骂起来:"你还笑得出来,我们拉肚子怎么办? 你应该负责任。"这突如其来的兴师问罪,使饭店经理一下子怔住了! 他脸上的微笑一下子变成了哭笑不得的表情。

任务分析

表情是指人的面部情态,即眼、眉、嘴、鼻和面部肌肉及它们的综合运动所表现出的心理活动和情感信息。与举止一样,表情是人的无声语言。传播学认为,在人们所接受的来自他人的信息中,只有45%来自有声的语言,55%则来自无声的语言。而这后者中,又有70%来自表情。可见,表情在人际交往中有着重要的传递信息的作用。

构成表情的主要是眼神和微笑。眼神也称目光,俗话说:"眼镜是心灵的窗户。"眼睛是人体传递信息最有效的器官,而且可以表达最细微、最精妙的差异,显示出人类最明显、最准确的交际信号。据研究,在人的视觉、听觉、味觉、嗅觉和触觉感受中,视觉感受是最敏感的,人接收的信息中有83%来自视觉。微笑也称笑容,它是一种情绪语言,可以与有声语言和行动相配合,起到互补的作用,人们往往可以通过微笑实现心灵的沟通,给彼此留下美好的感受。微笑表现了人际关系中的友善、诚信、谦虚、和蔼、融洽等美好的感情因素,已经成为各个国家都可以理解的心理性的"国际语言"。

在"案例导入"中,饭店经理乱用微笑表情,其微笑成了掩饰饭店不良服务的工具,微笑一旦离开了优质服务,则与微笑服务的本意南辕北辙,造成顾客的愤怒和不满也就毫不奇怪了。

在交往中,正确地把握和运用好自己的表情,向交往对象传达友善和敬意,这不仅是人际交往的一项基本要求,也反映了一个人待人接物的修养。

表情礼仪

任务设计

表情实训

实训目标：掌握眼神的基本要领，正确使用眼神；掌握微笑的基本要领，在交往中正确使用微笑，养成爱微笑的习惯。

实训准备：小镜子（每人一面）、音乐音频文件、优秀影视作品中演员和节目主持人通过眼神表达内心情感的视频资料以及微笑的视频资料等。

实训方法如下。

（1）以下方法坚持天天训练，不要间断，必使目光明亮有神。

① 睁大眼睛训练：有意识地睁大眼睛，增强眼部周围肌肉的力量。

② 转动眼球训练：头部保持稳定，眼球尽最大的努力向四周进行顺时针和逆时针360°转动，增强眼球的灵活性。

③ 视点集中训练：点燃一支蜡烛，视点集中在蜡烛火苗上，并随其摆动，坚持训练可达到目光集中、有神的效果，眼球转动灵活。

④ 目光集中训练：眼睛盯住3米左右的某一物体，先看外形，逐步缩小范围到物体的某一部分，再到某一点，再到局部，再到整体。这样可以提高眼睛明亮度，使眼睛十分有神。

⑤ 影视观察训练：观看录像资料，注意观察和体会优秀影视剧中的演员和节目主持人是如何通过眼神表达内心情感的。

（2）以下方法坚持经常训练，必会拥有自然甜美的微笑和好心情。

① 情绪记忆法。即将自己生活中最高兴的事件中的情绪储存在记忆中，当需要微笑时，可以想起那件最使你兴奋的事件，脸上就会流露出笑容。

② "口咬筷子"法。把筷子横着含在嘴里咬住，嘴角斜着往两边走，发"一"的声音。同时，对着镜子不断调整自己的表情。

③ 口型练习法。练习微笑时，要使双颊肌肉用力向上抬，嘴里念"一"音，用力抬高口角两端，注意下唇不要过分用力。普通话中的"一""七""茄子""田七""前""威士忌"等的发音也可以辅助微笑口型的训练。

注意：练习微笑之前要忘掉自我和一切的烦恼，让心中充满爱意。练习微笑时可对着镜子，调整自己的口型，注意与面部其他部位和眼神的协调，做出最使自己满意的微笑表情。训练过程中可配上优美的音乐，放松心情，减轻单调、疲劳之感。

实训要求：全程录像，通过大屏幕回放，学生自我评价、小组评价，教师点评总结。评选出"最美眼神"和"最美微笑"若干。

一、眼神

人的七情六欲都能通过眼睛这个神秘的器官显现出来。眼神运用是否得当，将直接影响礼仪表现的质量。了解眼神的规范，不仅可以使自己得体有效地使用眼神进行信息传播，还可以帮助自己在交际中了解对方的情绪与思想。

 **小 故 事**

老师的眼神

有一则这样的报道：一所重点中学举行百年校庆时，恰逢德高望重的老教师八十寿辰。这位老教师极富传奇色彩，他所教过的学生中，许多已成为蜚声海内外的教授、学者及活跃在时代前沿的 IT 精英。是什么原因使这位老教师桃李满天下呢？学校决定在百年校庆之际，把这个谜底揭开。于是，记者便对从该校毕业的各位成功人士（即这位老教师的学生）做了一个调查，请他们谈一谈老教师的哪方面对他们的人生影响最大。结果，答案令记者等人很吃惊，他们出奇一致地认为，是老师的眼神给了他们前进的动力。因为这位老教师的眼神中时刻都流动着鼓励、肯定与信任，这是一笔不可估量的财富，也给了他们无穷的动力。

眼神的训练

眼神礼仪的构成，一般涉及时间、角度、部位、方式等几个方面，见表3-2。

表3-2　眼神礼仪

项目	眼 神 礼 仪
时间	友好：注视对方的时间应占全部相处时间的1/3左右
	关注：听报告、请教问题时，则注视对方的时间应占全部相处时间的约2/3
	轻视：注视对方的时间不到全部相处时间的1/3，意味着对其瞧不起或没有兴趣
	敌意：注视对方的时间超过了全部相处时间的2/3，往往表示可能对对方抱有敌意，或是为了寻衅滋事而为之
	兴趣：注视对方的时间长于全部相处时间的2/3，还有另一种情况，即对对方本人产生了兴趣
角度	平视：也叫正视。一般用于在普通场合与身份、地位平等之人进行交往
	侧视：平视的特殊情况，即位于交往对象一侧，面向对方，平视着对方
	仰视：即主动居于低处，抬眼向上注视他人，适用于面对敬重之人
	俯视：即抬眼向下注视他人，一般用于身居高处之时。它既可对晚辈表示宽容、怜爱，也可对他人表示轻慢、歧视
区域	公务凝视区：公务凝视区适用于洽谈公务的正式场合，如磋商、谈判和小型会议等。凝视时目光停留在以双眼为底线、上到前额的三角部分。谈话时适时、自然地注视对方这个区域会显得严肃、认真、友好而有诚意，如图3-15所示
	社交凝视区：社交凝视区适用于各种社交场合，如会见同学和朋友、与熟悉的同事谈轻松或非正式的话题等。凝视的目光应停留在对方的唇心到双眼之间的三角区。谈话时注视对方这个区域会使对方感到轻松自然和亲切，如图3-16所示
	亲密凝视区：亲密凝视区适用于亲人、恋人和家庭成员之间的交流。凝视时目光停留的区域为对方双眼到胸部之间，如图3-17所示。如果非亲密关系却凝视亲密凝视区，对方会觉得受到冒犯甚至侮辱，是很不礼貌的行为
	注意：不要注视对方的头顶、大腿、脚部和手部，尤其是对异性，不看身体的中间区域，不看下边，也不要上下扫视或盯住某个部位，否则容易引起对方的误解和反感。当对方沉默无语时，最好转移目光，以免紧张和尴尬。一般公务交往中要注视对方眼部到唇部的中区角区，散光柔视，以示礼貌和重视。如果表达强烈意思，需要对方服从时，如需要分配任务、要求签单等，可以看对方的眼睛或额头

项目	眼 神 礼 仪
方式	直视：即直接地注视交往对象，它表示认真、尊重，适用于各种情况。如果直视他人双眼，即称为对视。对视表示自己大方、坦诚，或是关注对方
	凝视：直视的一种特殊情况，即全神贯注地进行注视。它多用以表示专注、恭敬
	盯视：即目不转睛，长时间地凝视其人的某一部位。它表示出神或挑衅，故不宜多用
	扫视即视线移来移去，注视时上下左右地反复打量。它表示好奇、吃惊，也不可多用，对异性尤其应禁用
	睨视：又叫睥视，即斜着眼睛注视。它多表示怀疑、轻视，一般应当忌用。与初识之人交谈时，尤其应当忌用
	眯视：即眯着眼睛注视。它表示惊奇、看不清楚，模样不太好看，故也不宜采用
	环视：即有节奏地注视着不同的人员或事物。它表示认真、重视，适用于同时与多人打交道，表示自己"一视同仁"
	他视：即与某人交谈时不注视对方，反而望着别处。它表示胆怯、害羞、心虚、反感、心不在焉，是不宜采用的一种眼神

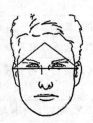
图 3-15　公务凝视区

图 3-16　社交凝视区

图 3-17　亲密凝视区

二、微笑

同眼神一样，微笑也是人万千变化的表情中最具礼仪功能的一种。著名画家达·芬奇的杰作《蒙娜丽莎》中那神秘而迷人的微笑，给全世界带来了美的享受，也成为文艺复兴时期最具代表性的巨作。微笑是人际交往中最美丽的语言，是现代交际礼仪中的亮点。微笑是有自信心的表现，是对自己的魅力和能力抱着积极的态度。微笑可以表现出温馨、亲切的表情，能有效地缩短双方的距离，给对方留下美好的心理感受，从而形成融洽的交往氛围。面对不同的场合、不同的情况，如果能用微笑来接纳对方，可以反映出你良好的修养和诚挚的胸怀。

小 故 事

今天你对客人微笑了吗?

美国的希尔顿酒店享誉世界，回头客众多，秘诀就在于微笑服务。其创始人康纳·希尔顿在50多年里，不断到世界各地的希尔顿酒店视察，他经常问员工的一句话就是："今天你对客人微笑了吗?"并要求他们记住一个信条：无论酒店本身遇到何种困难，希尔顿酒店员工脸上的微笑永远是属于顾客的阳光。

微笑能够成就爱的循环。没有亲和力的微笑，无疑是重大的遗憾，甚至会给工作带来不便。那么，现代职场中人通过什么样的训练，才能获得微笑这一有效沟通的法宝和人际关系的磁石呢？心理专家告诉我们以下步骤。[①]

第一步，放松面部肌肉，然后使嘴角微微向上翘起，让嘴唇略呈弧形。最后，在不牵动鼻子、不发出笑声、不露出牙齿，尤其是不露出牙龈的前提下，轻轻一笑。

第二步，闭上眼睛，调动感情，并发挥想象力，或回忆美好的过去，或展望美好的未来，使微笑源自内心，有感而发。

第三步，对着镜子练习，使眉、眼、面部肌肉、口型在笑时和谐统一。

第四步，按照要求当众练习，使微笑规范、自然、大方，克服羞涩和胆怯的心理，也可以请观众评议后再对不足进行纠正。

我们掌握了微笑的方法后，还要注意要正确地微笑，具体要做到以下几点。

（1）把握微笑的时机。在与对方交谈中，最好的微笑时机是在与对方目光接触的瞬间，这样能够促进心灵的友好互动。

（2）把握微笑的层次变化。微笑有很多层次，有浅浅一笑、眼中含笑，也有哈哈大笑。在整个交谈过程中，微笑要有收有放，在不同时候使用不同的笑。如果一直保持同一层次的笑，表情就会显得僵硬、呆板，被对方认为是傻笑。

（3）注意微笑维持的时间长度。微笑的最佳时间长度为不超过3秒；时间过长会给人假笑或不礼貌的感觉；过短则会给人皮笑肉不笑的感觉。

（4）根据场合而定。微笑的表情很有讲究，不同的场合适合不同深度的微笑。不同的笑也可以显示出不同的思想态度和感情色彩，产生不同的影响。在与别人交谈中，放声大笑或傻笑，都是非常失礼的，工作中把握好微笑的尺度，更能显示出你的内在修养。

小贴士

正式场合"笑"的禁忌

在正式场合笑的时候，应力戒以下几种"笑"。

① 假笑：即笑得虚假，皮笑肉不笑。

② 冷笑：含有怒意、讽刺、不满、无可奈何、不屑、不以为然等意味的笑。这种笑非常容易使人产生敌意。

③ 怪笑：即笑得怪里怪气，令人心里发麻。它多含有恐吓、嘲讽之意，令人十分反感。

④ 媚笑：即有意讨好别人的笑。它也非发自内心，而来自一定的功利性目的。

⑤ 怯笑：即害羞或怯场的笑。例如，笑的时候，以手掌遮掩口部，不敢与他人进行目光交流。

⑥ 窃笑：即偷偷地笑。多表示洋洋自得、幸灾乐祸或看他人的笑话。

⑦ 狞笑：即笑时面容凶恶。多表示愤怒、惊恐、吓唬他人。此种笑容无丝毫的美感可言。

---

① 毕文杰. 你的职场礼仪价值百万[M]. 北京：中国画报出版社，2012.

（5）微笑要自然。有人指出，中国的礼仪习惯是笑不露齿；也有很多礼仪培训教材提出，微笑要露出 6～8 颗牙。其实微笑是一种个性化的表情，不应该以技术化、标准化的形式加以规定，对微笑要求表现得整齐划一是不符合礼仪之美的。职业人士进行微笑训练，不是尝试露出几颗牙，嘴角上提到几度位置，眼睛变化成哪种形状，而是要发现自己最美的每一个瞬间，展现出独特的气质，自信、勇敢、自然、真诚地去微笑。微笑的美在于文雅、适度、亲切自然。微笑要诚恳和发自内心，做到"诚于中而形于外"，只有调整好自己的心态才能够表现出表里如一的微笑，切不可故作笑颜、假意奉承。在生活中用善良、包容的心对待他人，用敬业奉献的热情对待工作，微笑就是自然甜美的（见图 3-18）。

图 3-18　著名影星奥黛丽·赫本在影片《罗马假日》中的经典微笑

（6）微笑要协调。微笑时要调动多部位器官协调动作，形成微笑的表情。微笑一般要注意以下四个结合。

① 口眼结合。要口到、眼到、神色到，笑眼传神，微笑才能扣人心弦。

② 笑与神、情、气质相结合。"神"就是要笑得有情入神，笑出自己的神情、神色、神态，做到情绪饱满、神采奕奕；"情"就是要笑出感情，笑得亲切、甜美，反映美好的心灵；"气质"就是要笑出谦逊、稳重、大方、得体的良好气质。

③ 笑与语言相结合。语言和微笑都是传播信息的重要符号，只有注意微笑与美好语言相结合，声情并茂，相得益彰，微笑才能发挥出它应有的特殊功能。

④ 笑与仪表、举止相结合。以笑助姿、以笑促姿，形成完整、统一、和谐的美。尽管微笑有其独特的魅力和作用，但如果不是发自内心的、真诚的微笑，那将是对微笑的亵渎。有礼貌的微笑应是自然的、坦诚的，是内心真实情感的表露，否则强颜欢笑、假意奉承的"微笑"则可能演变为"皮笑肉不笑""苦笑"。例如，拉起嘴角一端微笑使人感到虚伪；吸着鼻子冷笑，使人感到阴沉；捂着嘴笑，给人以不自然之感，这些都是失礼之举。

三、其他表情

请扫描二维码学习本部分内容。

其他表情

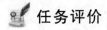
任务评价

"表情训练"考核评分标准见表 3-3。

表 3-3 "表情训练"考核评分标准

序号	考核内容	考核要点	分值	自评分	互评分	教师评分
1	眼神(目光)训练	目光明亮有神,能够在交际中正确运用眼神	50			
2	微笑(笑容)训练	微笑自然、甜美,能够在交际中正确运用微笑	50			
	总　　分					
小组自评	存在不足:					
	改进措施:					
小组互评	存在不足:					
	改进措施:					
教师评价	存在不足:					
	改进措施:					

训练总结:

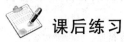
课后练习

1. 判断题

(1) 微笑是一种情绪语言,可以与有声语言和行动相配合,起到互补的作用。　（　　）

(2) 微笑已经成为各个国家都可以理解的心理性的"国际语言"。　（　　）

(3) 注视对方的时间超过全部相处时间的 1/3,往往表示可能对对方抱有敌意。

（　　）

(4) 仰视即主动居于低处,抬眼向上注视他人,适用于面对敬重之人。　（　　）

(5) 平视一般用于在普通场合与身份、地位平等之人进行交往。　（　　）

(6) 公务凝视区是指凝视的目光应停留在对方的唇心到双眼之间的三角区。　（　　）

(7) 谈话时适时自然地注视对方"社交凝视区"会显得严肃、认真、友好而有诚意。

（　　）

(8) 凝视多用以表示专注、恭敬。　（　　）

(9) 当对方沉默无语时,最好转移目光,以免紧张和尴尬。　（　　）

(10) 环视表示认真、重视,适用于同时与多人打交道,表示自己"一视同仁"。　（　　）

(11) 扬眉表示喜悦,横眉表示轻蔑。　（　　）

(12) 在与对方交谈中,最好的微笑时机是在与对方目光接触的瞬间,这样能够促进心灵的友好互动。　（　　）

(13) 微笑的最佳时间长度不超过 3 秒。　（　　）

（14）在与别人交谈中，放声大笑或傻笑，都是非常失礼的。　　　　　　（　　）

（15）微笑必须要露出6～8颗牙。　　　　　　　　　　　　　　　　　（　　）

（16）微笑的美在于文雅、适度、亲切自然。　　　　　　　　　　　　　（　　）

（17）微笑要口到、眼到、神色到，笑眼传神，微笑才能扣人心弦。　　　（　　）

（18）注意微笑与美好语言相结合，声情并茂，相得益彰，微笑才能发挥出它应有的特殊功能。　　　　　　　　　　　　　　　　　　　　　　　　　　　　　　　　（　　）

（19）假意奉承的"微笑"可能演变为"皮笑肉不笑""苦笑"。　　　　　　（　　）

2. 简答题

（1）眼神礼仪包括哪几个方面？

（2）怎样使目光明亮有神？

（3）为什么在交际中需要多一点微笑？

（4）怎样才能做到恰到好处地微笑？

（5）如何看待"微笑要发自内心"？

（6）请谈谈你对"见人三分笑，礼数已先到"的理解。

3. 实践题

（1）你的眼神是否充满了自信和活力？与同桌讨论一下怎样才能使眼神充满自信和活力？

（2）请举出含有"眼""目""眉"字的成语，体会这些成语所表达的情绪特点和心理状态，并将其演示一下。

（3）观察一下日常生活中各个微笑的脸，说说"微笑的脸"有哪些特征？

（4）今天你微笑了吗？试着每天清晨起床后，对着镜子整理仪容的同时，把甜美愉快的笑容留在脸上。

（5）两人一组，相互进行表情练习。可以将每人的微笑表情、眼神表情拍张照片，大家投票选出"最佳表情个人"。

4. 案例分析题

扫描二维码，阅读案例原文，然后回答每个案例后的问题。

案例分析题原文

任务3.3　手　势　礼　仪

挥手自兹去，萧萧班马鸣。

——［唐］李白《送友人》

案例导入

错误的数数法

某日,小郑奔赴机场,准备接待当天到达的外地客户。小郑笑容可掬地站在机场出口,迎候客户的到来。接着小郑按惯例开始清点人数:"1,2,3,4,……"小郑轻轻地念着,同时用手指点数客户。在接下来的接待中,小郑服务十分周到,但是他发现客户们还是有点不对劲。小郑百思不得其解。

任务分析

手是人体上最富灵性的器官,如果说"眼睛是心灵的窗户",那么手就是心灵的触角,是人的第二双眼睛。手势是人们交往时不可缺少的动作,是非常有表现力的一种体态语言。手势美是一种动态美,在传递信息、表达意图和情感沟通方面发挥着重要作用。

据语言专家统计,表示手势的动词有近 200 个。"双手紧绞在一起",表示的意义是精神紧张。用手指或笔敲打桌面,或在纸上涂画,显示不耐烦、无兴趣。搓手常表示人们对某事结局的急切期待心理,在经济谈判中这种手势可以告诉对手或对手告诉你在期待着什么。伸出并敞开双掌给人以言行一致、诚恳的感觉。掌心向下的手势表示控制、压制,带有强制性,易产生抵触情绪。谈话时掌心向上的手势表示谦虚、诚实,不带有任何威胁性。双臂交叉在胸前暗示一种敌意和防御的态度。塔尖式手势(即把十指端相触,撑起呈塔尖式)表示自信,如果再伴以身体后仰,则显得高傲。用手支着头,显示的意义是不耐烦、厌倦。用手托摸下巴,说明老练、机智。用手不停地磕烟灰,表明内心有冲突和不安。突然用手把没吸完的烟掐灭,表明紧张地思考问题等。其他手势还有招手致意、挥手告别、握手友好、摆手回绝、合手祈祷、拍手称快、拱手答谢(相让)、抚手示爱、指手示怒、颤手示怕、捧手示敬、举手赞同、垂手听命等。可见,丰富的手势语在人们交往间是不可缺少的。

在现代交际中,手势有着不可低估的作用,生动形象的有声语言再配合准确的手势动作,必然能使交往更富有感染力、说服力和影响力。然而,手势的使用应该有助于表达自己的意思,符合现代交际礼仪规范,不能像"案例导入"中的小郑那样,为了清点人数而对客户指指点点,这是非常不礼貌的。因此,我们应该掌握手势礼仪,正确地运用手势,以拉近交际双方的交际距离,建立友好的人际关系,为塑造良好的交际形象增辉添彩。

手势礼仪

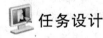

任务设计

手 势 实 训

实训目标:练习标准手势,培养运用手势进行礼貌表达的良好习惯。

实训准备:笔、剪子、水果刀、名片、一本书等。

实训方法:调整体态,保持良好的站姿,然后进行以下训练。

(1) 两人一组,一人扮演主人引领客人,另一人扮演客人跟随主人,主人从大门口把客人引领到室内,引领过程中要随时用规范的手势表达"请进""请随我来""请坐""请喝茶"。主、客人角色互换,再次重复上述引领、交流的过程。

（2）两人一组,按照递接物品的手势互相递接笔、剪子、水果刀、名片等物品。

（3）运用展示物品的手势,向大家展示一本书。

（4）两人一组练习招呼他人、挥手告别等手势。

（5）一起练习正确的鼓掌手势。

（6）5人一组围坐在一起,入座后选择一个喜闻乐见的话题进行交流,交流过程中适当运用手势对语言表达起到补充说明、增强感染力的作用。

实训要求:全程录像,通过大屏幕回放,学生自我评价、小组评价,教师点评总结。评选出"最佳表现小组"和"最佳表现个人"若干。

一、手势的类型与原则

1. 手势的类型

（1）情意性手势。主要用于带有强烈感情色彩的内容,其表现方式极为丰富,感染力极强。比如,说"我非常爱她"时,用双手捧胸,以表示真诚之情。

（2）象征性手势。主要用来表示一些比较复杂的感情和抽象的概念,从而引起对方的思考和联想。例如,把大军乘胜追击的场面,用右手五指并齐及手臂前伸这个手势来形容,象征着奋勇进发的大军,就能引起听众的联想。

（3）指示性手势。主要用于指示具体事物或数量,其特点是动作简单、表达专一,一般不带感情色彩。例如,当讲到自己时,用手指向自己;谈到对方时,用手指向对方。

（4）形象性手势。其主要作用是模拟事物的形状,以引起对方的联想,给人一种具体明确的印象。例如,说到高山,手向上伸;讲到大海,手平伸外展。

2. 手势的原则

手势语能反映出复杂的内心世界,但运用不当,便会适得其反,因此在运用手势时要注意几个原则。

（1）简约明快。手势的使用不可过于繁多,以免喧宾夺主。

（2）文雅自然。拘束不雅的手势有损个人形象,因此运用手势必须做到文雅自然。

（3）协调一致。手势应与全身协调,手势应与情感协调,手势应与语言协调。

（4）因人而异。我们不可能要求每个人都做统一的手势,要因人而异。

🐾 小贴士

手势活动的范围

手势活动的范围,有上、中、下三个区域。此外,还有内区和外区之分。肩部以上称为上区,多用来表示理想、希望、宏大、激昂等情感,表达积极肯定的意思;肩部至腰部称为中区,多表示比较平静的思想,一般不带有浓厚的感情色彩;腰部以下称为下区,多表示不屑、厌烦、反对、失望等,表达消极否定的意思。

二、常用的手势

1. 引领手势

在各种交往场合都离不开引领动作,如请客人进门、请客人坐下、为客人开门等,都需要运用手与臂的协调动作。同时,由于这是一种礼仪,还必须注入真情实感,调动全身活力,使心与形体形成高度统一,才能做出色彩和美感。引领动作主要有以下几种表现形式。

(1)横摆式。这种手势用来指引较近的方向。大臂自然垂直,小臂轻缓地向一旁摆出时微弯曲,与腰间呈45°左右,另一手下垂或背在身后,面带微笑,双脚并拢或形成右"丁"字步,同时加上礼貌用语,如"请""请进"等。具体手势如图3-19所示。

(2)曲臂式。这种手势常用于一只手扶门把手或电梯门,或拿东西,同时又要做出"请"或指示方向时。五指伸直并拢,从身体的一侧前方由下向上抬起,以肘关节为轴,手臂由体侧向体前摆动,摆到距身体20厘米处停住,掌心向上,手指引方向,头部随客人由右方转向左方。具体手势如图3-20所示。

图 3-19　横摆式　　　　　　　　图 3-20　曲臂式

(3)直臂式。这种手势用来指示或引领较远方向。五指并拢伸直,手臂穿过腰间线,屈肘由身前向前方抬起,抬到约与肩同高时,再向要指示的方向伸出前臂。身体微向指示方向倾。身体侧向宾客,眼睛要看着手指引的方向,同时加上礼貌用语,如"先生,请一直往前走""先生,里边请"等。具体手势如图3-21所示。

(4)双臂式。这种手势用来向众多来宾表示"请"或指示方向。两手五指分别伸直并拢,掌心向上,从腹前抬起至上腹部处,双手一前一后且同时向身体一侧摆动,摆至身体的侧前方。肘关节略弯曲,上身稍向前倾,面带微笑,向客人致意。具体手势如图3-22所示。

图 3-21　直臂式　　　　　　　　图 3-22　双臂式

2. 招呼他人

左手放于体侧，手臂伸直或成一条直线，右手向前向上抬起，手掌向下，屈伸手指做搔痒状或晃动手腕，如图 3-23 所示。这种手势在中国、欧洲的大部分地区以及拉丁美洲的许多国家都比较适用，但在美国、日本等国却与此相反，他们用掌心向上，向内屈伸手指做搔痒状或晃动手腕招呼别人，而在中国和马来西亚等国，这种手势却是用来召唤动物的。

3. 挥手道别

挥手道别时，身体要站直，不晃动，目视对方。左手放于体侧，手臂伸直成一条直线，右手向前向上抬至与肩同高或略高于肩，手臂不可弯曲，掌心朝向对方，指尖朝向上方，五指并拢，手腕晃动，如图 3-24 所示。

图 3-23　招呼他人手势　　　　　　　　图 3-24　挥手道别手势

4. 递接物品

递接物品时，要双手递送、接取物品。如果不方便双手时，也可用右手，但绝不可单用左手。双方距离比较远时，应起身站立，主动走近对方递送或接取物品。递送时最好直接递至对方手中并且要方便对方接取。递送有文字、图案、正反面的物品时，要正面向上且朝向对方；接取物品时，要缓而且稳，不要急欲抢取。递物品手势如图 3-25 所示。

图 3-25　递物品

值得注意的是：当向人递送带尖、带刃或其他易于伤人的物品时，应使其尖、刃等朝向自己或朝向他处，切不可朝向对方，如图 3-26 所示。

图 3-26　递笔、刀、剪子

5. 展示物品

展示物品时，应使物品在身体的一侧展示，不要挡住本人的头部。展示的位置不同表明物品的意义不同：当手持物品高于双眼时，通常被人围观时采用；当手持物品位于眼睛下方、胸部上方，双臂横伸时在肩至肘部以内时，给人以放心、稳定感；当手持物品位于眼睛下方、胸部上方，双臂伸直时在肘部以外时，给人以清楚感，通常在这个位置展示希望让对方看清楚的物品；当手持物品位于胸部以下，给人以漠视感，通常展示不太重要的物品。展示物品手势如图 3-27 所示。

6. 鼓掌

鼓掌是在观看文体表演、参加会议、迎候嘉宾时，表示赞赏、鼓励、祝贺、欢迎等情感的一种手势。要领是：以右手掌心向下有节奏地轻轻拍击左手掌心（见图 3-28），不可左掌向上拍击右掌；不可右手掌向左，左手掌向右，两掌互相拍击。鼓掌时间要长短应适度，以 5～8 秒为宜。

图 3-27 展示物品

图 3-28 鼓掌

三、常用的手势语

1. OK 的手势

拇指和食指合成一个圆圈，其余三指自然伸张，如图 3-29 所示。这种手势在西方某些国家比较常见，但应注意在不同国家其语义有所不同。例如，在美国表示"赞扬""允许""了不起""顺利""好"；在法国表示"微不足道"或"一钱不值"；在印度表示"正确"；在我国表示"零"或"三"两个数字；在日本、缅甸、韩国则表示"金钱"；在巴西则是"引诱女人"或"侮辱男人"之意；在地中海的一些国家则是"孔"或"洞"的意思，常用此来暗示、影射同性恋。

图 3-29 OK 的手势

 小故事

OK 手势闹出笑话

礼仪专家李荣建曾因为 OK 手势闹出笑话。他在上中学时，由于学校修路把侧门关闭了，就要绕很远去上课。有一次眼看就要迟到了，于是他决定翻墙进去，但学校明令禁止翻墙，经常派保安埋伏在墙下。他正犹豫不决时，看见一个同学刚好经过。隔着栅栏门，他小声问："墙底下有没有保安？"同学四下看看，也不说话，只是冲他做了个 OK 的手势。他一见很高兴，如武林高手一般，攀住墙头，"噌"地一下翻了过去。就在他双脚落地之时，3 个

保安过来将他团团围住，二话不说就把他带到了保卫处。回到教室，李荣建十分生气地问那个同学："明明墙底下有3个保安，你怎么做OK的手势来骗我？"那位同学也十分气愤地说："你是真傻还是装傻呀？我这是中国手势，意思是墙下有3个保安！"可见，同一种手势在不同的地方就会有不同的含义，甚至不同的手势却是表示相同的含义。

2. 伸大拇指手势

大拇指向上，在说英语的国家多表示OK之意或是打车之意；如果用力挺直，则含有骂人之意；如果大拇指向下，多表示坏、下等。在我国，伸出大拇指这一动作基本上是向上伸表示赞同、一流、好等，向下伸表示蔑视、不好等。伸大拇指手势如图3-30所示。

3. V字形手势

伸出食指和中指，掌心向外，其语义主要表示胜利（英文victory的第一个字母）；掌心向内，在西欧表示侮辱、下贱之意。这种手势还时常表示2这个数字。V字形手势如图3-31所示。

图3-30　伸大拇指手势

图3-31　V字形手势

小幽默

手　势

两支部队正在打仗，一个士兵气喘吁吁地跑进营帐，冲着参谋长伸出了两根手指。

参谋长看到这个V的手势，问："用了我的计策，这么快就胜利了！"

士兵着急地说："别做梦了！就剩咱们俩了，快跑吧！"

📖 小故事

小明的手势

小明刚上三年级，这天他考数学，考得挺好。放学回到家，他90多岁的太奶奶就问他："今天考得咋样啊？"他说考得挺好，冲太奶奶做了个V字形手势，他太奶奶哪懂得洋手势的意思呀，说道："哦，这孩子学习不行，考了个'鸭巴子'"。"鸭巴子"是方言，就是鸭子，这是说小明得了2分，因为鸭子的形状不是像阿拉伯数字"2"吗。第二天放学，太奶奶又问小明："孩子你今天考得咋样啊？"小明今天考的是语文，他考得也很好，就冲太奶奶做了一个OK的手势，他太奶奶还是不懂这个手势的意思，叹了口气，说道："唉，这孩子学习不行，还不如昨天呢，考了个'大鸭蛋'！"原来，太奶奶以为小明这次考了零分。

4. 捻指作响手势

捻指作响手势就是用手的拇指和中指弹出声响，其语义或表示高兴，或表示赞同，或是无聊之举,有轻浮之感。应尽量少用或不用这一手势,因为其声响有时会令他人反感或觉得没有教养,尤其是不能对异性运用此手势,这是带有挑衅、轻浮之举。

四、克服不良的手势

请扫描二维码学习本部分内容。

克服不良的手势

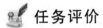 任务评价

"手势训练"考核评分标准见表3-4。

表3-4 "手势训练"考核评分标准

序号	考核内容	考 核 要 点	分值	自评分	互评分	教师评分
1	引领手势	正确运用横摆式、曲臂式、直臂式、双臂式引领手势,符合礼仪规范要求	20			
2	递接物品	正确运用该手势,符合礼仪规范要求	10			
3	展示物品	正确运用该手势,符合礼仪规范要求	10			
4	招呼他人	正确运用该手势,符合礼仪规范要求	10			
5	挥手告别	正确运用该手势,符合礼仪规范要求	10			
6	鼓掌	正确运用该手势,符合礼仪规范要求	10			
7	交谈中的手势运用	交谈中正确运用手势,对语言表达起到补充说明、增强感染力的作用	30			
	总　　分					
小组自评		存在不足:				
		改进措施:				
小组互评		存在不足:				
		改进措施:				
教师评价		存在不足:				
		改进措施:				
训练总结:						

课后练习

1. 判断题

（1）"双手紧绞在一起"，显示的意义是不耐烦、无兴趣。　　　　　　（　　）

（2）用手指或笔敲打桌面，或在纸上涂画，显示的意义是精神紧张。　　（　　）

（3）搓手常表示人们对某事结局的急切期待心理。　　　　　　　　　（　　）

（4）伸出并敞开双掌给人以言行一致、诚恳的感觉。　　　　　　　　（　　）

（5）与人谈话时掌心向上的手势表示谦虚、诚实，不带有任何威胁性。（　　）

（6）双臂交叉在胸前暗示一种敌意和防御的态度。　　　　　　　　　（　　）

（7）用手不停地磕烟灰，表明内心有冲突和不安。　　　　　　　　　（　　）

（8）突然用手把没吸完的烟掐灭，表明紧张地思考问题。　　　　　　（　　）

（9）说"我非常爱她"时，用双手捧胸，以表示真诚之情，这属于象征性手势。（　　）

（10）说到高山，手向上伸，这属于指示手势。　　　　　　　　　　（　　）

（11）OK 的手势在美国表示"赞扬""允许""了不起""顺利""好"。（　　）

（12）OK 的手势在法国表示"金钱"。　　　　　　　　　　　　　　（　　）

（13）在交际中，捻指作响手势应尽量少用或不用。　　　　　　　　（　　）

（14）手插口袋的手势，会给人以矫揉造作、当众表演之感。　　　　（　　）

（15）双手抱头的手势，会给人以矫揉造作、当众表演之感。　　　　（　　）

（16）与人交谈时手势不宜过多，幅度不宜过大。　　　　　　　　　（　　）

（17）可以对异性运用捻指作响手势。　　　　　　　　　　　　　　（　　）

（18）手势活动的范围，有上、中、下三个区域。　　　　　　　　　（　　）

2. 简答题

（1）在交际中，使用手势时应该注意哪些问题？

（2）手势主要有哪些类型？

（3）常见的手势有哪些？

（4）在交际中，应注意克服哪些不良的手势？

3. 实践题

（1）自己在生活中使用的手势，有哪些不符合礼仪规范的地方？应如何改正？

（2）请根据下列语句内容给出相应的手势和表情。

① 请大家安静，安静！

② 什么是爱？爱，不是索取，而是奉献！

③ 大家不要慌，请大家跟我来！

④ 现在，摆在我们面前的有两条路：一条路是勇往直前地奋战下去，有成功的可能，但也有失败的风险；另一条路是原地踏步，坐以待毙。

⑤ 他转身朝着黑板，拿起一支粉笔，使出全身的力量，写了几个大字"法兰西万岁！"

然后他站在那儿,头靠着墙壁,话也不说,只向我们做了一个手势"放学了——你们先走吧!"

⑥ 在过去的一年中,在座的各位将我们的销售额不可思议地提高了17.17%!这在公司的整个历史上还从来没有过,从来没有!由此,我们的利润不只是提高了5%或10%,而是13%,整整13%!

⑦ 我现在要明确地告诉对方辩友,你们犯了一个严重的逻辑错误!

⑧ 现在,请让我们在此,心平气和地交换一下对这个问题的看法。

⑨ 这几天,大家晓得,在昆明出现了历史上最卑劣奋战、最无耻的事情!李先生究竟犯了什么罪,竟遭此毒手?他只不过用笔写写文章,用嘴说说话,而他所写的、所说的,都无非是一个没有失掉良心的中国人的话!大家都有一支笔、有一张嘴,有什么理由拿出来讲啊!有事实拿出来说啊!

4. 案例分析题

扫描二维码,阅读案例原文,然后回答案例后的问题。

案例分析题原文

电 子 活 页

1. 皮肤的保养

皮肤的分类保养 　　　　皮肤的日常保养

2. 克服不良的举止

克服不良举止:打哈欠 　　　克服不良举止:搔头皮

克服不良举止：双腿抖动　　克服不良举止：频频看表

思 政 园 地

中华传统礼仪的三重意蕴

中国传统社会，儒家思想一直占据着主流地位，儒家倡导以德立国。但德的概念抽象无形，不好衡量、不便操作，为了达到德的目标，实现以德立国，古人便将其具化为实践中可操作的礼仪。孔子提出"道之以德，齐之以礼"，即希望以道德引领各阶层民众，以礼仪来规范民众的行为。"三礼"即《周礼》《仪礼》和《礼记》，形成了传统礼仪文化的完备体系。古人以礼仪作为规范和约束，从而实现个人人格的塑造、社会关系的和谐和国家统治的权威。以下从修身、处世、经国三个层面来探讨传统礼仪所涵盖的三重意蕴。

第一重意蕴：以"礼"修身

孔子云："不学礼无以立。"中华传统礼仪蕴含了大量修身的内容，其中包含了对仪容仪表、举止言谈的具体要求。

一是对仪容仪表的要求。中华传统礼仪重视人的仪容，《大戴礼·劝学》中有言："见人不可不饰。不饰无貌，无貌不敬，不敬无礼，无礼不立。"可见古人对仪容仪表的重视程度已上升到立身的层面。具体而言，中华传统礼仪对仪容仪表的要求概括起来是庄重，如《论语·学而篇》曰："君子不重则不威"，即君子庄重才有威仪，又如《礼记·乐记》曰："致礼以治躬则庄敬，庄敬则严威"，即研究礼，用它来端正外貌就是庄重恭敬，庄重恭敬就有威严。

二是对衣着穿戴的要求。中国自古就被称为"衣冠上国"，衣冠服饰在中国历史悠久、意义重大。具体来说，中华传统礼仪对衣着穿戴要求是：要整齐清洁，《礼记·曲礼上》中言"劳毋袒，暑毋褰裳"，如《弟子规》言"冠必正，纽必结。袜与履，俱紧切""衣贵洁，不贵华"；要合乎场合，不同的衣着穿戴应用于不同的时间、场合，有"寝衣"作为睡觉的衣物，有"亵衣"作为贴身穿的衣物，有"深衣"可作为礼服，有御寒的裘和袍等；要符合身份，如古人成年要举行冠礼，把头发束起扎于头顶，这便是成人的仪容，又如自舜开始，衣裳有"十二章"制度，即身份不同，衣裳的式样、用料、颜色、花纹各有不同。

三是对言行举止的要求。中华传统礼仪主张举手投足都得有式有度，如《礼记·玉藻》有言"足容重，手容恭，目容端，口容止，声容静，头容直，气容肃，立容德，色容庄，坐如尸"，是对身体各个部位的举止动作都做了具体要求。此外，古人看重言辞谈吐，如《荀子·大略》中写道"言语之美，穆穆皇皇"，认为语言美的体现在谦逊、恭敬、和气、温雅等方面。因此古人注重对于谦辞、敬辞、称谓的使用，如"愚、鄙、卑、小"常用来自谦，"子、令、尊、贤"常用来敬称他人。

传统礼仪以修身养德为基础,通过对行为的规范和约束,以实现个人道德和人格的养成。

第二重意蕴:以"礼"处世

中华传统礼仪倡导以"礼"处世,即以共同遵循的"礼"来维系社会秩序。

一是以"礼"来协调人际关系。例如,人际交往中应如何相见、如何交谈、如何拜访、如何待客、如何用餐等,在中华传统礼仪中就有相关的记载,如《礼记·曲礼上》记有"将上堂,声必扬""户外有二屦,言闻则入,言不闻则不入""将有入户,视必下""凡与客入者,每门让于客",便是对拜访和待客所做的细节规定。

二是以"礼"来规范行为秩序。古代有"五礼"之说,《周礼·春官·大宗伯》中把"礼"分为"吉礼、凶礼、军礼、宾礼、嘉礼"五类。这里就包括了祭祀、丧葬、军事、接待宾客、贺庆等礼节仪式,其中各项礼节仪式中都包含诸多细节规定,涉及容貌、服饰、称谓、仪态、器物等。

三是以"礼"来指导生产生活。中国传统社会以农耕文明为基础,因此传统礼仪中还记载了大量在生产生活中产生的节俗礼仪,如春节、元宵节、清明节、端午节、中秋节、重阳节等,在中华文明传承和发展的过程中,其内涵更加丰富,形成了固定的仪式和习俗,成为社会生活和民俗文化相结合的产物。

这些人际相处的规范、人生礼仪、节令习俗对社会关系起到了约束、调节、凝聚的作用,有利于维持社会和谐有序。

第三重意蕴:以"礼"经国

《左传》有云:"礼,经国家,定社稷,序人民,利后嗣者也。"在中国古代,礼仪不仅对行为习惯、思想文化有着深远的影响,同时也是国家治理的一种手段。

一是治国理念通过"礼"来实现。传统礼仪是一个博大的体系,不仅包括行为准则、言谈举止,还包括国家典制。国家典制属于礼,礼是经邦治国的大经大法。《左传》中有言:"国家非礼不治,社稷得礼乃安,故礼所以经理国家、安定社稷"。《礼记》上说"道德仁义,非礼不成"等,可见在中国传统社会中,礼是治国的手段,治国理念通过礼来实现。

二是家国情怀通过"礼"来养成。《礼记·礼运》有云:"今大道既隐,天下为家。"孟子曰:"天下之本在国,国之本在家,家之本在身。"在中国封建社会,以国为家,"家天下"的儒家伦理思想一直居于统治地位,家国同构是中国传统社会在国家治理问题上的重要经验。个人只有完善自身修养,才能把家庭治理好,只有每一个家庭都经营好了,国家才能安定有序。因而家庭内部的秩序始终为古人所重视,其中家书、家训成为弘扬家德、建设家风的独到方式,如《颜氏家训》《朱子家训》《曾国藩家书》等,将人生道理、家国情怀融入家庭的谆谆教诲中,成为国家治理的重要基础。

综上可见,在中国五千年历史文明发展进程中,传统礼仪是修身、处世、治国的重要准则。追根溯源,我们可以在中华传统礼仪中寻找到中华民族精神之根。植根于中华传统礼仪,弘扬社会主义核心价值观,是我们抵制不良思潮、增强文化自信的力量之源。

中华礼仪故事图片如图 3-32 所示。

孔融让梨　　　　　　　　　　　负荆请罪

程门立雪　　　　　　　　　　　千里送鹅毛

图 3-32　中华礼仪故事图片

（资料来源：钟艳.中华传统礼仪的三重意蕴及对现代家庭教育的启示[J].陕西社会主义学院学报，2021(10)：33-53；佚名.重温经典——中国古代的礼仪故事[EB/OL].[2017-12-27].https://www.sohu.com/a/213254361_659841.）

礼仪

模块2 日常交际礼仪

课程思政指南

课程思政元素

1. 传统礼仪文化

传统礼仪文化作为传统社会的行为准则,包含着丰富的道德教育资源,诸如"仁""敬""和"等道德精神。

2. 我国民间礼俗

我国民间礼俗涉及了人生礼仪民俗、岁时节日民俗、语言发展民俗、艺术民俗、物质生产生活民俗和信仰民俗等诸多问题方面,其中蕴含着丰富的德育教育内容。

3. 古今名人礼仪故事

在古今名人,尤其是老一辈无产阶级革命家学礼、知礼、守礼的小故事中,他们遵守礼仪规范的言行,体现出其崇高的人格风范,具有深远的教育意义,永远激励青年学子学会"做人"。

项目 4　会面礼仪

　　会面是交际的开始。会面礼仪是与人交往时的最基本、最常用的礼节,它最能反映一个人及社会的礼仪水平。人们见面后互致问候,不熟悉的人之间相互介绍,然后握手、寒暄后才进入正题。这看似简单,却蕴含复杂的礼仪规则,表达着丰富的交际信息。

　　掌握基本的会面礼仪,能使现代人适应各种交际场合的礼仪要求,赢得交际对象的好感,塑造良好的社交形象,赢得机遇,迈出人生坚实的一步。

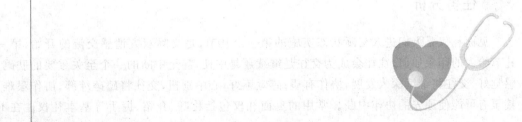

学习目标

知识目标

● 在交际中能够得体地称呼对方；

● 得体地进行自我介绍、介绍他人，更好地与人相识；

● 熟练运用标准的握手、鞠躬等见面礼节；

● 接待、拜访符合礼仪规范。

能力目标

● 能规范自身言行，提升交际能力；

● 自主学习新知识，能够利用网络媒体资源查找与会面礼仪相关的知识。

素质目标

● 树立传承文化、开拓创新的意识；

● 具有良好的审美情趣，努力提升个人整体形象；

● 具有团队意识和协作精神。

任务 4.1　见面礼仪

此生何处不相逢。

——［唐］杜牧《送人》

案例导入

如此会面

小李今年刚大学毕业，在大华公司总经理办公室做秘书工作。一天，公司王总经理派他到机场去接广州明光公司销售部的吴丽晶经理。小李准时来到机场，在出口处吴经理见到小李手中的字牌，走到小李面前说："你好！你是小李吧，我是吴丽晶！"小李连忙用不太标准的普通话说："是的是的，我是小李，您好！您就是广州过来的狐狸精（吴丽晶）吧？我是王总派来接您的。我是东方大学行政管理专业毕业的研究生，现在是王总的秘书。"一边说一边伸手准备与吴经理握手。面对小李这样的称呼、自我介绍和握手方式，吴经理会是什么感觉呢？

任务分析

见面礼仪是人们进入交际状态实施的第一个礼节，是交际双方情感交流的开始，第一礼节给人的印象如何，往往会成为交往是继续还是中梗，甚至中断的一个至关重要的砝码。感觉好，交往将继续深入发展，协作有望；感觉不好，心中别扭，交往将磕磕绊绊，协作艰难，甚至有可能使原先的协作中断。常用的见面礼仪包括称呼、介绍、握手等基本礼仪。在不同的场合,面对不同的对象,见面礼仪都有相应的规范要求。

见面礼仪最能塑造一个人自身的形象及其所在组织的形象,"案例导入"中小李的见面礼仪是不及格的,如此不符合礼仪的诸多表现怎么能够赢得客户呢!

在现代交际中,见面礼仪符合基本规范要求,是极其重要的一个方面,可以给交际对象留下良好的第一印象,使交际继续深入发展,取得成功。

见面礼仪

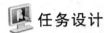 任务设计

见面场景模拟实训

实训目标:掌握见面礼仪相关要求与规范,塑造良好的职业交际形象。

实训准备:电话、办公桌椅、沙发、茶几、茶壶、茶杯等。

实训方法:将全班学生分成若干组,每组3~5人,每组设计一个见面场景,将称呼、介绍、握手等见面礼仪连贯地演示下来。演示之前,每组应就设计的场景和成员的角色进行说明。

实训要求:全程录像,通过大屏幕回放,学生自我评价、小组评价,教师点评总结。评选出"最佳表现小组"和"最佳表现个人"若干。

一、称呼

在交际中,双方见面时,如何称呼对方直接关系到双方之间的亲疏、了解程度、尊重与否及个人修养等。一个得体的称呼会令彼此如沐春风,为以后的交往打下良好的基础;否则,不恰当或错误的称呼,可能会令对方心里不悦,影响彼此的关系乃至交际的成功。

 小故事

叶永烈采访陈伯达

著名传记作家叶永烈在着手写陈伯达传记时,必须采访陈伯达,采访时究竟怎样称呼陈伯达,叶永烈颇费了一番心思。采访的前一天晚上,叶永烈辗转反侧,明天见到了陈伯达到底该怎么称呼他呢?叫他陈伯达同志,不合适,因为陈伯达是在监狱服刑的犯人;叫他老陈,也不行,因为陈伯达已经是84岁的老人了,而自己才48岁,究竟应怎样称呼他呢?突然叶永烈灵机一动,称呼他陈老,这是再恰当不过的称呼了。果然,第二天采访时,叶永烈一声"陈老"的亲切得体的称呼,令陈伯达听了感动万分,眼里充满了泪花。由此可见,一个得体的称呼真可谓交际的"敲门砖"!

1. 常用的称呼

(1)职务性称呼。以交际对象的职务相称,以示身份有别、敬意有加。这是一种最常见的称呼,一般在较为正式的职业场合(如官方活动、公司活动)中使用。这种称呼具体可以分为三种情况。

① 仅称呼职务，如董事长、市长等。

② 在职务前加上姓氏，如王总经理、张市长等。

③ 在职务前加上姓名，如王海山市长、刘晓鹏局长等。

（2）职称性称呼。对于有专业技术职称，尤其是具有中高级职称者，可以直接以其职称相称。这种称呼具体也可以分为以下三种情况。

① 只称职称，如教授、工程师等。

② 在职称前加上姓氏，如李教授、刘工程师等。

③ 在职称前加上姓名，如刘亚珍教授、吴俊明工程师等。

（3）行业性称呼。在职场中按所从事的行业进行称呼，一般可以直接以职业作为称呼，如老师、医生、会计、律师等。此类称呼前均可以加上姓氏或姓名，如汪老师、张医生、李敏律师等。

（4）学衔性称呼。在职场中按对方的学衔进行称呼，一般可以增加被称者的权威性，也有助于增强现场的学术气氛。这种称呼具体可以分为以下四种情况。

① 只称学衔，如博士。

② 在学衔前加上姓氏，如王博士。

③ 在学衔前加上姓名，如王小明博士。

④ 将学衔具体化，说明其所属学科，并在后面加上姓名，如生物工程学博士王小明。这种称呼最正式。

（5）姓名性称呼。在职场中直接称呼姓名，一般只适用于同事、同学和熟人之间。这种称呼具体也可以分为以下三种情况。

① 直呼姓名，如张岩松、穆秀英、高琳等。

② 只呼其姓，不称其名，一般要在姓氏前面加上"老""小""大"等前缀，如老刘、小王、大赵等。

③ 只称其名，不称其姓，一般在亲友、同学、邻里间使用，尤其适用于上级称呼下级、长辈称呼晚辈，如岩松、艳洁等。

（6）亲属性称呼。亲属，即与本人直接或间接拥有血缘关系者。在日常生活中，对亲属的称呼业已约定俗成，人所共知。面对外人，对亲属可根据不同情况采取谦称或敬称。

① 对本人的亲属应采用谦称。称辈分或年龄高于自己的亲属，可以在其称呼前加"家"字，如"家父""家叔"。称辈分或年龄低于自己的亲属，可在其称呼前加"舍"字，如"舍弟""舍侄"。称自己的子女，则可在其称呼前加"小"，如"小儿""小女""小婿"。

② 对他人的亲属，应采用敬称。对其长辈，宜在称呼前加"尊"字，如"尊母""尊兄"。对其平辈或晚辈，宜在称呼前加"贤"字，如"贤妹""贤侄"。如果在其亲属的称呼前加"令"字，一般可不分辈分与长幼，如"令堂""令爱""令郎"。

（7）性别性称呼。对于从事商界、服务性行业的人，一般约定俗成地按性别的不同分别称呼"小姐""女士""夫人""先生"，"小姐"是对未婚女性的称呼；"夫人"是对已婚女性的称呼；"女士"是对已婚或婚姻状况不明确者的称呼；"先生"主要是对男士的称呼。

小姐还是太太

2. 称呼的禁忌

（1）忌使用错误的称呼。例如，因字多音而叫错对方的姓氏，误称未婚女性为夫人等，容易使人产生不悦或误会。

（2）忌使用过时的称呼。例如，对官员使用"老爷""大人"等已过时的称呼，不符合现代社会的标准，显得不伦不类。

（3）忌使用不通行的称呼。例如，南京人爱称人"师傅"，山东人爱称人"伙计"，这样的称呼具有一定的地域性，在全国不通用，有时还会引起误会，如广东等地的南方人把"师傅"当作"出家人"，把"伙计"当作"打工仔"。

（4）忌使用不当的行业称呼。行业称呼具有行业特点，如可以称呼工人为"师傅"，称呼政府职能部门的公务人员为"师傅"则不合适；同样，现在一些美容院和理发店将美容师和理发师称呼为老师也是不合适的。

（5）忌使用庸俗低级的称呼。在交际中，尤其是职场中使用"老大""哥们儿""姐们儿"等称呼会显得庸俗低级，甚至还带有黑社会的味道，不合适。

（6）忌使用绰号为称呼。在交际中，尤其是在职场中不能随意用别人的绰号来称呼对方，如"四眼"等，还有一些人的小名也不能叫，如"小狗子""狗剩"等过去家人起的所谓"贱名"。

（7）忌使用替代性的称呼。在交际中不应该使用一些替代性的称呼来代替正规的称呼，如医院的护士用患者的床号"八床""五床"等替代病人的姓名，服务行业称呼客人为"几号"或"下一个"等。

（8）忌使用不适当的简称。有时为了显示亲热，有人会使用简称来称呼领导，如"李局（长）""张处（长）"，但并不是所有的称呼都可以用简称的，如范局长不能简称为"范局"，戴校长不能简称为"戴校"。

（9）忌不使用称呼。不使用称呼，即和别人沟通时用"喂""哎"等词语开头，这是很不礼貌的，也会令人十分不满，引起误会。

（10）忌使用昵称。在正式交际场合中坚决不能使用"宝贝""亲爱的""哥""姐"等昵称：一来反映自身的素质问题；二来会令人十分尴尬。

3. 使用称呼的技巧

（1）初次见面更要慎重称呼。初次与人见面或谈业务时，要称呼姓＋职务，要一字一字地说得特别清楚，如"王总经理，你说得真对……"如果对方是个副总经理，可删去那个"副"字；但如果对方是总经理，不要为了方便把"总"字去掉而变为"经理"。

"小"字别乱喊

（2）称呼对方时不要一带而过。在交谈过程中，称呼对方时，要加重语气，称呼完了停顿一会儿，然后谈要说的事，这样能引起对方的注意，他会认真地听下去。相比之下，如果你称呼得很轻又很快，有种一带而过的感觉，对方听着会不太顺耳，有时也听不清楚，就引不起听话的兴趣。而且如果不太注意对方的姓名，而过分强调了要谈的事情，那就会适得其反，对方就不会对你的事情感兴趣。所以一定要把对对方完整的称呼，很认真、很清楚、很缓慢地讲出来，以显示对对方的尊重。

（3）关系越熟越要注意称呼。与对方十分熟悉之后，千万不要因此而忽略了对对方的称呼，一定要坚持称呼对方的姓＋职务（职称），尤其是在有其他人在场的情况下。人人都需要被人尊重，越是朋友，越是要彼此尊重。如果熟悉了就变得随随便便，用"老王""老李"甚至一声"唉""喂"来称呼是极不礼貌的，也是令对方难以接受的。

（4）要记住对方的姓名。美国著名人际关系专家戴尔·卡耐基说："一个人的姓名是他自己最熟悉、最甜美、最妙不可言的声音。""在交际中，最明显、最简单、最重要、最能得到好感的方法，就是记住人家的名字。"任何交际场合，记住并准确地称呼对方的姓名，会让对方感到亲切自然、一见如故，易缩短双方的心理距离。否则，即使对有过交往的熟人，如果张冠李戴，双方也会因此生疏起来。

善于记住他人名字的拿破仑三世

据说，拿破仑三世除了军事才能出众以外，还以其记忆力好而闻名于世，他能够记得每一个见过面的人。他的方法其实非常简单：如果没有听清楚对方的名字，他就会直言不讳地再问一遍；如果碰到比较难记的名字，他就会问对方名字的具体拼写方法。在与人交谈的过程中，他会把对方的名字重复说几遍，并暗自寻找对方独特的外部特征，然后把这些特征与这个人的名字联系在一起。如果对方是重要人物，他还会悄悄把他的名字写在纸上，以便牢牢记住。通过这些方法，拿破仑三世记住了每一个与他见过面的人的名字。

（5）称呼要入乡随俗。称呼应随不同的交际环境而变化，入乡随俗，根据所处的环境、习惯来称呼。在多数大城市，对女性往往以"女士""小姐""夫人"相称，对男性以"先生"相称，但在我国大多数中小城市和农村，这样的称呼未必合适。在工厂，"师傅"是较常用的尊称。在艺术界、学术界，为表示尊重往往称"老师"。

小陈该怎样称呼

小陈刚被领导提升为部门经理，高兴之余，他也有些为难。老赵是比他工作时间长、年龄又比他大的老员工，自己进入这个公司的时候，还得到过老赵的许多帮助。现在自己成为老赵的直接领导，该怎么称呼老赵呢？以前小陈总叫"赵老师"，现在继续这样叫合适吗？叫"老赵"？显然会让老赵不快。叫名字，又一下子显得生疏了。

小陈到底应当怎样称呼呢？他犯难了。

二、介绍

介绍是人与人相互沟通的出发点，能有效地缩短人与人之间的距离。介绍分为自我介绍和居间介绍。

1. 自我介绍

自我介绍即将本人介绍给他人。从某种意义上说，自我介绍是进入社会交往的一把钥匙。在缺少介绍人的情况下，自我介绍是非常必要的，运用得好，可为交际活动的顺利进行助一臂之力。

（1）自我介绍的场合。自我介绍的场合一般选择在正式场合，在没有干扰的情况下。具体如下。

① 应聘求职、会议场合可以做自我介绍。

② 因为业务关系需要与相关人士接洽时需要做自我介绍。

③ 当遇到你知晓或久仰的人士，他不认识你时，可以做自我介绍。

④ 在出差、办事途中，与别人不期而遇时，为了增加了解和信赖，可以做自我介绍。

⑤ 初次前往他人居所、办公室进行登门拜访时要做自我介绍。

⑥ 参加聚会，主人不可能做细致的介绍，与会者可以与同席或身边的人相互自我介绍。

（2）自我介绍的顺序。自我介绍的顺序要求遵循位尊者有优先知情权、位低者先行的原则。具体如下。

① 职位高者与职位低者相识，职位低者应该先做自我介绍。

② 男士与女士相识，男士应该先做自我介绍。

③ 长辈与晚辈相识，晚辈应该先做自我介绍。

④ 资深人士与资历浅者相识，资历浅者应该先做自我介绍。

⑤ 已婚者与未婚者相识，未婚者应该先做自我介绍。

（3）自我介绍的方式。根据不同场合、环境的需要，自我介绍的方式有应酬式、公务式、礼仪式、社交式和问答式五种，见表 4-1。

表 4-1　自我介绍的方式

类型	适用场合	使用目的	内容	举例
应酬式	适用于公共场合、一般性的社交场合，如旅途中、商场里	面对泛泛之交而不想深交的人	只包括本人姓名	"你好，我叫/是张明"
公务式	适用于工作场合，如业务洽谈、工作联络	与对方建立工作关系	包括本人姓名、单位、部门或从事的具体工作三要素，缺一不可	"你好，我叫张明，是五湖四海医药公司的营销部经理"
礼仪式	适用于讲座、报告、演说、庆典、仪式等正规场合	向对方表示友好、敬意	包括本人姓名、单位、职务等内容，还可以适当加一些谦辞、敬语等	"各位来宾，大家好！我叫张明，我是五湖四海贸易公司的营销部经理。我代表本公司热烈欢迎大家的光临……"
社交式	适用于各类社交活动，如私人交往、联谊会、网络交流等	使对方认识自己、了解自己，建立进一步交往的平台	包括本人姓名、职业、籍贯、爱好、自己跟交往对象双方所共同认识的人等	"你好，我叫张明，我是 20 级市场营销班的。李军是我的老乡，我们都是北京人……"
问答式	适用于普遍的交际应酬场合	应聘求职、应试求学、初次交往等	主要根据提问进行介绍，有问必答	问："请问您贵姓?"答："您好！免贵姓张"

罗兰的自我介绍

罗兰去参加朋友的生日宴会，在那里她遇上了几个不认识的人。当时朋友正在忙里忙外地招呼客人，所以没有顾得上更多地关照罗兰这个"自己人"。正当性格内向的罗兰胆怯地坐在客厅一角，不知道自己该不该和那些陌生人寒暄几句，更不知道自己应该如何启齿时，一位温文尔雅的先生走了过来，主动跟她打招呼："小姐，您好！我叫邓雨轩，请问您怎么称呼？"缺乏准备的罗兰有点儿慌乱地随口应道："叫我小罗好了。"

其实，罗兰这时打心眼里感谢这位不熟悉的邓先生过来跟她打招呼，使她不至于"孤立无援"，而且她也真想大大方方地同邓先生聊上几句。然而意想不到的是，罗兰就那么一句"叫我小罗好了"，让邓先生的热情顿减，立马扭头走了回去。

（4）自我介绍的注意事项。自我介绍应注意以下几个方面。

① 注意时机。要抓住时机，在适当的场合进行自我介绍。对方有空闲，而且情绪较好，又有兴趣时，这样就不会打扰对方。

② 注意态度。自我介绍的态度一定要自然、友善、亲切、随和，应镇定自信、落落大方、彬彬有礼。既不能怯场，又不能虚张声势、轻浮夸张。语气要自然，语速要正常，语音要清晰。自我介绍时出现畏怯紧张、结结巴巴、目光不定、面红耳赤等情况，会给人缺少经验、缺乏自信的感觉，为他人所轻视。

③ 注意时间。自我介绍要简洁、言简意赅，尽可能节省时间。一般以半分钟左右为佳，不宜超过一分钟，且越短越好。话说得过多，不仅显得啰唆，而且交往对象未必记得住，也未必感兴趣。为了节省时间，做自我介绍时，还可利用名片、介绍信作为辅助手段。

④ 注意内容。自我介绍的内容包括三项基本要素：本人的姓名、现供职的单位和具体部门以及担任的职务和所从事的具体工作。这三项要素，在做自我介绍时，应一鼓作气连续报出，这样既有助于给人以完整的印象，又可以节省时间，不说废话。要真实诚恳、实事求是，不可自吹自擂、夸大其词。

让自我介绍
在名字上出亮点

⑤ 注意方法。做自我介绍之前，应先向对方点头致意，得到回应后再向对方介绍自己。如果有介绍人在场，自我介绍则被视为不礼貌的行为。应善于用眼神表达自己的友善，表达关心以及沟通的渴望。如果想认识某人，最好预先获得一些有关他的资料或情况，诸如性格、特长及兴趣爱好等。这样在做自我介绍后，便很容易融洽地交谈。在获得对方的姓名之后，不妨口头加重语气重复一次，因为每个人都乐意听到自己的名字。

在他人进行自我介绍时，我们也要注意以下方面：一是引发对方做自我介绍时应避免直话相问，缺乏礼貌，如"你叫什么名字"，而应该尽量客气一些，用词更敬重些，如"请问尊姓大名""您贵姓""不知怎么称呼您""您是……"等。二是要仔细聆听他人的自我介绍，记住对方的姓名、职业等。如果没有听清楚，不妨在个别问题上仔细再问一遍，这比他人做过自我介绍，而你还是不明情况的好。三是等一个人做了自我介绍后，我们也应做相应的回应，向对方做自我介绍，这才是礼貌的。

2. 居间介绍

（1）居间介绍的时机。居间介绍即交际中的第三者介绍。在居间介绍中,为他人做介绍的人一般为社交活动中的东道主、社交场合中的长者、家庭聚会中的女主人、公务交往活动中的公关人员（礼宾人员、文秘人员、接待人员）等。

居间介绍的时机包括：在家中接待彼此不相识的客人;在办公地点接待彼此不相识的来访者;与家人外出,路遇家人不相识的同事或朋友;陪同亲友,前去拜会亲友不相识者;本人的接待对象遇见了素不相识的人士,而对方又跟自己打了招呼;陪同上司、长者、来宾时,遇见了其不相识者,而对方又跟自己打了招呼;打算推介某人加入某一交际圈;受到为他人做介绍的邀请。

（2）居间介绍的顺序。为他人介绍时,要注意顺序。先确定被介绍的双方哪一方更应该被尊敬,对于更应该受尊敬的人,他有优先了解对方信息的权利。在我国古代习惯以职位高低、资历深浅、年龄大小来决定受尊敬的程度。在西方,习惯以性别来决定受尊敬的程度,女士优先。国际上公认的介绍顺序如下。

① 将男性介绍给女性。

② 将年轻者介绍给年长者。

③ 将职位低者介绍给职位高者。

④ 将未婚女子介绍给已婚女子。

⑤ 将晚到者介绍给早到者。

如果被介绍的人同时具备以上两个原则,应该按后一个原则来介绍。例如,当一个晚到的女客人遇到一个早到的男客人时,就需要把晚到的女客人介绍给早到的男客人;当一位年轻的女士遇到一位年长的男士时,就需要把女士介绍给男士。

介绍的顺序应该注意场合。例如,在严肃的工作场合,就要按照职位高低来介绍,把职位低的人介绍给职位高的人。对于公司的客户,就算是公司的总裁,在面对一个普通客户时,也要把总裁介绍给客户,因为客户永远是上帝。

不注重细节的小李

小李从某职业技术学院营销专业毕业两年多了,目前在一家中型私营企业从事销售工作。工作中,小李很勤奋、很努力,业务做得也还算顺利,但是他有个缺点,就是不注重细节,和客户打交道时常出小差错,为此不知道被部门领导说过多少次。这次小李陪同自己的部门经理去拜见甲方负责人,由于先前小李和甲方负责人有过几次接触,所以双方一见面,小李就指着甲方负责人对自己的经理说："张经理,他就是徐总经理……"说者无心,听者有意,徐总经理的眉头微微皱了一下,接下来和张经理的谈话不是很热情,交流很快就结束了。小李感到很迷茫,心想徐总经理平时感觉挺好的,今天怎么会这样呢。返回的路上,张经理指出了小李的问题所在。

（3）居间介绍的方式。居间介绍的方式见表4-2。

表 4-2　居间介绍的方式

类型	适用场合	使用目的	内容	举例
标准式	适用于正式场合，如业务洽谈、宴会	使双方认识，并建立工作、交换等联系	以双方的姓名、单位、职务等为主	"我给两位引荐一下，这位是我们公司营销部的李小姐，这位是五湖四海集团公司的总经理张先生"
礼仪式	适用于正式场合，是一种最为正规的介绍他人的方式	与标准式略同，只是语气、表达、称呼上都更为礼貌、谦恭	包括双方姓名、单位、职务等内容，还可以适当加一些谦辞、敬语等	"张先生，您好！请允许我把我们公司的销售部经理李军先生介绍给您。李先生，这位是五湖四海医药公司总经理张明先生"
推荐式	适用于比较正规的场合	将被介绍人举荐给另一位被介绍人	通常会对主要被介绍者的优点加以重点介绍	"这位是五湖四海医药公司的张明总经理，这位是我们公司的李军总经理。李总经理是管理方面的专业人士，他还是经济学博士呢。张先生，我想您一定愿意结识他吧"
强调式	适用于各类社交活动，如私人交往、联谊会等	使双方认识，并引起对其中一位被介绍者的重视	包括双方的姓名，往往还会刻意强调其中一位与介绍者之间的特殊关系	"这位是张教授的学生，这位是李经理，请李经理多多关照"
引见式	适用于普通的交际应酬场合	将被介绍者双方引到一起即可	不需具体介绍双方，由他们自行认识	"两位认识一下，这位是张经理，请张经理多多关照"
简介式	适用于一般的社交场合，如聚会、茶话会、舞会	使双方认识	只介绍双方姓名，甚至只提到双方姓氏	"我来介绍一下，这位是小李，这位是小周，你们认识一下吧"

（4）居间介绍的注意事项。在为他人做介绍时，介绍者对介绍的内容应当字斟句酌，慎之又慎。在交往中，在为他人做介绍时，由于实际需要的不同，介绍时所采取的方式也会有所不同。

在正式场合，内容以双方的姓名、单位、职务等为主。在一般的交际场合，其内容往往只有双方姓名一项，甚至可以只提到双方姓氏为止。接下来，则由被介绍者见机行事。在比较正规的场合，介绍者有备而来，有意将某人举荐给某人，因此在内容方面，通常会对前者的优点加以重点介绍。

在进行居间介绍时，介绍者与被介绍者都要注意自己的表达、态度与反应。介绍者为被介绍者介绍之前，不仅要尽量征求一下介绍双方的意见，而且在开始介绍时还应再打一下招呼，切勿上去开口即讲，显得突如其来，让被介绍者措手不及。

介绍时要注意实事求是、掌握分寸，不能胡吹乱捧。介绍姓名时，一定要口齿清楚、发音准确。把易混的字咬准，如"王"和"黄"，"刘"和"牛"等；对同音字、近音字必要时要加以解释，如"邹"和"周"，"张"和"章"，"徐"和"许"等。

居间介绍如图 4-1 所示。

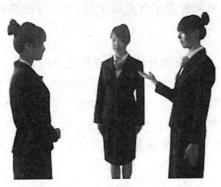

图 4-1　居间介绍

（5）接受介绍时的礼仪。介绍需要讲究必要的礼节，而接受介绍时应采取什么态度和行为来表现自己呢？被介绍者在介绍者询问自己是否有意认识某人时，一般不应加以拒绝或扭扭捏捏，而应欣然表示接受。实在不愿意时，则应说明缘由。

当介绍者走上前来，开始为被介绍者进行介绍时，被介绍的双方应起身站立，面带微笑，神态庄重、专注，被介绍人的目光一定要注视着对方的脸部，无论是男还是女。不要让其他事情分散你的注意力，不要东张西望，以免给对方留下心不在焉、不重视或不欢迎的印象。

当介绍者介绍完毕后，如果双方均为男性，握手绝对有必要，这象征着信任和尊敬。握手时问候对方并复述对方姓名。你可以说"能认识你很高兴，李先生""你好，张先生"等。此时的常用语还有"久仰大名""认识你非常荣幸""幸会，幸会"等。必要时还可做进一步的自我介绍。如果把男性介绍给女性认识时，女性觉得有必要握手时，可以先伸出手来，表示出热诚。

交谈后走时要互相道别，一声"再见"可以给对方留下很好的印象。

在接受介绍时，如果你没有听清对方的名字，可以请对方再说一遍，千万不要觉得不好意思。你可以说："对不起，我没听清楚你的名字，可否请你再讲一次。"别人不仅不会生气，甚至还会觉得很受用，因为这表示你很在乎他的名字。

（6）集体介绍的礼仪。集体介绍是介绍他人的一种特殊形式，是指介绍者在为他人介绍时，被介绍者其中一方或者双方不只是一个人，而是多人。进行集体介绍时，原则上应参照介绍他人的顺序进行。在正式场合或隆重场合，介绍顺序是个礼节性极强的问题，其要领如下。

① 当被介绍双方地位、身份大致相似时，应是一人礼让多数人、人数少的一方礼让人数多的一方，先介绍一人或人数少的一方，再介绍人数较多的一方或多数人。

② 当被介绍双方的地位、身份存在明显的差异时，地位、身份明显高者为一个人或人

数较少的一方时,应先向其介绍人数较多的一方,再介绍地位、身份较高的一方。

③ 被介绍双方均为多人时,应先介绍位卑的一方,后介绍位尊的一方;先介绍主方,后介绍客方。介绍各方人员时,则应由尊到卑,依次而行。

④ 当被介绍者不是双方,而是多方时,应根据合乎礼仪的顺序,确定各方的尊卑,由尊而卑,按顺序介绍各方。如果需要介绍各方成员时,也应按由尊到卑的顺序依次介绍。

🔥小贴士

集体介绍的两点注意事项

在进行集体介绍时,有两点注意事项:一是尽量不要使用被介绍方单位的简称。例如,将"上海吊车厂"简称为"上吊",将"怀来运输公司"简称为"怀运"等,这样听上去容易使人产生歧义,至少要在首次介绍时使用准确的全称,随后可以采用不产生歧义的简称。二是在介绍时要庄重、亲切,切勿随意拿被介绍者开玩笑。

三、握手

🔥小贴士

握手的由来

史前时期,人类的祖先以打猎为生,世界对他们来说是充满着危险的。因此,当陌生人相遇时,如果双方都怀着善意,便伸出一只手来,手心向前,向对方表示自己手中没有石头或武器,走近之后,两人互相摸摸右手,以示友好。这样沿袭下来,便成为今天人们表示友好的握手。

关于握手礼来源的另一种说法是:中世纪时,骑士们都穿着盔甲,全身披挂后,除两只眼睛外,其余都包裹在盔甲里,随时准备冲向敌人。如果表示友好,互相走近时就应脱去右手的甲胄,伸出右手,表示没有武器。互相握手是和平的象征。

当今,握手已成为世界上最为普遍的一种礼节,其应用的范围远远超过了鞠躬、拥抱、亲吻等。在日常交际中,我们必须注意握手的基本礼节。

1. 握手的要求

握手的标准方式是行礼时行至距握手对象约1米处,双腿立正,上身略向前倾,伸出右手,四指并拢,拇指张开与对方相握。握手时的手势如图4-2所示。握手时应用力适度,上下稍许晃动3～4次,随后松开手来,恢复原状,如图4-3所示。具体应注意如下几点。

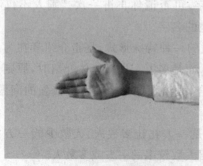

图 4-2　握手时的手势

图 4-3　握手

（1）讲究顺序。根据礼仪规范，握手时双方伸手的先后顺序，一般应当遵守"尊者先伸手"的原则，应由尊者首先伸出手来，位卑者只能在此后予以响应，而绝不可贸然抢先伸手，不然就是违反礼仪的举动。其基本规则见表4-3。

表4-3　握手的顺序规则

类　型	顺　序　规　则
男女握手	男女之间握手，男士要等女士先伸出手后才握手。如果女士不伸手或无握手之意，男士向对方点头致意或微微鞠躬致意。男女初次见面，女方可以不和男士握手，点头致意即可
	男女握手时，男士要脱帽和脱右手手套，如果是偶遇，匆匆忙忙来不及脱，要道歉。女士除非对长辈，一般可不必脱手套
主宾握手	主人有向客人先伸出手的义务。在宴会、宾馆或机场接待宾客，当客人抵达时，无论对方是男士还是女士，女主人都应该主动先伸出手，以表示对客人的欢迎
	客人告辞时，则应由客人首先伸出手来与主人相握，在此表示的是"再见"之意
长幼握手	长幼之间握手，年幼的一般要等年长的先伸手。和长辈及年长的人握手，无论男女，都要起立趋前握手，并要脱下手套，以示尊敬
上下级握手	下级要等上级先伸出手。但涉及主宾关系时，可不考虑上下级关系，主人应先伸手
一个人与多人握手	应讲究先后顺序，由尊而卑，即先年长者后年幼者，先长辈后晚辈，先老师后学生，先女士后男士，先已婚者后未婚者，先上级后下级，先职位、身份高者后职位、身份低者

值得注意的是：在公务场合，握手时伸手的先后顺序主要取决于职位、身份；而在社交、休闲场合，则主要取决于年龄、性别、婚否。

不懂握手规矩的小李

　　小李大学毕业后被恒达商业集团公司录用，并被安排在办公室工作。一次，单位接到一个通知，说某省考察团要来拜访，单位领导非常重视，让办公室认真负责。办公室主任把这次接待任务交给了小李，特意叮嘱他不能出现任何差错。经过向多方请教和努力，小李很快拟订了一个极其详尽而且合理的接待方案，递交上去后，得到了办公室主任的认可和赞赏。

　　巧合的是小李与这次来访的考察团团长非常熟识，故被列为主要迎宾人员并陪同有关部门领导前往机场迎接贵宾。当考察团团长率领其他工作人员到达后，小李面带微笑，热情地走上前去，先于部门领导与考察团团长握手致意，然后转身向自己的领导介绍这位考察团团长，接着又热情地向考察团团长介绍了随自己同来的部门领导。小李自以为此次接待相当顺利，但他的某些举动却令其领导十分不满。

　　（2）神态专注。与人握手时神态应专注、热情、友好、自然。在通常情况下，与人握手时，应面带微笑，目视对方双眼，并且口道问候。在握手时切勿显得自己三心二意，敷衍了事，漫不经心，傲慢冷淡。如果在此时迟迟不握他人早已伸出的手，或是一边握手，一边东张西望，目中无人，甚至忙于跟其他人打招呼，都是极不礼貌的。

（3）注意力度与时间。握手时用力应适度，不轻不重，恰到好处。如果手指轻轻一碰，刚刚触及就离开，或是懒懒地、慢慢地相握，缺少应有的力度，会给人勉强应付、不得已而为之的感受。一般来说，手握得紧是表示热情。男人之间手可以握得较紧，甚至另一只手也加上，包括握对方的手大幅度上下摆动，或者在手相握时，左手握住对方胳膊肘、

握手方式与性格

小臂甚至肩膀，以表示热烈。但是注意既不能握得太使劲，使人感到疼痛，也不能显得过于柔弱，不像个男子汉。对女性或陌生人，轻握是很不礼貌的，尤其是男性与女性握手应热情、大方、用力适度，通常是握紧后打过招呼即松开。但如亲密朋友意外相遇、敬慕已久而初次见面、至爱亲朋依依惜别、衷心感谢难以表达等场合，握手时间可长一点，甚至紧握不放，话语不休。在公共场合，如列队迎接外宾，握手的时间一般较短。握手的时间应根据与对方的亲密程度而定。

2. 握手的禁忌

在人际交往中，握手虽然司空见惯，看似寻常，但是由于它可被用来传递多种信息，因此在行握手礼时应努力做到合乎规范，注意以下禁忌。

（1）不要用左手与他人握手，尤其是在与阿拉伯人、印度人打交道时要牢记此点，因为在他们看来左手是不洁的。

郑某吃哑巴亏

郑某是一个推销员，常驻西安。一次，一家建筑公司老板来公司谈生意，握手时，郑某却只顾和他人说话，没有看着对方。建筑公司老板因郑某没有礼貌，转身就走，并撂下话说："八台搅拌机不从你们这儿买了。"郑某懊悔地说："那种搅拌机一台1万多元，不懂礼仪让我吃了个大亏。"

（2）不要在握手时争先恐后，而应当遵守秩序，依次而行。

（3）特别要记住，如与基督教信徒交往时，要避免两人握手时相握的手形成交叉状。

（4）不要戴着手套握手，在社交场合女士的晚礼服手套除外。

（5）不要在握手时戴着墨镜，只有患有眼疾或眼部有缺陷者才能例外。

（6）不要在握手时将另外一只手插在衣袋里。

（7）不要在握手时另外一只手依旧拿着香烟、报刊、公文包、行李等东西而不肯放下。

（8）不要在握手时面无表情，不置一词，好似根本无视对方的存在，而纯粹是为了应付。

（9）不要在握手时长篇大论，点头哈腰，滥用热情，显得过分客套，让对方不自在、不舒服。

（10）不要在握手时把对方的手拉过来、推过去，或者上下左右抖个没完。

（11）不要在与人握手之后，立即揩拭自己的手掌，好像与对方握一下手就会使自己受到感染似的。

任务评价

"见面场景模拟实训"考核评分标准见表4-4。

表4-4　"见面场景模拟实训"考核评分标准

序号	考核内容	考 核 要 点	分值	自评分	互评分	教师评分
1	称呼	常用称呼的规范使用,注意称呼禁忌,讲究使用称呼的技巧	30			
2	介绍	得体地进行自我介绍,善于巧解自己的姓名,居间介绍时机、顺序、方式等符合礼仪规范,接受介绍时符合要求,集体介绍时讲究礼仪	40			
3	握手	握手讲究次序,神态专注,注意力度和时间,注意握手禁忌	30			
	总　　分					
小组自评	存在不足:					
	改进措施:					
小组互评	存在不足:					
	改进措施:					
教师评价	存在不足:					
	改进措施:					
训练总结:						

课后练习

1. 判断题

(1)"张教授"属于称呼中的职务称呼。　　　　　　　　　　　　　　　　（　　）

(2)"王总经理"属于职称称呼。　　　　　　　　　　　　　　　　　　　（　　）

(3)"小姐"是对未婚女性的称呼。　　　　　　　　　　　　　　　　　　（　　）

(4)对本人的亲属应采用谦称。称辈分或年龄高于自己的亲属,可以在其称呼前加"家"字。　　　　　　　　　　　　　　　　　　　　　　　　　　　（　　）

(5)对他人的亲属,应采用敬称。对其平辈或晚辈,宜在称呼前加"贤"字。（　　）

(6)对政府职能部门的公务人员可称呼为"师傅"。　　　　　　　　　　（　　）

(7)医院的护士可以叫病人的床号以替代病人的姓名。　　　　　　　　（　　）

(8)可以称呼范局长为"范局"。　　　　　　　　　　　　　　　　　　（　　）

(9)初次见面更要注意称呼。　　　　　　　　　　　　　　　　　　　（　　）

(10)职位高者与职位低者相识,职位低者应该先做自我介绍。　　　　（　　）

（11）居间介绍时,应先将未婚女子介绍给已婚女子。（　　）

（12）为他人作介绍时,应该先把身份高的一方介绍给身份低的一方。（　　）

（13）当你介绍别人的时候,突然想不起来对方的名字,最好实事求是地告诉对方。

（　　）

（14）当别人介绍你的时候说错了你的名字,不要去纠正,免得对方难堪。（　　）

（15）被介绍双方均为多人时,应先介绍主方,后介绍客方。（　　）

（16）上下级握手,下级要先伸手,以示尊重。（　　）

（17）在社交场合女士可以戴晚礼服手套握手。（　　）

（18）在握手场合中,男士与女士见面时,男士先伸手。（　　）

（19）与人握手后,出于卫生考虑可以立即揩拭自己的手。（　　）

（20）当我们遇到任何人时,都应当主动握手。（　　）

2. 简答题

（1）常用的称呼有哪些?

（2）称呼有哪些禁忌?

（3）使用称呼的技巧有哪些?

（4）自我介绍有哪些礼仪要求?

（5）怎样进行居间介绍?

（6）握手的顺序是怎样的?

（7）握手应注意哪些禁忌?

3. 实践题

（1）设想几种不同的社交场景,如何根据交往对象不同进行称呼。

（2）假如你刚刚毕业,到一家外资企业工作,在公司为你专门举行的欢迎会上,请你向全体同事介绍自己。

（3）小王到某学校推销课本,他找到学校的负责人,应怎样做自我介绍?

（4）小李与本单位销售部王经理正在商谈业务,对面走来本单位的一位客户——刘小姐,王经理与刘小姐都有互相认识的愿望,小李应怎样做介绍?

（5）握手是重要的见面礼节。请思考,在下列情境下,见面的双方应该由谁首先伸出手来促成握手,并说明原因。最后请你总结一下握手礼仪的基本动作要领。

① 甲单位的张小姐与乙公司的董先生。

② 公司的总经理和营销主管。

③ 退休的老李和其接任者张小姐。

④ 宴会的主办者和嘉宾。

⑤ 有五年资历的公关经理和刚到任的公司总经理。

（6）在一次业务洽谈会上,小王遇到了一直想与之合作的某集团公司周总,他立即起身走到周总面前,伸出双手去握周总的手。请问:小王的表现有什么不妥? 与同学一起模拟演示一下正确的做法。

(7) 分析以下事例,请指出各存在什么问题。

① 这位是×××公司的人力资源部张经理,他可是实权派,路子宽,朋友多,需要帮忙可以找他。

② 约翰·梅森·布朗是一位作家兼演说家。一次他应邀去参加一个会议并进行演讲。演讲开始前,会议主持人将布朗先生介绍给听众,下面是主持人的介绍语:先生们,请注意了。今天晚上我给你们带来了不好的消息。我们本想要求伊塞卡·马克森来给我们演讲,但他来不了,病了。(下面嘘声)后来我们要求参议员布莱德里奇前来,可他太忙了。(嘘声)然后,我们试图请堪萨斯城的罗伊·格罗根博士,也没有成功。(嘘声)所以,最后我们请到了——约翰·梅森·布朗。(掌声)

③ 我给各位介绍一下:这小子是我的铁哥们儿,开小车的,我们管他叫"黑蛋"。

(8) 分析以下交际情景,然后回答问题。

情景一:A男士、A女士两位白领在门口迎候来宾。
一辆小轿车驶到,B男士下车。A女士走上前说:"王总您好!"呈上自己的名片后又说:"王总,我叫李月,是××集团公关部经理,专程前来迎接您。"B男士道谢。A男士上前说:"王总好! 您认识我吧?"B男士点头。A男士又说:"那我是谁?"B男士尴尬不堪。

情景二:B女士陪外公司一女士(C女士)进入本公司会客厅,本公司C男士正在恭候。
B女士首先把C男士介绍给客人:"这是我们公司的陈总。"其次向自己人介绍客人:"这是××公司的刘总。"

问题:
① 请判断以上情景中人物做法的正误。

A男士( )　　　A女士( )　　　B男士( )　　　B女士( )

② 做法不对的人错在哪里? 应怎样做?

4. 案例分析题

扫描二维码,阅读案例原文,然后回答案例后的问题。

案例分析题原文

任务4.2　拜 访 礼 仪

乘兴而行,兴尽而返。

——《世说新语·任诞》

案例导入

小王的失礼之处

小王和小李是大学同学。大学毕业后，各奔东西。如今，小王在 A 公司当业务员，小李在 B 公司当经理。A 公司正好准备与 B 公司做一笔买卖（第一次），而小王得知此事后，便自告奋勇，一来想去探望一下十多年没见的朋友，二来也想提升一下自己在公司的地位。这天下午，小王便去了 B 公司的经理室，结果在门口被秘书拦下。经过一番解释，秘书告诉他李经理不在，并将公司的电话号码给他。

隔了几天，小王打电话给 B 公司，预约成功，定于星期三下午 3：30 见面。结果由于堵车，小王晚去了一个小时。到了以后，经打听，经理还在，就推门进去。老朋友相见，十分欢喜。小王马上冒出一句："小李，这几年过得不错啊！"李经理感到有些尴尬。接着两人寒暄了几句。小王便在沙发上一坐，跷起了二郎腿，掏出一支烟递给小李，李经理不抽，自己便大口大口地抽起来，整个经理室顿时烟雾笼罩。李经理实在觉得不适，就打开窗户，说："我这几天咽喉发炎，闻不得烟味儿。请原谅。"小王不情愿地掐灭了香烟。

任务分析

拜访又称访问或探访，是人们日常生活中最为常见的一种交际形式，是社会活动中一件经常性的工作，同时也是联络感情、增进友谊的一种有效方法。

拜访一般有事务性拜访、礼节性拜访和私人拜访三种。事务性拜访又包括商务洽谈性拜访和专题交流性拜访。按拜访的方式不同，可分为应邀拜访和主动拜访。按拜访的地点不同，可分为到客人家拜访、到客人居住宾馆拜访、到客人工作单位拜访。中国人素以好客而闻名，古人说："出门如见大宾"，意思是拜访他人时应选择恰当的时间，衣冠整洁、言谈举止符合礼仪要求。故而无论是何种拜访，要成为一个受欢迎的拜访者，都必须遵循一定的礼仪规范和要求。必须要明白的一点是，并非所有的客人都会受到欢迎，如扰乱主人美梦的不速之客、打扰他人工作安排的不识相之客、乱翻乱闯的不自重之客。

要想做一个受欢迎的拜访者，一定要做好拜访的各项准备工作，注意自己的言行举止，做到客随主便。特别是在办公场合，哪怕跟对方比较熟悉，也应约束一下自己的行为，尽量不给主人添麻烦。"案例导入"中小王的不符合礼仪规范的种种行为，有失一名营销人员的素质。

因此，要使拜访做得更得体、更有效，更好地实现拜访的目的，现代人一定要重视和学习拜访的礼仪。

拜访礼仪

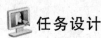

任务设计

拜访场景模拟实训

实训目标：熟练、规范地运用拜访的各种礼节进行交际。

实训准备：办公室拜访场景、名片若干张。

实训方法：将全班学生分成若干组，每组3～5人，每组设计一个办公室拜访场景，将拜访的相关礼仪连贯地演示下来。表演之前，每组应就设计的场景和成员的角色进行说明。

实训要求：全程录像，通过大屏幕回放，学生自我评价、小组评价，教师点评总结。评选出"最佳表现小组"和"最佳表现个人"若干。

一、拜访前的准备

拜访者在拜访，尤其是到对方单位的商务拜访之前，一定要做好充分的准备。拜访前的准备主要包括以下方面。

1. 了解拜访对象

在拜访之前，拜访者应当了解一下拜访对象，特别是初次拜访的对象。所需了解的内容主要包括以下方面。

（1）受访单位的基础信息。受访单位的基础信息包括单位名称、所属行业、发展规模、业务情况等。

（2）受访单位的特殊信息。受访单位的特殊信息包括该单位引以为荣的事件、曾经获得的荣誉、发展业务时的深层次考虑等。

（3）主要受访人员的基本信息和特点。这包括受访人员的性别、年龄、性格、兴趣、生日、健康状况、个人嗜好、个人荣誉、家庭状况，以及别人对他的评价等。

只有充分了解了拜访对象的相关信息，才能在正式拜访时准确地找到与对方沟通的突破口，从而促进拜访目的的实现。

2. 事先礼貌预约

拜访前应事先和被访对象约定，以免扑空或扰乱被访人的计划。切忌"突然袭击"的造访，打扰受访者的工作计划。拜访时要准时赴约。拜访时间长短应根据拜访目的和被访人意愿而定。一般而言时间宜短不宜长。万一因故不得不迟到或取消访问，应立即通知对方。

预约是指在拜访前应通过电话等方式把拜访的相关事宜告诉对方，预约包括以下三个方面。

（1）预约时间。要约定在双方合适和方便的时候，并协商决定具体的拜访时间和大概持续的时间。如果由自己提议见面时间，也必须考虑对方的时间安排，并同时提供几个时间段供对方选择。一般情况下，对方认为不合适的时间、繁忙的工作时间、节假日、凌晨与深夜、常规的用餐时间和午休时间都不宜作为拜会时间。繁忙的工作时间一般是指每个月的月初和月末以及每周的周一上午和周五下午等。拜访前一天应致电对方，确认是否有变更，如果需要更改时间，则应尽快联络对方，表达歉意并另约时间。

😊 小幽默

邀　请

星期一的早上，格娜茨什克太太将她的3岁的小儿子送到幼儿园，然后就外出买东西去了。在市场，她遇到了邻居派费萨克太太。

"您今天晚上有时间吗？"格娜茨什克太太问。

"有。"派费萨克太太答道。

"明天下午呢?"

"也有。"

"那么后天呢?"

"可惜没有时间,后天我们有客来访。"

"多么遗憾!"格娜茨什克太太说,"我真心想邀请您,后天来我家喝茶呢!"

（2）预约地点。拜访的地点既可以是拜会对象的工作地点,也可以是其私人住所或者是环境幽雅的咖啡厅、茶座等。对商务人员来讲,一般应将拜会的地点约定在工作场合,除非对象特意邀请去其住所见面。

（3）约定人数。在预约的时候,宾主双方都要事先向对方通报届时到场的具体人数及其各自的身份。宾主双方都要尽量避免拜访中安排对方不喜欢甚至极为反感的人。一般情况下,双方参与拜访的人员及其人数一经约定,便不宜随意变更。做客的一方要特别注意,切勿在没有告知主人的情况下随意增加拜访人员,以避免给主人已有的安排计划造成不必要的干扰,影响拜访的效果。

🦉 小贴士

预约的三种方式

预约对于拜访的发生与否起着决定性作用,也在一定程度上影响拜访的质量。在实施预约时可以考虑以下三种方式。

① 提升档次式。一般情况下,客户会认为来拜访自己的商务人员职务越高、资历越老,说明其所代表的企业对自己越重视,档次也越高,拜访成功的可能性也越大。因此,职务较低、资历较浅的商务人员在预约时不妨多用此法,即告知客户,你是受公司某高层之托,代表该高层去拜访对方。这样不仅可以让客户觉得自己受到重视,更能使其对于你在公司里的地位和话语权有较好的联想,有利于提升拜访的成功率。

② 客户决定式。虽然说预约是由拜访者主动发起的,但是这并不代表拜访者在预约和拜访中就占有主动权。事实上,有经验的拜访者经常是在自己尽力促成拜访的同时,适当地将拜访的时间、地点等因素的决定权交给客户。多用些"您什么时候比较方便""您近几天何时有空"等语句会让客户觉得主动权在自己手中,感觉自己是受到尊重的。

③ 迂回预约式。如果有些客户以近期很忙,没有时间为由来拒绝拜访,那么不妨干脆采用迂回预约式。也就是首先确定一个较远的时间,这样可以减少客户的抗拒心理,然后在距离该时间较近的某一天致电确认。当然确认的结果极有可能是遭到拒绝,但是在此基础上再提出预约,约个较近的时间成功率会高出许多。[①]

（4）准时赴约。拜访时准时赴约,按时到达,会给对方一个守信、守时的印象,可以使双方的交流合作有一个良好的开端。拜访一般提前10分钟到达目的地为宜,稍事准备,准时出现。否则会让对方措手不及,出现令双方尴尬的局面。

守时的康德

---

① 黄亚兰. 礼仪在商务拜访中的重要作用和技巧探析[J]. 中国商贸,2012(1)：240-241.

3. 做好赴约准备

拜访,正式赴约出发前还要做好以下五个方面的准备工作。

(1)心理准备。当预约得到肯定的答复后,要认真做好赴约的心理准备。制定拜访目标,明确谈话主题、思路,考虑好话语。

(2)形象准备。形象准备原则上是力求与客户层次接近并略显高一些,或表现出权威的形象。正式的商务拜访,拜访者要服饰整洁大方、符合规范,并与自己的职业相称,同时,还应注意仪表的修饰。朋友之间的私人拜访,则不必太讲究,只要整洁大方即可。

(3)物品准备。主要包括以下两个方面。

① 准备拜访材料。拜访是有一定目的的交际活动,为了促进拜访目的(如签单、收款等)的达成,拜访者在拜访前一定要根据拜访的内容准备好相关的材料,如建议书、洽谈书、协议备忘录、产品介绍、公司宣传册、宣传单、样品、报价单、合同书、发票等,从而保证见面后能清晰、有效地表述自己的意愿,既不浪费对方的时间,又能达到拜访的目的。准备充足的书面资料,足以说明你的诚意,也足以使你在拜访中有条有理、主旨分明,给对方留下良好的印象。

② 检查携带物品是否齐备。在拜访前,拜访者一定要把自己的名片准备好,并放在容易取出的地方,要适时呈上自己的名片。如有必要还要准备一些礼品,这对于促进情感的交流及增进相互了解有一定的作用。此外笔、记录本等物品也要带好。

(4)出发准备。作为拜访者,一定要对拜访的地点有所了解,特别是对自己首次去的地方,要提前了解一下交通路线,以免耽误时间。最好与拜访对象通话确认一下,以防临时发生变化。选好交通路线,算好时间出发,确保提前 10 分钟到达。

(5)意外情况的处理。爽约很难让人产生信赖感,因此,有约一定要守时。如果确实由于特殊原因而不能按时赴约,一定要想办法通知对方,诚恳地说明爽约的原因,并表示歉意。如果实在来不及或没有办法通知对方,一定要在事后及时向对方说明原因,并表示歉意。在致歉的同时,还可提出重新安排拜访的时间、地点,并在拜访时对上次的爽约做些解释,以取得对方的谅解。

有 备 无 患

王莉在某公司市场部工作,她准备去拜访顺达公司的市场部经理胡军先生。王莉预约的拜访时间是本周三下午3点。事前王莉准备好了有关的资料、名片,并对顺达公司及胡军先生进行了了解。拜访前王莉对自己的仪容仪表进行了精心、得体的修饰。到了周三,王莉提前5分钟到达顺达公司。在与胡军先生的交谈过程中,王莉简明扼要地表达了拜访的来意,交谈中始终紧扣主题,给胡军先生留下了很好的印象,最终促成了合作。

二、不同场合的拜访

1. 到办公室拜访的礼仪

到对方办公室进行拜访的基本礼仪包括以下几个方面。

(1)准时拜访。按约定时间准时拜访,如果因交通堵塞等原因确实不能准时到达,务必及时通知对方,并在到达时郑重向对方致歉。

 小幽默

换只手表

乔治·华盛顿是美国的第一位总统。他有一个年轻的秘书,一天早晨,这位秘书来迟了,他发现华盛顿正在等候着,感到很内疚,便说他的表出了毛病。华盛顿平静地回答:"恐怕你得换一只表,否则我得换一个秘书了。"

(2) 礼貌登门。办公室的门无论是关着还是开着,进门前都要敲门,一般轻轻敲三下,经允许后方可进入。如果办公室的门是关着的,进来后应轻轻把门关上。

(3) 问候及自我介绍。如果是初次拜访,进门后应问候"您好""各位好",或点头致意,然后做自我介绍或向主人递名片。主人办公室还有其他客人时,主人如果没有向你介绍其他客人,不要随便打听其他客人的情况,也不要主动与其他客人攀谈。

(4) 谢座。向对方说明身份及来意后,对方让座,来访者应道声"谢谢",然后大方、稳重地坐下。主人如果还没有说请坐,客人最好站着,不要急于就座、抢先入座,也不要自己寻找座位。要坐在主人指定的座位上,坐姿要端正。如果主人是位年长者或者身份高者,应待主人坐下方可坐下。主人委派的人送上茶水时,应从座位上站起,身体上部向前微倾,双手相接,并致谢。

小贴士

坐沙发的技巧

坐沙发时,应使臀部挨着靠近沙发前端的地方,并浅浅地坐着。如果是女士则应挺直脊背,双膝并拢偏向一侧,显得较为优雅。不能因为感觉坐在坐垫上舒服,而将身体倚在靠背上,并深陷地坐进去。如果带有皮包,既不能将它放在沙发上自己的身边,也不能放在桌子上,应将它放在沙发靠近自己脚边的位置。

(5) 交谈技巧。入座简单寒暄后,要主动开始谈话,珍惜会见时间。在交谈过程中,谈吐要清晰,用词要准确,既要表达自己的观点,又要认真倾听对方谈话的内容,观察对方情绪的变化,并注意应对,不要急于出示随身携带的资料,只有在对方感兴趣时方可出示。遇到对方交谈资历比较浅、学识比较低的情况时,要格外留心自我优越感的外露。为了避免对方自愧不如,在交谈中切忌出现说教口气。还要注意的是,如果来访者较多,应掌握好谈话时间,不可让其他客人久等。

(6) 适时告辞。到办公室拜访一般都是在工作时间,所以拜访时间不宜过长,一般在15分钟至半小时即可。拜访结束应适时起身告辞,特别是如果遇到以下几种情况,应及时告辞。

① 与对方话不投机,或是与你谈话时主人反应冷淡。

② 主人有反复看钟表的动作。

③ 主人心不在焉或时有长吁短叹,有急事心情烦躁。

④ 主人将双手抬起,双手支于椅子的扶手。

⑤ 被拜访者把谈话做了小结,并说出以后再继续交流的话。

⑥ 快到就餐或休息时间。

（7）礼貌辞行。不管是否达到拜访目的，都应礼貌辞行，告辞之前不要显得急不可耐，应先讲一段带有告别之意的话，或是在双方对话告一段落，新的话题没有开始之前提出告辞。即使主人有意挽留，也要态度坚决，行动果断，切不可犹豫不决，迟迟不走。辞行时，应向主人和在场人士一一挥手道别或点头致意，应对主人的款待表示谢意。出门后应主动请主人留步，礼谢远送。出门一段距离后，应回首再向送行的主人致意，然后离去。

如果是重要约会，拜访之后给对方发一条短信致谢，会加深对方的好感。

😄 小幽默

话　　别

小林是个不太会说话的人。这天去火车站送别妻子，妻子怕小林难受，就说："亲爱的，你不要到站台送我了，我怕你伤心，而且要花一块钱买站台票。"小林脱口而出："没关系，花一块就能把你送走，挺值的！"

2. 到宾馆拜访的礼仪

如果外地客人到达本地，住在宾馆里，前去进行礼节性的拜访时，应注重以下几方面礼仪。

（1）按事前预约时间拜访。拜访时间多由对方确定，预约前要问清宾馆的位置、楼层、房间号及联系电话。

（2）讲究仪容仪表。到星级宾馆拜访客人，如果穿着不得体，被阻挡，会招来人们异样的眼光，这也是对客人的不尊重。

（3）进入宾馆要行为有礼。进入宾馆要步态稳健，精神饱满，行为举止要礼貌；遇到提供帮助的服务人员，应以微笑点头致意，表示感谢。

（4）注意谈话场所。首选宾馆公共区域，如大堂吧、咖啡厅、商务中心会谈室等，避免进入客人房间。当双方关系较近，并由客人提议时，才能把约见地点选在客房。

（5）进入客人房间应事先通报。进入宾馆后应向总台服务员说明来意，给房间客人打个电话，经客人允许后，才能去房间。进客房前，要看清房间号再敲门，待客人开门后进行自我介绍，客人说"请进"，方可进入房间。

😄 小幽默

拜 访 耶 稣

一个教师在课堂上打了一会儿瞌睡，当他醒来时，他哄骗学生说："我做了个梦，梦里我去见耶稣了。"

第二天，他的一个学生也在课堂上打起了瞌睡。这个教师就拿着教鞭敲着桌子叫醒他，说："你怎么能在上课时睡觉？"

学生回答说："我也去拜访耶稣了。"

老师问道："那么耶稣对你说什么了呢？"

学生回答："他告诉我说他昨天根本没看见我尊敬的老师。"

3. 到私人住所拜访的礼仪

私人拜访主要是在私人领域，会面目的是以加深友谊与联系以及以洽谈工作以外的事为主。住宅是私人领地，应该特别注意交际礼仪。这样才能收到很好的效果。

（1）遵守时间。首先应和主人约定个合适的时间，到住宅的拜访时间不宜太早或太晚，最好是下午或晚饭后，要尽量避开吃饭和作息时间，准时到达，以免主人久等。如发生了特殊情况而不能前往或者需要改变日期和时间，应提前通知对方，并表示歉意。拜访时，穿戴要整洁大方。对仪容适当做些修饰，显示尊重主人。

（2）先声入门。到达对方住所后，如无人迎候，可以按响门铃或轻轻敲门，门铃不要反复或长时间按，敲门的声音也不要太大，轻轻用手指敲门两三下即可，切不可用掌拍门或以拳击门。如果主人来应门并询问"谁呀"，除了经常见面的熟人、主人能辨别出你的声音外，必须通报自己的姓名和单位，而不应简单地回答"是我"，因为这样极易给人一种以自我为中心来看待事物和考虑问题的印象，如此易导致很多误解，增加交流障碍，进而人为地妨碍事情进展。在按响门铃或敲门后，应该退后两步，等待主人开门。

（3）礼品选择。初次到别人家做客，最好适当带点礼品，如主人家有老人或小孩，所带礼品应尽量符合他们所需。熟客一般不必带礼物，但遇有重要节日或特殊约会，则不妨带些受大家欢迎的礼品。

（4）入门有礼。进门时，要在门口先换上主人备用的拖鞋，然后向主人行见面礼，如握手和问安。对主人家的其他成员，应按长幼有序的原则亲切称呼、问好。如果携带礼品而来，要将礼物恭敬地交给主人收下。落座之前，要将外衣和帽子脱下，连同携带的手提包等物，放在主人指定的地方。

在主人来让座之前，不要急着坐下。如果拜访的主人是长辈，或者第一次来拜访，更要彬彬有礼。如果双方关系密切，则可稍微随便些。

当主人上茶时，应欠身双手相接，并致谢。一般不要在主人家吸烟。如果主人招待的是饮料、水果、点心，已启开瓶口的饮料可以全喝完，但水果点心只能稍稍品尝。

在主人家要尊重主人的私密性，克制自己的好奇心，如主人没有邀请参观其房间或设施，不应主动提出参观，更不能未经允许到处走动或随意翻动主人的物品和书籍。

可以对主人家的布置和陈设进行夸赞，以引起主人的好感和兴奋，使拜访的气氛温馨而愉快，切忌挑剔主人家的不足，说这里不和谐、那里俗气等，这样做会伤害主人的自尊心，甚至大家会不欢而散，自己则变成一个不受欢迎的人，拜访目的也无法达到。

在与主人交谈时，应注意礼貌，姿势要端正自然，语气要温和可亲，要注意倾听主人的谈话，要把握交谈的技巧。

拜访时间不宜过长，特别是晚上，第一次拜访应以30分钟左右为好，以免影响主人和家人休息。

当有新客人来时，也应遵守"前客让后客"的原则尽快告辞，把时间让给新来的客人。

当宾主谈完该谈的事情，就应惜时如金，适时告辞，不做难辞之客。要学会察言观色，把握告别的时机。决定告辞时，应恭敬地对主人说："时候不早了，我要告辞了。"告别时，注意向主人及家庭主要成员道别，并诚意邀请他们到自己家做客。

到医院探视患者的礼仪

患者在患病或遇到不幸时,一般都比较敏感与脆弱,因此,探视患者时,应当给予安慰与鼓励,避免谈及可能使对方忧虑或忌讳的话题,尽量聊一些轻松愉快的内容,多讲一些宽慰与鼓励的话。表情要亲切、自然,举止稳重;勿对患者的病情评论过多,或大惊小怪,以免加大患者的心理压力。要多鼓励对方,给予对方心理、精神上的支持。

三、拜访"九忌"

请扫描二维码学习本部分内容。

拜访"九忌"

任务评价

"拜访场景模拟实训"考核评分标准见表4-5。

表4-5 "拜访场景模拟实训"考核评分标准

序号	考核内容	考核要点	分值	自评分	互评分	教师评分
1	拜访的准备	了解拜访对象,事先礼貌预约,做好赴约的心理准备、形象准备、物品准备、出发准备以及意外情况的处理等	30			
2	办公室拜访的礼仪	准时拜访,礼貌登门,进行问候及自我介绍,谢座,讲究交谈技巧,适时告辞,礼貌辞行	50			
3	拜访禁忌	拜访过程中注意禁忌,不犯忌,做到拜访"六宜"	20			
		总　　分				
小组自评		存在不足:				
		改进措施:				
小组互评		存在不足:				
		改进措施:				
教师评价		存在不足:				
		改进措施:				
训练总结:						

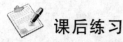 **课后练习**

1. 判断题

（1）约定好了拜访客户的时间，不能迟到，而且到的时间越早越好。　　　（　　）

（2）拜访一般提前 20 分钟到达目的地为宜。　　　（　　）

（3）一般情况下，双方参与拜访的人员及其人数约定后可以随意变更。　　　（　　）

（4）主人办公室还有其他客人时，拜访可主动与其他客人攀谈。　　　（　　）

（5）到办公室拜访时间不宜过长，一般在 15 分钟至半小时即可。　　　（　　）

（6）看到主人将双手抬起，双手支于椅子的扶手时，拜访者应该告辞。　　　（　　）

（7）出门一段距离后，拜访者应回首再向送行的主人致意，不可匆匆离去。　　　（　　）

（8）到宾馆拜访，首选的拜访场所为宾馆公共区域，如大堂吧、咖啡厅、商务中心会谈室等。　　　（　　）

（9）想拜访朋友时，大可利用假日。　　　（　　）

（10）到住宅探访，如果门户是敞开的，可直接进去。　　　（　　）

（11）到医院探视患者时，可将话题一直围绕着病人的病情。　　　（　　）

2. 简答题

（1）拜访之前应该做好哪些准备？

（2）到办公室拜访应注意哪些礼仪？

（3）到宾馆拜访的礼仪有哪些？

（4）到私人住所拜访应注意哪些礼仪？

（5）拜访有哪些禁忌？

（6）拜访过程中，何时提出告辞是适宜的？

3. 实践题

（1）假如公司派你明天去拜访一位非常重要的客户，商谈关于公司新产品的推介项目，在拜访前你要做哪些准备？如何预约？要准备哪些资料？如何进行形象准备？

（2）你是刚毕业的大学生，应聘到一家软件公司工作，主要负责一款智慧健康养老软件的销售。你准备到某大型养老机构去推销这种软件，现在要进行电话预约。请列出整个预约的全部内容，并详细说明预约内容的具体细节。

（3）假如你已经与一位重要的客户预约好到他家中拜访，到客户家后，敲门、问候、就座、交谈、告辞需要遵从哪些礼仪规范？

（4）老师给你介绍了校友小王，他是前两届的学生，在某养老机构到任护理部主任，做得很好，老师建议你们抽时间去拜访他。请你结合拜访的礼仪规范说出应怎么做。

（5）进行拜访礼仪实践。学生 2～4 人为一组，利用业余时间，到亲朋好友家进行拜访。拜访的目的可以是社会调查、礼节性拜访或是请教问题等。拜访结束后，每个人写出详细的拜访过程，在教师的指导下，在全班进行拜访总结。

4. 案例分析题

扫描二维码，阅读案例原文，然后回答案例后的问题。

案例分析题原文

任务 4.3 接 待 礼 仪

有朋自远方来,不亦乐乎?

——《论语·学而》

案例导入

不善接待的小张

一天上午,惠利公司前台接待人员小张匆匆走进办公室,像往常一样进行上班前的准备工作。她先打开窗户,接着,打开饮水机开关,然后,翻看昨天的工作日志。这时,一位事先有约的客人要求会见销售部李经理,小张一看时间,他提前了 30 分钟到达。小张立刻通知了销售部李经理,李经理说正在接待一位重要的客人,请对方稍等。小张就如实转告客人说:"李经理正在接待一位重要的客人,请您等一会儿。"话音未落,电话铃响了,小张用手指了指一旁的沙发,没顾上对客人说什么,就赶快接电话去了。客人尴尬地坐下……

待小张接完电话后,发现客人已经离开了公司。

任务分析

接待是指交际活动中迎来送往的一系列招待活动,是给客人以良好第一印象的最重要工作,是表达主人情谊及体现礼貌素养的重要方面。因此不管是在职场中还是在家里,有客人来访都需要做好接待,尽地主之谊,为客人提供方便,热情相待,让客人高兴而来,满意而归,从而增进双方感情,促进事业发展。为了让自己在接待时言行举止恰当得体,学习相关礼仪十分必要。

按不同的标准分类,接待具有多种类型。按来宾的任务来分类,有上级检查、工作联系、业务往来、经验交流、召开会议、讲课、参观、访问等的接待;按来宾的地域来分类,有本地接待、外省市接待、境外及国外来客(外宾)接待;按来宾的人数来分类,有个别接待和团体接待;按来宾是否有预约来分类,有随机性接待和预约性接待或计划性接待;按工作岗位和工作内容来分类,有前台接待、办公室接待、会议接待与在家待客等。

要做好接待工作,要求接待人员有良好的组织能力、协调能力、沟通能力和应变能力,从接待的准备工作,到接待过程中的迎送的礼仪规范,

拜访礼仪

都需要认真对待并熟练掌握。严谨、热情、周到、细致的接待工作，会给客人留下深刻的印象，大大加强客人对公司的了解，从而增强与公司合作的信心，促进双方业务的开展，全面提升公司形象。在"案例导入"中接待人员小张说话随意，忽视客人，甚至对其置之不理，使客户不辞而别，失望而去。其中的教训是需要汲取的。

 任务设计

接待模拟训练

实训目标：掌握接待的礼仪规范。

实训地点：实训楼前、电梯间、会议室。

实训准备：办公家具、茶具、茶叶、热水瓶或饮水机、企业宣传资料等。

实训方法：一部分学生扮演来访客人，另一部分学生扮演某企业的办公室人员接待客人，模拟演示以下情景。

（1）在门口迎接客人。

（2）引导客人前往接待室。

（3）与客人搭乘电梯。

（4）引见介绍。

（5）待客之道。

（6）与客人交谈。

（7）送客之道。

演示完毕，可两组人员角色对调，再演示一遍，充分体会接待及拜访的不同礼仪要求。

实训要求：全程录像，通过大屏幕回放，学生自我评价、小组评价，教师点评总结。评选出"最佳表现小组"和"最佳表现个人"若干。

一、接待的准备

让客人乘兴而来、高兴而归，对东道主产生良好印象，从而为下一步深入接触打下基础是接待工作所追求的效果。为达到这一效果，除了在接待过程中要遵守平等、热情、友善、礼貌的基本接待工作礼仪规范外，还要着重做好以下前期准备工作。

1. 掌握客人信息

接待人员一定要充分掌握客人的基本信息。这些情况有：来访客人的人数（包括几男几女）、身份、所搭乘的交通工具，甚至还包括饮食习惯、民族和宗教信仰等。详细掌握了客人的信息，就方便安排接待、住宿、安排商务用餐以及可以一定程度上规避忌讳、冲突的发生等。了解来访者的具体身份也便于确定接待规格。如果来访者中间有身份很高的客人，要考虑请公司相关领导出面参与接待。如果来宾尤其是主宾曾经来访过，则在接待规格上要注意前后一致，无特殊原因不宜随意升格或降格。客人如果报出自己一方的计划，如来访的目的、来访的行程、来访的要求等，应在力所能及的前提下满足其特殊要求，尽可能对对方给予照顾。

2. 确定接待规格

接待的规格要根据来访客人的身份、来访目的及其与我方的关系而定，不必过高，但也不能过低。接待规格必须事先确定,安排好接待人员,否则客人到来后会造成无人照顾的尴尬场面。接待规格主要是从场面的安排及主陪人职位的角度区分其高低,接待规格主要有以下三种。

(1) 高规格接待。高规格接待是指接待场面热烈宏大,主要陪同人员比主要来宾的职位高的接待形式。高规格接待表明对被接待一方的重视和友好。以下四种情况通常会出现高规格接待。

① 上级领导派一般工作人员向下级领导口授意见或要求。

② 兄弟单位或协作单位的领导派员到本单位商量重要事宜。

③ 下级单位有重要事宜来访。

④ 重要专家或对本单位业务发展有重要作用的专业技术人员来访或来求职等。

高规格接待虽然能表现出重视、友好,但它耗费资财,同时还会占用主陪人的很多时间,经常采用高规格接待会影响主陪人的正常工作。

(2) 对等接待。对等接待是指接待场面适当,主要陪同人员与主要来宾的职位相当的接待形式。对等接待是最常用的接待方式,主要有以下两种情况。

① 对重要的来宾,本单位派对等职位及同等人数的接待人员自始至终接待或陪同。

② 在来宾初到和临别时派对等职位及同等人数的人员接待,中间则请其他适当的人员陪同。

(3) 低规格接待。低规格接待是指主陪同人员比主要来宾的职位低的接待形式。低规格接待主要有两种情况。

① 上级主要领导或主管部门领导来本地视察、了解情况或调查研究,本部门最高领导的职位也不会高于上级领导,只能低规格接待。

② 来宾到本地参观学习或旅游,本单位不必派对等职位的领导出面,可以低规格接待。

3. 制订接待计划

为了避免疏漏,一定要制订详尽的接待计划,以便按部就班地做好接待工作。根据常规,接待计划至少应包括迎送方式、迎送规格、交通工具、膳宿安排、工作日程、文娱活动、游览、会谈、会见、礼品准备、经费预算以及接待、陪同人员等基本内容。

接待经费预算要根据来访人数、接待规格等情况确定。接待经费主要包括交通费、餐饮费、住宿费、礼品费、场地租赁费、娱乐活动费、员工加班费等。预算经费应当在保证热情款待客人的前提下,尽可能地节省开支。

拟定接待工作日程要注意详细、具体,日程安排的主要内容包括以下几个方面:①迎接客人的时间、地点和人员;②会客的时间、地点和人员;③宴请的时间、地点和人员;④娱乐活动的时间、地点和陪同人员;⑤客人住宿的地点、房间标准等。接待日程的安排应当尽量满足客人的要求。

4. 做好住宿安排

如果接待方要替客人安排住宿,就要问清楚客人需要多少房间、住宿的标准要求以及对住宿有无特殊要求。接待方承担住宿费用时,要充分考虑交通、环境、饮食、气温、朝向、宗教信仰、生活习惯等因素，为客人选择一个适宜的住宿地点。如果是外国客人，应尽量安排在国际连锁酒店，这样无论是语言还是饮食，都符合他们的习惯。安排住宿时，如果是多位客人，订的又是双人标准间，则应该由客方自己自由组合。

 **小故事**

周公吐哺，天下归心

周公姓姬名旦，是周文王第四子，武王的弟弟，我国古代著名的政治家，曾两次辅佐周武王东伐纣王，并制作礼乐，天下大治。因其采邑在周，爵为上公，故称周公。

关于"周公吐哺"的典故，据说周公自言："吾文王之子，武王之弟，成王之叔父也；又相天下，吾于天下亦不轻矣。然一沐三握发，一饭三吐哺，犹恐失天下之士。"周公唯恐失去天下贤人，洗一次头时，曾多回握着尚未梳理的头发；吃一顿饭时，亦数次吐出口中食物，迫不及待地去接待贤士。周公堪称礼贤下士的待客典范，亦为后世为政者的典范。孔子的儒家学派把周公作为人格的最高典范，孔子终生倡导的是周公的礼乐制度。

5. 接待环境布置

接待环境包括前台、接待室、办公室、走廊、楼梯等地方，其中接待室是重中之重。接待环境应安静、整洁、美观、大方、明亮、舒适、无异味。接待的现场必须认真注意以下几点。

（1）光线色彩。招待来宾，一般宜在室内进行。室内的光照应以自然光源为主，房间最好是面南。如担心阳光直射，则可设置百叶窗或窗帘予以调节。接待现场通常应当布置得既庄重又大方。色彩应有意识地控制在一两种之内，最好不要超过三种。乳白、淡蓝、浅绿诸色，为适宜之选。

（2）温度湿度。有条件的话，要对用以招待客人的房间之内的室温加以调控。室温以24℃左右为最佳。与此同时，还需要注意：室外气温较高时，室内外温差不宜超过10℃。一般认为，相对湿度为50%左右时最舒适宜人。

（3）安静卫生。为了使主客的正式会谈不受打扰，待客地点的安静与否至关重要。除了其具体地点的选择有一定之规外，在进行室内布置时，亦须注意下列几点：地上可铺放地毯，以减除走动之声；窗户上可安放双层玻璃，以便隔音；茶几上可摆放垫子，以防安置茶杯时出声；门轴上可添加润滑油，以免关门或开门时噪声不绝于耳。在待客的房间之内，一定要保持空气清新、地面爽洁、墙壁无尘、窗明几净、用具干净。

（4）摆设。在布置专门用以待客的房间时，其室内的摆设一般来讲以简洁大方为主，在待客的房间之内放置必要的桌椅和音响设备即可。必要时，还可放置一些盆花或插花；摆放诸如奖状、奖旗、奖杯等奖品。

此外，应在室内、室外醒目的位置上挂上欢迎类标语或用电子显示屏滚动显示欢迎字幕。同时要准备好接待场所所需的相关物品，如会客室配备桌椅的质地应较高档，摆放整齐；茶具、茶叶、饮料要准备齐全。纸巾、便笺纸、笔、音响器材、麦克、企业简介、商品说明等也应准备齐全。

6. 安排接待人员

安排接待工作各个环节所需的人员，具体包括车站或机场的迎送人员、参与会见或洽谈的人员、住宿和餐饮的处理人员、交通安排人员、娱乐陪同人员等。负责接待的人员,要品貌端正、举止大方、口齿清楚,具有一定的文化素养,受过专门的礼仪训练。接待人员的服装仪容,往往关系到个人的修养及公司的形象。接待客人时应着正装,容颜应整洁端庄。尤其要保持双手整洁、干净,因为手部的肢体语言仅次于脸部,与人握手、呈递公文时,一伸手让人觉得健康干净才会使人心情愉快。女性接待员要略施淡妆,给人的感觉会比较隆重、正式,用一点清淡的香水也是必要的。

在接待过程中,接待人员要始终保持有诚意的态度,待人接物应热情开朗、温存有礼、和蔼可亲且举止大方。只有站在对方的立场上,有一颗诚挚的心,才能在接待中将心比心,表现出优雅、感人的礼仪,体现出热情。

对于客户来访可能讨论到的问题要有充分准备,对于谈什么、怎么谈、承诺什么、怎么承诺、询问什么、怎么询问等问题,要做到心中有数,提前预演。这样一来,当谈到这些问题的时候,才能迅速、规范地做出反应,以免被动。

良好的工作形象是由内而外的综合表现,并且要经过长时间的训练,因此要注意个人气质的培养、个人修养的提高,平时就要练就一身真功夫,这样才能应付自如、大方得体。

小李的接待观

小李是公司新入职不到两个月的员工。在这不到两个月的时间里,就数次接到顾客的投诉。

原来,小李自以为是大学生,在业务接待中对顾客爱理不理,态度非常冷淡。他认为:我是大学生,如果要赔着笑脸"低三下四"地接待他们,那岂不成了待候他们了!再说了,每天的工作都不清闲,哪还有那么多精力去赔笑脸?

甚至有一次一位白发苍苍的老人为了解业务,在小李面前一直就站着说话、半蹲着身子写材料前后近半小时,而小李则抖着腿,有一搭没一搭地应付着,更不用说起身请老人坐下说话、给老人端杯水了。

正好经理巡视路过,在月末的大会上点名严厉地批评了小李。经理说这样的接待行为无疑严重影响了企业形象,决不允许这样的行为再发生……①

可见,大学生刚毕业从事商务工作,需要学习、了解的东西很多,应该虚心地向同事们学习。应该从尊重人、懂礼貌等基础做起。

二、接待的礼仪规范

从现代交际礼仪角度看,我们对来宾的尊重、友善、关心等,统统都需要落实在自己所从事的接待工作的各个具体环节上,因此,掌握接待的礼仪规范非常重要。接待的礼仪规范体现在以下方面。

1. 迎宾礼仪

(1)迎宾人员。一般来说,迎送人员与来访客人的身份要相当,但如果接待方当事人

---

① 未来之舟. 职场礼仪[M]. 北京:中国经济出版社,2008.

因临时身体不适或不在当地等原因不能前来迎送也可灵活变通,由职位相当的人士或由副职出面。遇到这种情况,应礼貌地向对方做出解释。另外,迎宾人员最好与来访客户专业对口。

迎宾人员在迎宾过程中要注意佩带身份胸卡,身份胸卡的内容主要为本人姓名、工作单位、所在部门及现任职务等。可别在左胸前,或戴在脖子上。有助于客人了解迎宾人员。

(2) 迎宾地点。来访客人的地位身份不同,迎宾地点往往有所不同。一般情况下,迎宾的常规地点有交通工具停靠站(机场、码头、火车站等)、来宾临时住所(宾馆)、东道主的办公地点门外等。在确定迎宾地点时,还要考虑以下因素:双方的身份、关系及自身的条件。

(3) 迎宾时间。到车站、机场去迎接客人,应提前到达,决不能迟到而让客人久等。客人刚下飞机或下车就能看见有人等候,一定会感激万分;如果是第一次到这个城市,还能因此获得一种安全感。如果迎接来迟,会使客人感到失望和焦虑不安,还会因等待而产生不快,事后无论怎样解释都无法消除这种失职和不守信誉造成的印象。

(4) 迎宾标识。如果迎接人员与客人素未见面,一定要事先了解一下客人的外貌特征,最好举个小牌子去迎接。小牌子上尽量不要用白纸写黑字,这样会给人晦气的感觉;也不要写"××先生到此来",而应写"××先生,欢迎您!""热烈欢迎××先生"之类的字样;字迹力求端正、大方、清晰,不要用草书书写。一个好的迎宾标识,既便于找到客人,又能给客人留下美好印象——当客人迎面向你走来时会产生自豪感。在单位门口,不要千篇一律地写上 Welcome 一词,而应根据来宾的国籍随时更换语种,这样会给来宾一种亲切感。

(5) 问候与介绍。接到客人后,切勿一言不发、漠然视之,而要先与之略作寒暄,比如说一些"一路辛苦了""欢迎您来到我们这个美丽的城市""欢迎您来到我们公司"之类的话。然后要向客人介绍自己的姓名和职务,如有名片更好;客人知道你的姓名后,如一时还不知如何称呼你,你可以主动表示:"就叫我小×或××好了。"其他接待人员也要一一向客人作自我介绍,有时可由领导介绍,但更多的时候是由秘书承担这一职责。在作介绍时,态度要热情,要端庄有礼,要正视对方并略带微笑,可以先说"请允许我介绍一下",然后按职务高低将本单位的人员依次介绍给来宾。对于远道而来、旅途疲劳的来宾,一般不宜多谈。

(6) 握手。握手是见面时最常见的礼节,双方相互介绍之后应握手致意。握手时,要注视对方,微笑致意,并使用"欢迎您"等礼貌用语。迎接来宾时,迎宾人员一定要主动与对方握手。

(7) 献花。有时迎接重要宾客还要向其献花,一般以献鲜花为宜,并要保持花束的整洁、鲜艳。在社交场合,献什么花、怎么献花,常因民族、地域、风情、习俗、目的的不同而有所区别。一般情况下,应注意从鲜花的颜色、数目和品种三个方面加以考虑。

(8) 为客代劳。接到来宾后,在走出迎宾地点时应主动为来宾拎拿行李,但对来宾手上的外套、坤包或是密码箱等则不必"代劳"。客人如有托运的物件,应主动代为办理领取手续。

(9) 休息室接待。在迎送身份特殊的客人(VIP)时,可事先在机场、车站、码头安排贵宾休息室并准备一些饮料、播放一些高雅的音乐,以消除客人旅途的疲劳。如对方是外宾,休息室内还可挂上所在国的国旗,摆放一些报刊,以增加酒店与客人之间的感情。

2. 陪同礼仪

1) 乘车

迎接客人乘车时,接待人员应特别注意乘车的座次顺序和上下车的先后顺序。

(1) 乘车的座次顺序。乘车的座次顺序因车的类型的不同而有所不同。

① 小轿车的乘车座次顺序。小轿车的乘车座次顺序通常为后座尊于前座、右座尊于左座,但具体的座次顺序又因开车人身份的不同而有所不同。具体有以下几种情况。

一是专职司机开车时的座次顺序。专职司机开车迎接客人时,乘车的座次顺序除了应遵循通常规则外,还应遵循以下规则:前排副驾驶座应安排给接待方的秘书或助手,而不宜安排给客人就座。因此,专职司机开车时,乘车的座次顺序通常如图4-4所示。

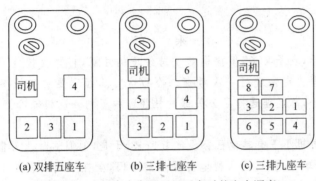

(a) 双排五座车　　　　(b) 三排七座车　　　　(c) 三排九座车

图4-4　小轿车由专职司机开车时的座次顺序

混淆上下级关系的小张

小张是畅达公司的总经理助理。一次,欣荣公司的总经理周某要来拜访畅达公司总经理,畅达公司就派小张去接周经理。小张接到周经理,打的带周经理回公司时,竟无所顾忌地与周经理肩并肩坐在了司机后面的那排位置上。到达公司后,经同事提醒,小张才意识到自己闹了个混淆上下级关系的大笑话,顿时感到无地自容。

二是主人亲自开车时的座次顺序。主人亲自开车时,乘车的座次顺序除了应遵循通常规则外,还应遵循以下规则:客人应当主动就座于副驾驶座,以示与主人"平起平坐"。因此,主人亲自开车时,乘车的座次顺序通常如图4-5所示。

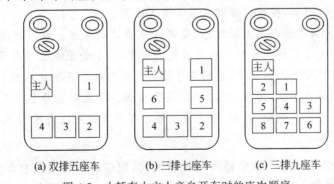

(a) 双排五座车　　　　(b) 三排七座车　　　　(c) 三排九座车

图4-5　小轿车由主人亲自开车时的座次顺序

② 大型商务车的乘车座次顺序。乘坐大型商务车(除司机的座位外,具有四排以上座位)时,无论是由专职司机开车还是由主人亲自开车,乘车座次的尊卑排列规则均应如下:前座尊于后座,右座尊于左座,即座位尊贵程度从前往后、从右到左依次递减,距离前门越近的座位越尊贵。

③ 火车的乘车座次顺序。乘坐火车时,乘车座次的尊卑排列规则通常如下:距离火车头越近的车厢所载的座位越尊贵;朝向与火车行驶方向相同的座位尊于与火车行驶方向相反的座位;同一排座位中,临窗的座位尊于临通道的座位。

关于以上乘车座位值得注意的是:如果不是在非常郑重的商务场合,则客人坐到哪里,哪里就是上座,切勿试图要求客人换座,否则会令其十分难堪。

乘 车

董利年轻、肯干,点子又多,很快引起了总经理的注意,打算提拔他为营销部经理。为了慎重起见,总经理决定再进行一次考查。恰巧这时总经理要去省城参加一个商品交易会,需要带两名助手,总经理选择了公关部的杜经理和董利。董利很珍惜这次机会,想好好表现一下。

出发前,由于司机小王有其他任务没能赶回来,于是,他们临时改为搭乘董事长驾驶的轿车一同前往。上车时,董利很麻利地打开了前车门,坐在了副驾驶座上。旁边的董事长看了他一眼,但董利并没在意。

上路后,董事长驾车并很少说话,总经理好像也没有兴致。一路上,除董事长向总经理询问了几件事,总经理简单地作回答后,车内再也无人说话。到达省城后,董利悄悄问杜经理:"董事长和总经理好像都有点不太高兴啊?"杜经理告诉他原委后,他才恍然大悟:"原来如此啊!"

会后,从省城返回时,车子改由司机小王驾驶。杜经理由于还有些事要处理,需在省城多住一天,同车返回的还是4人。董利想这次可不能再犯类似的错误了。于是,他打开前车门,请总经理上车,而总经理却坚持要与董事长一起坐在后排,董利便诚恳地说:"总经理,如果您不坐前面,就是不肯原谅我来时的失礼之处。"待总经理坐在前排后,他才肯上车。

回到公司后,同事们知道董利这次是同董事长和总经理一道出差,猜测着肯定要提拔他,都纷纷向他祝贺,然而,提拔之事却一直没有人提及。

可见,在正式的商务场合乘坐轿车时,必须注意座次的问题。董利就是因为不懂得座次的礼仪规范而错失了升迁的良机。在去省城的途中,由于是董事长亲自开车,因此,董利不该直接坐到副驾驶位上。回来时,董利为了弥补过失而请总经理坐到副驾驶位上,但是,由于驾车者换成了司机小王,因此,这次又出现了错误。本来跟董事长和总经理一起出差是一次很好的表现自己的机会,但是,由于董利不了解乘车的礼仪而没有把握住机会,真是令人惋惜。

(2) 上下车的先后顺序。乘坐轿车迎接客人时,则应恭请客人先上车、后下车。客人上车时,主人或者接待人员应主动为其打开车门,并礼节性地用手护住车门上沿,以防客人上车时碰到头部；客人下车前，主人或者接待人员应先下车，为客人打开车门，迎接客人下车。

与客人一同乘车过程中，可适当与客人交谈。客人一般会对将要参加的活动的有关背景资料、筹备情况、有关的建议、当地风土人情、气候、物产、富有特色的旅游点、沿途的标志性建筑、近期本市发生的大事、本市知名人士的情况、当地的物价等感兴趣。主人或接待人员可就这些话题与客人交谈。

2）引导

主人为客人陪行时，应当注意不同情形下的引导礼仪。

（1）并行时的礼仪。宾主双方有两人并行时，主人应遵循以右为尊的原则，让客人行走右侧；如果有三人并行，则应遵循中间为尊的原则，让身份最尊贵者位于中间，身份次之者位于右侧，再次者位于左侧。

行走时，主人应配合客人的步伐，走在客人左前方 1～1.5 米处，并为其引路。引路时，应以左手指示方向，同时向客人发出语言提示，如"请您这边走"或"请您注意脚下"等。

（2）上下楼梯的礼仪。上楼时，主人应走在后面，并让客人走在前面；下楼时，主人应走在前面，并让客人走在后面。行走时，主人应注意保护客人的安全。

（3）乘坐电梯的礼仪。伴随客人来到电梯厅门前时，先按呼梯按钮。当轿厢到达厅门打开时，如果客人不止 1 人，可先行进入电梯，一手按"开门"按钮，另一手按住电梯一侧门，礼貌地说"请进"，请客人们进入电梯。进入电梯后，按下客人要去的楼层按钮。如果电梯行进间有其他人员进入，可主动询问要去几楼，帮忙按下。电梯内可视状况是否寒暄，例如没有其他人员时可略做寒暄，有外人或其他同事在时，可斟酌是否必要寒暄。电梯内尽量侧身面对客人。到达目的楼层后，一手按住"开门"按钮，另一手做出请出的动作，可说："到了，您先请！"客人走出电梯后，自己立刻步出电梯，并热诚地引导行进的方向。

不懂电梯礼仪的营销人员

商务人员王强要到工作室所在的办公大楼门口迎接前来体验产品的顾客张太太。这是王强第一次接待顾客，表现得极为热情，一见面就嘘寒问暖。进入电梯时，王强抢先踏入，紧靠着最里面站好，想把更多的空间留给顾客。

电梯里，除了王强和张太太还有其他乘梯者，王强为了不冷场，便充分发挥了他的口才，继续和张太太攀谈，问这问那、口若悬河，但是张太太只是礼貌地冲他微笑，偶尔轻声简单回答他的问题，并没有攀谈的意思。这让王强觉得非常尴尬。最终，张太太匆匆地参观了工作室，并表示有急事要先回去了。

后来，王强才知道，原来是因为上次在电梯里对顾客接待不周的原因，顾客认为她没有得到应有的尊重。知道原委后，王强非常后悔自己的电梯失仪行为。

可见，电梯虽小，礼仪别有洞天，乘电梯尤其考验人的礼仪修养水平。通过得体的电梯礼仪，可以在短短的几十秒内给他人留下良好的印象。

（4）出入房门的礼仪。引领客人到达会客厅时，主人应主动为客人开门或关门，并做到"门朝内开己先入，门朝外开客先入"，待客人进入室内后，再轻掩房门跟上客人，用手势指引客人入座。

在引导客人时，引导者除了与客人进行正常的交谈之外，往往还会就某些必要的情况，对客人进行介绍或提醒，主要涉及如下五种情况：第一，提示其前往何处。引导客人进入大院、大楼、写字间、会客室、休息室前，应向对方主动说明此系何处。第二，提示其会晤何人。引导客人前去会晤某人，而主客双方此前并未见过面的话，需提前告知客人，"我们现在前去张董事长的办公室"，或者"李总经理正在会客室恭候各位"，以便让对方思想上有所准备。第三，提示其注意方向。引导客人上下楼梯出入电梯、进出房间、通过人行横道或需要拐弯时，需提醒客人："请各位这边走"。第四，提示其所乘车辆。引导客人乘坐车辆时，务必要告知对方："请各位上某某号车"。第五，提示其关注安全。引导客人经过拥挤、坎坷或危险路径时，必须叮嘱一下对方"请各位留神""请注意某处"。进行引导时，不要忘记在必要时告知客人"各位请""请这边走"。同时，应辅以必要的手势，即以一只手掌心向上，五指并拢，伸直后为客人指示方向。

3）入住

将来宾送至宾馆，要主动代为办理登记手续，并将其送入房间。进入客人房间后，应告知客人餐厅何时营业，有何娱乐设施，有无洗衣服务等，让客人心中有数。客人一到当地，最关心的就是日程安排，所以应事先制订活动计划。客人到宾馆后，应马上将日程表送上，以便客人据此安排私人活动。根据活动安排，客人将与哪些人会面与会谈，也应向客人作简略介绍。为了帮助客人尽快熟悉访问地的情况，还可以准备一些有关这方面的出版物给客人阅读，如本地报纸、杂志、旅游指南等。考虑到客人旅途劳累，主人不宜久留，应让客人早些休息，分手前要说好下一次见面的时间和地点，并留下自己的地址和电话号码，以便客人有事时联系。

4）待客

客人进入会客室后，客人如有外套、帽子、雨伞等物，接待人员可接过挂放于衣帽架或明显处，并向客人说明："××先生，您的外套挂在这里。"对客人，主人应当握手问候、以礼相待，对于初次见面者，还应递送名片或相互介绍。应将来客让至上座入座，以示尊重和欢迎。如果上司还没到，接待人员在与客人聊天时，注意不要谈论本公司的长短及涉密事项，可聊一些轻松的无关紧要的话题。

在待客的过程中，主人应当注意以下礼仪。

（1）待客座次礼仪。为了表示对客人的尊重，主人在安排座次时，应当将客人安排在尊位上。尊位的确定方法应根据具体情况而定，其通常包括以下几种。

① 面门为尊。主宾双方相对而坐，且其中一方的座位面向正门时，则面对正门的座位

为尊位,应礼让于客人;背对正门的座位为卑位,适合主人就座,如图 4-6 所示。

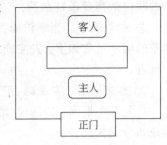

② 以右为尊。主宾双方面向正门并列而坐时,则以面对正门方向的视角为准,右侧为尊位,左侧为卑位,如图 4-7(a)所示;主宾双方相对而坐,且双方都不面向正门时,则以进门方向的视角为准,右侧为尊位,左侧为卑位,如图 4-7(b)所示。

图 4-6 面门为尊的待客座次

③ 以远为尊。主宾双方并排坐于正门的一侧时,离门较远的座位为尊位,较近的座位为卑位,如图 4-8 所示。

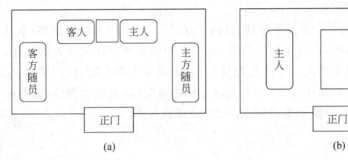

图 4-7 以右为尊的待客座次

④ 居中为尊。当客人较少而主人一方参与会见者较多时,可由主人一方的人员以一定的方式围绕在客人的两侧或四周,让客人坐在中央,呈现出"众星捧月"的姿态,如图 4-9 所示。

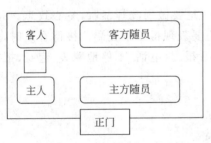

图 4-8 以远为尊的待客座次

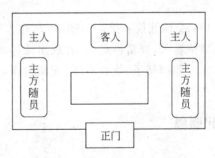

图 4-9 居中为尊的待客座次

⑤ 佳座为尊。即以相对较好的座椅为尊位。例如,长沙发尊于单沙发,沙发尊于椅子,椅子尊于凳子,高座椅尊于矮座椅,宽大舒适的座椅尊于狭窄而不舒适的座椅等。

值得注意的是,如果主人还未来得及让座,客人便已自行选择了座位并已经就座,此时就应主随客便,让客人自由就座,客人所坐的位置即为尊位。

(2)奉茶礼仪。在客人入座后、开始交谈前,主人应为客人奉茶。奉茶时,应当注意以下事项。

① 奉茶人员。奉茶人员的身份安排往往体现着主人对客人的重视程度。在商务场合,通常应由秘书、接待人员、专职人员为客人奉茶;但在接待特别重要的客人时,则应由在

场的职位最高者亲自奉茶。

② 奉茶顺序。当来访的客人较多时，奉茶应按照一定的顺序进行，切不可无序而为。奉茶的顺序通常如下：先主宾，后次宾；先女士，后男士；先长辈，后晚辈；先职位高者，后职位低者。

③ 奉茶原则。奉茶时，奉茶人员应当遵以下原则。

一是茶勿斟满：俗话说"酒满茶半"。奉茶时应当注意，茶不要斟得太满，一般以七分满或八分满为宜。

二是左下右上：奉茶时，应以左手托住茶盘底部，右手扶住茶杯，恭敬地将茶端给客人。

三是右侧递上：应将茶从客人的右侧奉上，放在客人的右前方，并向客人礼貌地道一声"这是您的茶，请慢用"。

奉茶还要注意以下方面：茶具要正规、有档次，尽量不要使用一次性纸杯；茶具不要有缺口或裂痕，更不要不洁净；不要用旧茶待客，茶叶品种的选择应征求客人的意见；奉茶时的茶水温度不宜太高，以免客人不小心而被烫伤；为多位客人奉茶时，应用茶盘端出茶杯，各杯茶水的颜色应均匀，切勿深浅不一；客人饮尽杯中茶时，应及时为其续茶；茶壶中的茶叶浸泡 3～4 次后，通常应更换新茶；客人离去后，才可以收茶。

😀 小幽默

倒 茶 水

有客人来家里。爸爸倒了杯茶水，对四岁的儿子说："去，给叔叔端杯茶。"

儿子端着杯子送到客人手里，不小心把茶水洒到了客人的裤子上。

爸爸连忙向客人道歉，帮忙清理完，对儿子说："茶水太少了，再倒点去。"

儿子一听，把剩下半杯茶水也倒在客人裤子上了。

（3）交谈礼仪。接待工作中，与客人交谈时，一定要做到洗耳恭听，专心致志，一心一意地对待客人，要精神集中，表现出浓厚的兴趣，不要表现得心不在焉。接待客人时，忌讳在客人面前摆架子、爱答不理、无精打采，或看书、看报、打电话，不停地看表、起身，把客人冷落在一旁。

😀 小幽默

无 法 接 待

心不在焉的教授生病了，被送到医院住院。

护士："教授，大夫来了。"

教授："请告诉他，很抱歉，我现在病得很厉害，所以不能接待他。"

3. 送别礼仪

送别，是留给客人良好印象的最后一项重要工作。不管你前面的接待工作做得多么周到，如果最后的送别让客人备受冷落，整个接待工作就会功亏一篑。做好送别工作，关键在于一个"情"字。具体而言，送别时应注意以下礼仪。

（1）提出道别。在日常接待活动中，宾主双方由谁提出道别是有讲究的。按照常规，道别应当由客人先提出来，假如主人首先与来客道别，难免会给人以厌客、逐客的感觉。

（2）热情挽留。无论宾主双方对会面的时间长度有无具体约定，当客人提出告辞时，主人一定要热情挽留，切勿在客人一提出告辞之意时，就积极地提出送客、抢先起身送客，或者以某种动作、表情暗示送客之意，否则就有逐客之嫌，是极其不礼貌的。在热情挽留客人之后，如果客人执意要走，则应等客人起身后，再起身相送。

（3）礼貌送别。送客时，客人首先伸出手来与主人相握，主人才能伸手相握。握手的同时，主人应请客人多多包涵接待工作的不妥之处，并发自内心地向客人道惜别之语，如"欢迎再来""慢走""您走好""常联系""多多保重"等。握别后，主人还应礼貌地送客人一程，而不要在客人离别时不闻不问，或者在客人说"请留步"时就转身返回。

如果对方是常客，通常应将其送至门口、电梯门口或楼梯旁、大楼底下、大院门外；如果是初次来访的贵客，则要陪伴对方走得更远些。如果只将客人送至会议室或办公室门口、服务台边，则要说声"对不起，失陪"，目送客人走远；如果将客人送至电梯门口，则宜点头致意，目送客人至电梯门关上为止；如果将客人送至大门口或汽车旁，则应帮客人携带行李或稍重物品，并帮客人拉开车门，开车门时右手置于车门顶端，按先主宾后随员、先女宾后男宾的顺序或客人的习惯引导客人上车，同时向客人挥手道别，祝福旅途愉快，目送客人离去，直到客人的身影完全消失或者车走远后，才能返回。对于远道而来的客人，一般应将其送至机场、码头、车站等处，待对方走后，才能返回；在送别的过程中，切忌流露出不耐烦、急于脱身的神态，以免给客人匆忙打发他走的感觉，这样有可能会葬送先前与客人培养起来的所有感情。

小故事

李嘉诚送客

很多知名企业家也很注意送人的礼节。一位内地企业家在接受电视台采访时，谈到他去李嘉诚办公室拜访李嘉诚的一段经历。

那天，李嘉诚和儿子一起接见了他。会谈结束之后，李嘉诚起身从办公室陪他出来，送他到电梯口。更让人惊叹的是，李嘉诚不是送到即走，而是一直等到电梯上来，他进去了，再举手告别，等到门合上。

身为亚洲首富的李嘉诚肯定是日理万机，可他依旧注重礼节，亲自送人，没有丝毫的怠慢。这位内地企业家面对着电视机前的亿万观众动情地说："李嘉诚这么大年纪了，对我们晚辈如此尊重，他不成功都难。"

三、在家待客之道

请扫描二维码学习本部分内容。

在家待客之道　　　　　　　　　杜甫诗篇中的待客之道

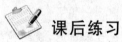

任务评价

"接待模拟实训"考核评分标准见表4-6。

表 4-6 "接待模拟实训"考核评分标准

序号	考核内容	考 核 要 点	分值	自评分	互评分	教师评分
1	接待的准备	接待室环境布置，安排接待人员	30			
2	接待的礼仪规范	在门口迎接客人，引导客人前往接待室，与客人搭乘电梯，引见，介绍，待客有道，与客人得体交谈，讲究送客礼仪	70			
		总 分				
小组自评		存在不足：				
		改进措施：				
小组互评		存在不足：				
		改进措施：				
教师评价		存在不足：				
		改进措施：				

训练总结：

课后练习

1. 判断题

（1）在办公室接待客人，客人进入时，要立即从座位上站起来，礼貌地招呼。　　（　　）

（2）在接待中，对于来访者的伞、帽、包等物，要指明挂放处。　　（　　）

（3）到车站迎接客人，见到客人后应主动帮助客人拿公文包。　　（　　）

（4）如果来访者中间有身份很高的客人，要考虑请公司相关领导出面参与接待。

　　（　　）

（5）来宾到本地参观学习或旅游，本单位不必派对等职位的领导出面，可以低规格接待。

　　（　　）

（6）接待经费预算要根据来访人数、接待规格等情况确定。　　（　　）

（7）接待室的室温以20℃左右为最佳。　　（　　）

（8）专职司机开小轿车迎接客人时，前排副驾驶座应安排给客人就座。　　（　　）

（9）主人亲自开小轿车接客人时，客人应当主动就座于副驾驶座。　　（　　）

（10）乘坐轿车迎接客人时，应恭请客人先上车和下车。　　（　　）

（11）上楼时，主人应走在后面，并让客人走在前面，下楼时亦然。　　（　　）

（12）主宾双方相对而坐时，面对正门的座位应主人就座。　　（　　）

（13）奉茶时，茶可斟得满一些，一般以九分满为宜。　　（　　）

（14）奉茶时，应以左手托住茶盘底部，右手扶住茶杯，恭敬地将茶端给客人。（　　）

（15）客人告别时，接待人员应婉言相留。（　　）

（16）送客时，无论是送至电梯口，还是门口或车站，都要挥手道别，而且要等客人走远时再回接待室。（　　）

（17）和客人握手道别后，马上转身就可以走了。（　　）

（18）客人来访时用卫生纸杯盛水招待。（　　）

2. 简答题

（1）在公司接待客人时，应做好哪些准备工作？

（2）接待的迎宾礼仪有哪些？

（3）接待过程中，有哪些陪同礼仪？

（4）接待过程中，如何为客人奉茶？

（5）接待的送别礼仪有哪些规范？

（6）在家的待客之道应该是怎样的？

3. 实践题

（1）小王做销售工作多年，积累了不少经验。近日，领导让他给新来的小张介绍一下接待客户的经验，如果你是小王，你应怎样介绍？

（2）在你所在学校的"校园宣传日"里，要接待到校参观的学生家长和当年准备参加高考的考生，如果由你负责这项接待工作，你准备怎样做？请列出接待方案。

（3）假设你是 A 公司的销售部经理，今天，合作伙伴 B 公司的李总经理前来拜访，你同公司王总经理一起接待。接待过程中需一同乘车前往分厂车间参观，由专职司机开车。请你安排车上座次。

（4）在接待过程中，当客人提出告辞时，主人如何进行适当挽留？怎样做更恰当？既不失礼貌，又能让客人满意。

（5）请与同学讨论：在接待中，如何平衡好"礼多人不怪"与"礼多人也怪"的关系。

4. 案例分析题

扫描二维码，阅读案例原文，然后回答案例后的问题。

案例分析题原文

项目 5　沟通礼仪

1995 年，美国哈佛大学心理学教授丹尼尔·戈尔曼（Daniel Goleman）提出了情商（EQ）的概念，认为情商是个体的重要生存能力，是一种发掘情感潜能、运用情感能力影响生活各个层面和人生未来的关键品质因素。戈尔曼甚至认为，在人的成功要素中，智力因素是重要的，但更为重要的是情感因素。情商大致可以概括为五方面内容：情绪控制力；自我认识能力，即对自己的感知力；自我激励、自我发展的能力；认知他人的能力；人际交往的能力。一般认为，100％的成功＝80％的 EQ＋20％的 IQ（智商）。而日常人际沟通则是一个人情商的反映。

所谓沟通是指人与人之间的信息互动，同一时刻有信息发出者和信息接受者之分，信息发出者的行为成为表达，信息接受者的行为成为倾听。沟通是人际关系的基础，贯穿我们生活的所有领域，是人们获取知识和信息的重要途径，也是衡量个人情商水平的重要尺度。正如日本企业之神、松下电气公司创始人松下幸之助所说：“伟大的事业需要一颗真诚的心与人沟通。”如果一个人在与人沟通的过程中，遵守交谈、电话、网络等沟通礼仪，不仅能给对方可亲可敬、可合作可交往的信任感，还会使合作过程更加和谐顺利，达到事半功倍的效果，促进事业的成功。

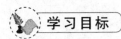 学习目标

知识目标

- 能够与交际对象得体地进行交谈；
- 礼貌地使用电话进行沟通；
- 礼貌地使用手机进行沟通；
- 礼貌地使用电子邮件、微博、微信等网络沟通手段；
- 能够规范地利用文书进行沟通。

能力目标

- 能规范自身言行，提升表达能力、人际沟通能力；
- 自主学习新知识，能够利用网络媒体资源查找与沟通礼仪相关的知识。

素质目标

- 树立传承文化、开拓创新的意识；
- 具有良好的审美情趣，努力提升个人整体形象。

任务5.1 交谈礼仪

言语之美，穆穆皇皇。穆穆者，敬之和；皇皇者，正而美。

——《礼记·仪礼》

 案例导入

黄渤的口才

曾经有人说，娱乐圈如果要排情商最高的三人，黄渤一定身在其中。他情商高，不是油嘴滑舌，不是世故圆滑，不是虚与委蛇，不是即兴表演，而是历尽世事的智慧，灵光四溢的表达，审时度势、恰到好处的应对。

我们先来看两段采访。

一段是他在《鲁豫有约》节目上的表现。

鲁豫问他："现在觉得自己特别火了吧？"

他说："都来《鲁豫有约》了，能不火吗？"

一句话，把鲁豫、自己、节目全夸了。滴水不漏的情商，堪称完美！

另一段是他在金马奖颁奖典礼上的表现。当时他是颁奖嘉宾。

在此之前，他已经主持过一届金马奖，参与过几届，算是熟脸孔了。

那天，他的礼服有些像睡衣。和他搭档的女嘉宾问他："你怎么穿个睡衣就来出席颁奖礼？你看梁朝伟、刘德华……他们都穿得很隆重的。"

他立马调侃说："对对对，因为他们是客人嘛，客人到别人家里，当然要隆重了。你五年没来金马奖，我这五年一直都在这里，已经把金马奖当成自己的家。回到家里应该穿什

么，当然要舒适一点……"

明星们为黄渤的机智而鼓掌。

 任务分析

正如古语云："一言之辩，重于九鼎之宝；三寸之舌，强于百万之师。"精湛的语言艺术在人际交往中的威力是不可低估的。交谈是一门重要的语言艺术，是人际交往的基本方式之一，是人与人之间建立联系、交流思想、沟通感情、消弭隔阂、促进合作的一个重要渠道。成功的交际活动往往依赖成功的交谈。

交谈并不是简单地开口说话，它需要遵循一定的规范和原则，即交谈礼仪。交谈作为一种表达方式，会随着时间、场合、对象的不同而表达出各种各样的信息和丰富多彩的思想感情，具有很强的主观性和随意性。由此可见，掌握正确的谈话方式和技巧，掌握交谈礼仪的基本规范，在现代交际礼仪中有着极其重要的作用。

20世纪伟大的心灵导师、美国人戴尔·卡耐基曾说过："与人进行有效的交谈，并且赢得他们的合作，这是那些奋发向上的人应该培养的一种能力。"无疑黄渤做到了，这启发我们，要提高交谈的质量，首先就要从交谈礼仪入手，表达得体，说话得当，这样彼此的交往才会大为增色。

交谈礼仪

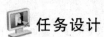 **任务设计**

交谈实训

实训目的：通过本训练，一是让学生运用所学的日常沟通方法和技巧，与他人沟通交流，提高口头表达能力；二是让学生掌握发表个人见解的方法和策略，在公众场合具备敢于说话的勇气和胆量。

实训方法：本实训的基本组织思路是模仿电视中的说话类节目，如央视财经频道《对话》节目的形式，组织学生进行主题谈话训练。可从以下方面着手开展。

（1）每10～15名学生为一组，每组选出3名选手作为嘉宾参加交谈训练，其他同学作为听众，可以以提问等方式与嘉宾进行交谈、互动。

（2）谈话过程中主持人和选手也可以和听众进行互动活动，方法和规则可视现场情况作出规定，目的是调动全体学生的参与意识，保持场面的活跃。

（3）教师和同学先确定交谈的话题，可以采用教师出题或学生出题的多题方式，然后从中优选。话题的选择应与同学的学习、生活、兴趣爱好联系紧密，学生有话可说，不会造成冷场，话题应包含较丰富的信息容量和多维的价值取向，有利于培养学生的独立思考能力。

（4）教师或学生担任沟通活动的主持人，通过提问、询问、转问、串接、引申、转换话题等多种方式，引导和调动场上、场下的交谈气氛，掌握和控制活动的节奏和进展。

（5）每位同学在交谈时，都要注意充分体现交谈的语言风格，注意使用礼貌用语以及伴随正确的身体姿态和表情等。

实训要求：全程录像，通过大屏幕回放，学生自我评价、小组评价、教师点评总结。评选出"最佳表现小组"和"最佳表现个人"若干。

一、交谈的基本礼仪

1. 态度谦虚诚恳

交谈首先要有一个正确的谈话态度。正确的谈话态度是坦率、真诚,要讲实话,讲肺腑之言。坦率往往能唤起彼此间的信任感和亲切感,加深双方的了解与友谊,这是交谈成功与否的关键所在。真诚是指话语从内容到语气都诚恳可信,使对方愿意同你交往。同时,交谈中必须精神专注、思想集中,而不是糊弄应付;否则就会话不投机半句多,影响谈话效果。

 小故事

谦虚的牛顿

牛顿创建的"牛顿力学"闻名世界,当朋友称他为伟人时,他谦虚而真诚地说:"不要那么说,我不知道世人怎么看我。不过,我觉得自己好像是一个孩子在海滨玩耍的时候,偶尔捡到了几只漂亮的贝壳。但是,对真正的知识大海,我还没有发现呢。"牛顿把知识看作大海,把自己的巨大成就看作几只"贝壳",而且说得十分轻松,似乎他的成就就连一个孩子都能取得,这就形象地表现了自我谦虚的精神,而且极富情趣。

2. 表情亲切自然

表情是人体语言最丰富的部分,人的喜怒哀乐都可以通过表情来反映。交谈时的表情要亲切自然,首先应当注意保持微笑,因为真诚的微笑最能打动人;同时要养成用目光与对方交流的习惯,用目光传递真诚与尊重。

3. 语调平和沉稳

语气语调是说话者真情实感的"显示器",恰当地运用语气语调,可以增强语言魅力;多姿多彩的语气,会给话语添上形象色彩、感情色彩、理性色彩、风格色彩。

要善于根据不同的交际对象,运用不同的音调恰当得体地表现不同的思想感情。例如,夫妻、母女等亲密者之间的交谈,其语气语调应为"气徐声柔",给人以温馨感;如果谈话对象是长辈、领导、师长,表达的是敬爱之情,语气语调应为"气平声谦",给人以敬重感;如果对象是下级、晚辈或年幼者,表达关心与爱护之情,语气语调应为"气舒声长",给人以亲切感;如果对象是朋友、同事,抒发信任之情,语气语调应为"气平声沉",给人以诚挚感;如果对象是陌生人,语气语调应为"气缓声轻",给人以礼貌感。

4. 举止大方得体

为了表示交谈的诚意,举止一定要配合。坐姿要端正,不能懒散地靠在沙发上,诸如双腿叉开、跷"二郎腿"等不雅的坐姿都应该避免。手势要自然得体,不能过多,不要出现用笔敲击桌面、玩弄钥匙等小动作,也不要出现用手指人等幅度过大的动作。

5. 寒暄恰当得体

寒暄是谈话之前的开场白,其主要目的不是交换信息和观点,而是分享感情或建立友好的关系。在这种情况下,谈话的内容并不重要,关键在于双方都参与了谈话。即使谈话的内容是不太清晰的,甚至是意义不大的,也绝不能忽视它的作用。它的作用就是要营造

和保持一种友好的沟通氛围。

作为双方交谈进入正题的必要过渡，寒暄可以打破陌生人之间的界限，缩短交谈双方的情感距离，顺利引出交谈的话题。因此，一个恰当的寒暄过程，往往预示着正式谈话的顺利进行。寒暄的内容常常是天气冷暖、身体状况、工作忙闲、最近活动、谈话环境等。

6. 话题贴切妥帖

话题选择得当，可使交谈有个良好的开端，引导双方各抒己见，深入交谈；否则，交谈就容易中断、错位，很快陷入困境。选择话题可以把握以下两个要点。

（1）以对方感兴趣的事情为话题。只有双方都对某一话题感兴趣，才能你一言我一语地交谈下去。以对方感兴趣的事情为话题，就必须了解对方的兴趣。而与刚认识的人交谈是最不容易的，因为不了解对方的性格、爱好。这时宜从平淡处开口，而不要冒昧提出太深入或太特别的话题。最简单的是谈天气，或从所处的环境中找寻话题，如"今天来的人真不少！""这儿您以前来过吗？""您和主人是在哪儿共同学习过？""盆花养得真不错！"等。另外，还可以询问对方的籍贯，然后引导对方详谈其家乡的风土人情。

（2）以对方擅长的事情为话题。交谈犹如打乒乓球，你发的球要让对方容易接，才有可能一来二去地打出多个回合。人际关系也只有在不断的语言交往中才会逐渐融洽。如果你发出去的球对方不好接，双方的来往就会中断，对方甚至会认为你在故意为难他。这样，就会影响双方关系的进一步发展。

芭芭拉的采访

美国记者芭芭拉·华特初遇美国航空业巨头亚里士多德·欧纳西斯，午餐时趁他与大家谈论业务的短暂空隙，采访了他。"欧纳西斯先生，您在海运和空运方面，还有其他方面都取得了巨大的成就，这是令人震惊的，请问您是怎样开始的？"这个话题触动了欧纳西斯先生的心弦，他立即同芭芭拉侃侃而谈，动情地回顾了自己的奋斗史，而芭芭拉的采访也因此获得了成功。

小贴士

禁谈的话题

（1）涉及国家和政府的不当言论。

（2）涉及国家秘密和行业秘密的话题。

（3）涉及交际对象隐私的话题，如收入、年龄、婚姻家庭、健康状况、个人经历等。

（4）涉及交际对象缺陷、失败经历的话题。

（5）格调不高的话题。

（6）容易引起争执的话题。

7. 注意周到适度

（1）谈话要注意照顾到每个人。同时与几个人交谈时，目光应照顾到在场的每一个人，不要把注意力只集中在你感兴趣的一两个人身上，冷落任何一个人都是失礼的。有人欲与你谈话，应乐于与之交谈。有人想参与你们的谈话，应点头示意，表示欢迎，并在谈话中不时朝向新来者,以示认可。

(2)谈话要注意分寸。措辞要得体、文明,不庸俗,不粗鲁;要有放有抑有收,不过头,不嘲弄,把握好"度";不要唱"独角戏",夸夸其谈,忘乎所以,不给别人插嘴的机会,或者没完没了,以致影响别人的工作和休息;要察言观色,注意对方的情绪,对方不爱听的话少讲,一时接受不了的话不要急于讲。开玩笑要看对象和场合,一般不与性格内向、多疑敏感的人开玩笑,对方情绪低落、心情不快时不要开玩笑,庄重、肃穆的场合不要开玩笑。要明确前提,把握潜在的语义和逻辑,避免出现逻辑混乱的情况,否则会产生歧义甚至误解,损害人际关系。

😀 小幽默

不欢而散的宴席

某人请5个人吃饭,有一位左等右等也没到。见此情景,主人说道:"该来的怎么还不来?"

客人甲听了,心想:这不是说我们不该来的倒来了吗?真气人!于是说:"对不起,我有点事,得先走了!"

主人见他走了,很着急,就说道:"不该走的怎么走了呢?"

客人乙心想:这分明是暗示我该走却赖着不走。于是说:"我也有点儿事,失陪了。"

主人更着急了,脱口而出:"唉,他俩真多心,我说的又不是他们!"

客人丙、客人丁大怒,想:那你说的肯定是我们俩了!于是他们铁青着脸一言不发,拂袖而去。

一场宴席就这样还没有开始就不欢而散了。

(3)谈话还要注意把握时间。和其他形式的交际活动一样,交谈也要有时间观念,要适可而止、见好就收,要多给他人留下说话的时间。例如,普通场合的小规模交谈,以30分钟内结束为宜,最长不要超过1个小时;个人每次的发言,最长也应控制在3~5分钟。

结束谈话的礼仪

二、交谈的语言艺术

1. 准确流畅

在交谈时如果词不达意、前言不搭后语,很容易被人误解,达不到交际的目的。因此在表达思想感情时,应做到口音标准、吐字清晰,说出的语句应符合规范,避免使用似是而非的语言。应去掉过多的口头语,以免语句割断;语句停顿要准确,思路要清晰,谈话要缓急有度,从而使交流活动畅通无阻。

语言准确流畅还表现在让人听懂,因此言谈时尽量不用书面语或专业术语,因为这样的谈吐让人感到太正规、受拘束或是理解困难。

😀 小幽默

自作自受

古时有一笑话,说的是有一书生突然被蝎子蜇了,便对其妻子喊道:"贤妻,速燃银烛,你夫为虫所袭!"他的妻子没有听明白,书生更着急了:"身如琵琶,尾似钢锥,叫声贤妻,打个亮来,看看是什么东西!"其妻仍然没有领会他的意思,书生疼痛难熬,不得不大声吼道:"快点灯,我被蝎子蜇了!"真乃自作自受。

2. 委婉表达

交谈是一种复杂的心理交往,人的微妙心理、自尊心往往在里面起重要的控制作用,触及它,就有可能产生不愉快。因此,对一些只可意会不可言传的事情、人们回避忌讳的事情、可能引起对方不愉快的事情,不能直接陈述,只能用委婉、含蓄、动听的话去说。常见的委婉说话方式有以下几种。

（1）避免使用主观武断的词语,如"只有""一定""唯一""就要"等不带余地的词语,要尽量采用与人商量的口气。

（2）先肯定后否定,学会使用"是的……但是……"这个句式。把批评的话语放在表扬之后,就显得委婉一些。

（3）间接地提醒他人的错误或拒绝他人。

申渐高委婉进谏

我国南唐名臣申渐高很善于委婉表达。有一年,南唐赋税严苛,百姓不堪重负。大臣纷纷劝谏南唐烈祖李昪减轻税负,却没有结果。一天,烈祖在朝堂问群臣道:"外地都下雨了,为什么唯独京城不下?"大臣申渐高一听,感到这正好是个进谏的好机会,但是又不能直言,于是他灵机一动,委婉而又诙谐地说:"因为雨怕收税,因此不敢入京城。"烈祖天生睿智,当然明白其话中暗示之意,于是在大笑一阵后便颁发圣旨,减轻赋税,给百姓休养生息的机会。申渐高委婉表达,借助一句幽默风趣的话暗示烈祖要减轻税负,不曾想竟收到如此奇效,为百姓做了一件好事。很多时候,直接地表达未必能收到预期的效果,而间接委婉的方式往往让人感觉舒服愉悦,像这样对人对己都有利而无害的语言表达方式,何乐而不为呢?

3. 适时赞美

善于发现他人的优点,并恰到好处地赞美他人,能促进人际关系的和谐,有利于交谈的顺利进行。但赞美别人也要讲究技巧,赞美要适时,并给人真诚的感觉。例如,当看到对方理了新发型、换了新衣服,如果适时地给予赞美,立刻能使对方感到愉悦,如"新发型真时尚啊!""你的新衣服真不错!"但赞美时也要注意表达,如果告诉对方:"你的新衣服真不错,我从来没看到你穿得这么漂亮!"那么这句赞美将适得其反。

赞美别人千万不要过分地恭维,那样只会让人觉得是虚情假意。赞美应因人而异,要了解不同人群喜欢听什么样的赞美。男人喜欢别人称赞他幽默风趣、有风度、有才华;女人渴望别人注意自己年轻、漂亮、时尚;老人乐于别人欣赏自己身体健康、养生有道、经历丰富;孩子则爱听别人表扬自己聪明、懂事。

怎样接受赞美

罗斯福总统的赞美

克莱斯勒公司为罗斯福总统制造了一辆汽车,因为他下肢瘫痪,不能使用普通的小汽车。工程师把汽车送到了白宫,总统立刻对它表示出极大的兴趣。他说:"我觉得不可思议,你只要按按钮,车子就开起来,驾驶毫不费力,真妙。"他的朋友和同事们也在一旁欣赏汽车。总统当着大家的面夸奖:"我真感谢你们花费时间和精力研制了这辆车,这是件了不起的事。"总统接着欣赏了散热器、特制后视镜、钟、车灯等,换言之,他注意并提到了每一个细节,他知道工人为这些细节花费了不少心思。总统坚持让他的夫人、劳工部长和他的秘书注意这些装置,这种具体化的赞美让人感觉到真心实意。

4. 幽默风趣

交谈本身就是一个寻求一致的过程,在这个过程中常常会出现不和谐的地方而产生争论或分歧,这就需要交谈者随机应变,凭借机智抛开或消除障碍。幽默还可以化解尴尬局面或增强语言的感染力。它建立在说话者高尚的情趣、较深的涵养、丰富的想象、乐观的心境、对自我智慧和能力自信的基础上。它不是要小聪明或"卖嘴皮子",它应使语言表达既诙谐又入情入理,应体现一定的修养和素质。

小幽默

"还没插秧呢"

有一次,梁实秋的幼女文蔷探望父亲,他们便邀请了几位亲友,到"鱼家庄"饭店欢宴。酒菜齐全,唯独白米饭久等不来。经一催二催之后,仍不见白米饭踪影。梁实秋无奈,待服务小姐入室上菜之际,戏问曰:"怎么饭还不来,是不是稻子还没收割?"服务小姐眼都没眨一下,答称:"还没插秧呢!"本是一个不愉快的场面,经服务小姐这一妙答,举座大乐。

5. 用语礼貌

用语礼貌,一是要求交谈中多使用礼貌用语,这样不仅会得到人们的尊重,提高自身的信誉和形象,而且还会对自己的事业起到良好的辅助作用。在现代交际中,日常礼貌用语归结起来,主要可划分为如表5-1所示的几个大类。

5-1 礼貌用语一览表

序号	礼貌用语类型	举 例
1	问候用语	您好!各位好!小姐好!××先生好!××主任好!早上好!中午好!下午好!晚安!各位下午好!××经理早上好
2	欢迎用语	欢迎!欢迎光临!见到您很高兴!恭候光临!××先生,欢迎光临!欢迎再次光临!欢迎您又一次光临本店
3	送别用语	再见!回头见!慢走!走好!欢迎再来!保重!一路平安!旅途顺利
4	请托用语	请稍候!请让一下!劳驾!拜托!打扰!请关照!请您帮我一个忙!劳驾您替我看一下这件东西!拜托您为这位女士让一个座位
5	致谢用语	谢谢!××先生,谢谢!谢谢,××小姐!谢谢您!十分感谢!万分感谢!多谢!有劳您了!让您替我们费心了!上次给您添了不少麻烦

新型现代交际礼仪实用教程（第3版）

序号	礼貌用语类型	举　例
6	征询用语	您需要帮助吗？我能为您做点什么？您需要点什么？您需要哪一种？您觉得这件工艺品怎么样？您不来一杯咖啡吗？您是不是很喜欢这种方式啊？你是不是先来试一试？您不介意帮助您吧？您打算预订雅座还是散座
7	应答用语	是的。好。很高兴能为你服务。好的，我明白您的意思。请不必客气。这是我们应该做的。请多多指教。过奖了。不要紧。没关系。不必，不必。我不会介意
8	赞赏用语	太好了！真不错！对极了！相当棒！非常出色！您真有眼光！还是您懂行！您的观点非常正确，看来您一定是一位内行。哪里，哪里，我做得还很不够。承蒙夸奖，真是不敢当。得到您的肯定，的确让我们很开心
9	祝贺用语	祝您成功！一帆风顺！心想事成！身体健康！生意兴隆！全家平安！节日快乐！活动顺利！新年好！春节快乐！生日快乐！旗开得胜，马到成功
10	推脱用语	您可以到对面的商场去看一看。我可以为您向其他专卖店询问一下。下班后我们酒店还有其他安排，很抱歉不能接受您的邀请
11	道歉用语	抱歉。对不起。请原谅。失礼了。失言了。失陪了。失敬了。失迎了。不好意思，多多包涵。很惭愧。真的过意不去

二是拒绝不文明语言。表 5-2 中的语言在交谈中均不宜采用。

表 5-2　不文明语言示例

类型	示　例
粗话	为了显示自己为人粗犷，出言必粗，如把爹妈叫作"老头儿""老太太"；把吃饭叫作"撮一顿"，在交际中使用这种粗话是很失身份的
脏话	讲脏话，即口带脏字，讲起话来骂骂咧咧，出口成"脏"；讲脏话的人，非但不文明，而且自我贬低，低级无聊
黑话	黑话，即流行于黑社会的行话，讲黑话会令人反感厌恶，难以与他人进行真正的沟通和交流
荤话	荤话，即说话者把艳事、绯闻、男女关系之事挂在口头上，说话"带色""贩黄"不仅表明说话者品位不高，而且对交谈对象也不够尊重
怪话	有些人说话或怪里怪气，或讥讽嘲弄，或怨天尤人，或黑白颠倒，或耸人听闻，专要以自己的谈吐之"怪"而令人"刮目相看"；爱讲怪话的人，难以令人对其产生好感
气话	气话，即说话时闹意气、泄私愤、图报复，大发牢骚，指桑骂槐；在交谈中说气话，不仅无助于沟通，而且容易伤害人、得罪人

6. 善于倾听

"人长着一张嘴巴，两只耳朵，就是为了少说多听"这句老话是很有道理的。与人交谈不但要善于表达自己的意思，而且要善于聆听对方的说话，这在社会交往活动中是个不容忽视的问题。认真听取他人讲话可以获得更多的信息，抓住机会向别人学习；可以避免和减少说话的失误，使谈话简而精；同时也是对对方的尊重。我们不仅口才要好，还要有一副好"耳才"，做一个善于倾听的人。

我还要回来

美国知名主持人林克莱特有一天访问一名小朋友,问他说:"你长大后想要当什么呀?"小朋友天真地回答:"嗯……我要当飞机的驾驶员!"林克莱特接着问:"如果有一天,你的飞机飞到太平洋上空时所有引擎都熄火了,你会怎么办?"小朋友想了想:"我会先告诉坐在飞机上的人绑好安全带,然后我挂上我的降落伞跳出去。"当在场的观众笑得东倒西歪时,林克莱特继续注视着这孩子,想看他是不是自作聪明的家伙。没想到,接着孩子的两行热泪夺眶而出,这才使林克莱特发觉这孩子的悲悯之心远非笔墨所能形容。于是林克莱特问他说:"为什么你要这么做?"小孩的答案透露了这个孩子真挚的想法:"我要去拿燃料,我还要回来! 我还要回来!"这个故事告诉我们,沟通是双向的。我们并不是单纯地向别人灌输自己的思想,我们还应该学会积极地倾听。

(1) 全神贯注、洗耳恭听。首先要成功地接收对方传达的信息,就要做到全神贯注和洗耳恭听。全神贯注可以使你正确地接收信息,使信息不变形。洗耳恭听,是指你在倾听时,要摒除偏见和成见,否则会妨碍你接收信息。

龟 兔 赛 跑

有一次我听著名的经济学家厉以宁教授的讲座,厉以宁为了阐述管理中的几个关键问题,要讲龟兔赛跑的故事。坐在我旁边的一个小伙子嘀咕道:龟兔赛跑的故事有什么可讲的,我上小学的时候就听过了,于是他没注意听。其实厉教授讲的故事很有新意,语言也很诙谐。他说,我们北大光华管理学院讲的龟兔赛跑是这样的:龟兔赛跑有四个回合,第一个回合,乌龟虽然在竞争中处于劣势,但坚持了下来,等待对方犯错误。结果兔子睡大觉,乌龟赢了。第二回合,兔子接受教训,不再睡大觉,把潜在的可能变成现实,兔子赢了。第三回合,乌龟调整了策略,改变了比赛路线,在新的比赛路线上临近终点处有一个水池。比赛中兔子虽然跑得快,但过不了水池,乌龟虽然跑得慢,但顺利地游过了水池,乌龟赢了。第四回合,乌龟与兔子结成战略伙伴关系,互助互信,在陆地上兔子背着乌龟跑,在水里乌龟驮着兔子游,结果乌龟与兔子一起快速抵达终点,达到了双赢。和我邻座的小伙子正是囿于成见,错过了厉教授的精彩讲述。

(2) 开动脑筋、了解真意。倾听的时候还必须开动脑筋,务求了解说话人要表达的真正意愿。这里关键的倾听技巧是,要是有不明白的地方应当提问。而如果听到的话比较含蓄,还要了解说话人的言外之意。对商务人员来说,倾听就是要了解客户的真实需求。如果你在倾听中还没有完全了解客户的意见或需求,就必须积极思考,适时发问。

了 解 真 意

某一品牌的手机经销商的客服代表,正在接客户李先生的反馈电话。

客户:"你们××型号手机带镶钻,多俗气啊,我不喜欢。"这时,客服代表为了真正了解清楚客户的意见,进行了提问。

客服代表:"李先生,真感谢您反馈的信息,您的意见对我们太宝贵了。我想问您一下,您喜欢澳大利亚天然水晶吗?为什么您觉得镶钻的会显得俗气?"

客户:"澳大利亚水晶是好看,用在手机上也不是不行,可你得看放在哪儿。像你们这款手机,本来外屏就做成彩屏了,五彩缤纷的,在外屏上又镶了一圈水晶,您说,是不是太花了,看着就眼晕,一点也不高雅,透着俗气。"

客服代表:"对了,是啊。"

客户又补充道:"这就是水晶镶得不是地方。您看,人家××7200款的,把天然水晶镶到冷色的金属数字按键旁,数字看起来更醒目,有实用性,天然水晶配着冷色金属又雅致亮丽。这就是水晶镶得是地方。"

这样通过提问,客服代表就完全知道了李先生的意见。

(3) 给以反馈,鼓励对方。倾听时还要注意给对方回馈,让对方知道你在聚精会神地听,从而鼓励对方,使对方说得更好,这样就真正达到了交流中的互动。

在双向交流中,从说话人的角度看,现在很提倡互动。说话人要注意调动起听话人的兴趣,间或要让听话人有发表意见的机会。主要担任"说"的角色的人,如电视台的主持人,要让观众参与,要让观众或嘉宾有发表意见的机会,这样才能有交流,才活跃得起来。否则,主持人一个人唱独角戏,会非常沉闷。那么从倾听的角度看,倾听担当着鼓励说话人的责任,也要给说话人回馈。那么如何给对方回馈呢?

① 用正确的体态语,让对方知道你在聚精会神地倾听。倾听时,身体微微前倾,侧着耳朵,表示你正在积极倾听。说话人看到你仔细地听,就会越说越有兴致。在商务沟通中,商务人员可以用微笑来替代体态语。在电话上虽然双方彼此看不见,但是商务人员带着微笑的愉悦的语音,会给正在说话的客户一个反馈,向客户传递一个信息,即我愿意听你说,我正在很专注地听你说。

② 倾听时,要适时发出应答的词语。当一个人说话时,其实一直在关心对方是不是在专心听。有时,听的人确实在很专注地听,可是说话的人并不知道,还在那儿问:"你在听我说吗?"如果听话的人说"我在认真听呢",有时候说话的人还不相信,一再追问:"那你重复一下,我刚才说了什么?"这会使双方相互埋怨,陷于一种尴尬的境地。那么怎样才能让说话的人知道你在好好听呢?其实办法很简单,那就是在听人说话时,即使说话人没用问句,也要适时发出一些回应的词语,即在听完一句话或一段话之后,说出"噢,是吗?对,唉,行"等应答的词语。虽然这些应答的词语没有任何实在的意思,但在交流中却很重要,因为这让说话人知道你在用心听。所以,在倾听他人说话时,一定要说出回应的词语,让对方知道你正在用心地听。

😄 小幽默

双倍的学费

苏格拉底非常善于演讲,有一个青年前来向他请教如何进行演讲,并说明演讲如何重要。苏格拉底等他说了半天,向他索要双倍的学费,青年问为什么。

苏格拉底说:"因为我除了教你讲话以外,还要教你如何不讲话。"

7. 提问的技巧

提问往往是交谈的起点,是把话题引向深入的方式之一。因此,会不会问,该怎么问,问什么,都直接影响交谈的效果。提问者必须掌握察言观色的技巧,学会根据具体的环境特点和谈话者的不同特点进行有效的提问。提问的作用在于:有利于把握回答者的需求,有利于保持沟通过程中双方的良好关系,有利于掌控沟通进程,通过巧妙地提问来保持友好的关系。

🐱 **小贴士**

提问的方式

人际沟通的最终目标是达成一个共同的协议。要充分了解并确认对方的需求、目的,经常会通过提问得知。常见的提问方法有两种,见表5-3。

表 5-3   常见的提问方法

项目	开放式问题提问	封闭式问题提问
特点	回答没有框架,可以让对方自由发挥;答案是多样的,是没有限制的	提问时给对方一个框架,让对方只能在框架里选择回答;答案是唯一的,是有限制的
举例	你午餐吃的什么? 您什么时候有时间? 你的订购计划是怎样的? 你为什么喜欢这样的工作?	你吃午餐了吗? 您是上午有时间还是下午有时间? 你订购一套还是两套? 你喜欢你的工作吗?
优势	收集信息全面,得到更多的反馈信息,谈话的气氛轻松	可以引导对方直接给到自己想要的结论,容易控制谈话的时间
劣势	占用一定的沟通时间,谈话内容容易跑偏,不便于控制沟通节奏	收集信息不全面,不利于了解对方的真实意思,只能是确认信息。另外,封闭式问题有时会让对方产生一些紧张或戒备的感觉
应用	时间充裕,需要收集信息,想让对方充分参与、充分主导时用开放式问题	时间有限,需要尽快得出结论,想自己控制局面时用封闭式问题

提问的技巧很多,我们介绍以下几种。

(1)直接提问法。提问者从正面直接提问,开诚布公、干脆利落、直截了当地讲明询问目的,开门见山地提出问题。在运用直接提问法时要注意情感的铺垫,使对方心理上会舒缓一些,也能多合作一些,同时防止提问过于直白的问题,以免显得过分生硬,容易造成询问对象的心理抗拒,难以获得有价值的信息和材料,而且还会给人一种笨嘴拙舌的感觉。

你是否对别人的批评很敏感

有人问美国华尔街40号国际公司前总裁马修·布拉:"你是否对别人的批评很敏感?"他说:"早年,我对这种事情非常敏感。我急于要使公司里的每一个人都认为我非常完美。要是他们不这样想,就会使我忧虑。只要一个人对我有一些怨言,我就会想法子取悦他。可是,我做的讨好他的事,总会让另外一个人生气。等我想要补偿这个人的时候,又会惹恼其他人。最后我发现，我越想讨好别人，就越会使我的敌人增加。所以，我对自己说：只要超群出众，你就一定会受到批评，还是趁早习惯。这一点对我大有帮助。以后，我决定尽自己的最大能力去做，而把我那把破伞收起来，让批评我的雨水从我身上流下去，而不是滴在我的脖子里。"

（2）限定提问法。人们有一种共同的心理——认为说"不"比说"是"更容易、更安全。所以，一般在沟通过程中，提问者向回答者提问时，应尽量设法不让对方说出"不"字来。提问者可采用限定提问法，在问题中给出两个或多个可供选择的答案，即两个或多个的答案都是肯定的。例如，与别人订约会，有经验的提问者从来不会问对方："我可以在今天下午来见您吗？"因为这是种只能在"是"或"不"中选择答案的问题。如果将提问方式改为限定型，即改问："您看我是今天下午2点钟来见您还是3点钟来？""3点钟来比较好。"当他说这句话时，提问的目的就已经达到了。

向大娘提问

有个偏远山村的群众吃水很困难。后来，在当地政府的关怀下，村民都用上了自来水。记者采访一位老大娘时问道："大娘，您吃上自来水了，高兴吧？"大娘回答说："高兴！高兴！"这次采访，记者就提了这一个问题，大娘也就连着说了两个"高兴"，心里有话却因记者的直白而没能说出来。如果问："大娘，原先您想到过吃自来水吗？"或者"大娘，听说你们过去吃水好困难？"大娘心里的话就能痛快地说出来。

（3）诱导提问法。诱导提问法就是提问者通过采用启发诱导的方式，引导或激活对方的思路，诱发对方的情感，使对方明确双方沟通的范围和内容，从而有针对性地把对方掌握的信息引导出来，这比较适合提问对象不愿意说、不大会说、不想主动说等情形。在某种情况下，诱导提问法还可以有意识地通过提问来使对方落入提问者的"圈套"，从而使其承认或否认某种言行。

孟子的提问

孟子在劝谏魏惠王时，曾经提出一个问题："假定有一个人向大王报告：我的臂力能举起三千斤的重物，却拿不起一根羽毛；我的目力能把秋天鸟的细毛看得分明，但一车柴火摆在眼前却瞧不见。你相信吗？"魏惠王说："不，我不相信。"孟子马上接着说："这样看来，那个力士连一根羽毛都拿不起，是不肯用力的缘故；那位明察秋毫的人，连一车柴火都瞧不见，是不肯用眼睛的缘故；如果老百姓得不到安定的生活，是不肯干，不是不能干。"孟子开始的问话就是诱导提问法。

（4）追踪提问法。所谓"追踪提问法"，是指提问者把握事物的矛盾法则，抓住重点，循着某种思路、某种逻辑，进行连珠炮式的提问。这种提问既要按照事物的内在联系，把基本情况和事实真相了解清楚，又要抓住重点，深入挖掘，达到应有的深度。一般来说，提问者对于触及事物本质的关键性材料，以及对方谈话中的疑点，或者从对方谈话中发现的有价值的新情况、新线索，往往会抓住不放，打破砂锅问到底，直至水落石出。这里可采用的提问方式如"还有什么呢？""其他原因呢？""您能进一步解释一下吗？"需要注意的是，追问既要问得对方开动脑筋，又要让对方越谈越有兴趣，态度、语气都要与谈话的气氛协调一致，不要把追问搞成逼问，更不要变成变相"审问"。

刘吉答青年
学生问

提问的方法丰富多样，提问者可以根据沟通中的具体情况，灵活地加以运用。同时，这些方法既是相对独立，又是互相联系的。它们可以单独使用，也可以交替或交叉使用。掌握了每种方法的要领，就可以在沟通的过程中运用自如，获取最佳沟通效果。

8. 回答的技巧

回答问题是交谈过程中的重要环节之一，有效的回答建立在对提问者的观察、了解的基础之上，有效回答问题能够使提问者的疑问得到解答，使回答者自身的能力与学识获得进一步的展示，从而获得沟通对象的认可，还有利于减少与沟通者之间的误会。

回答的技巧很多，我们介绍以下几种。

（1）针对性回答。有时问题的字面意思和问话人的本意不是一回事，我们回答时，就不仅要注意问话的表面意义是什么，更要认清提问人的动机、态度、前提是什么，使回答具有针对性。

对　答

一次，某专科学校期末考试安排老师监考。有一学生违反考试纪律夹带小抄，被监考老师抓住。其班主任前来求情。于是就有了这样一段对话："他反正又没看，你高抬贵手饶他这一回吧。"监考老师回答："国家明文规定，私自拥有藏匿枪支，属于违法行为。如果有人私自藏匿枪支却并未杀人，算不算犯罪呢？"班主任哑口无言。

无独有偶。一次，英国大戏剧家萧伯纳结识了一个肥头大耳的神父。神父仔细打量着瘦骨嶙峋的剧作家，揶揄地说道："看着你的模样，真让人以为英国人都在挨饿。"萧伯纳马上接过话说道："但是，看看你的模样，人们一下子就清楚了，这苦难的根源就在你们这种人身上！"

（2）艺术性回答。这里所说的艺术性回答主要有避答和诡答。

① 避答。避答即避而不答。这种方式用于对付那些冒昧的提问者所提的问题。有时，某些问题自己不宜回答，但对方已经把问题提到面前了，保持沉默显然被动，就可以避而不答。

避答两例

日本影星中野良子来到上海，有人问她："你准备什么时候结婚？"中野良子笑着说："如果我结婚，就到中国度蜜月。"中野良子的婚期是个人隐私，中野良子自然不愿吐露。她虽然没有告诉婚期，却说结婚到中国度蜜月，既遮掩过去，又表现了她对中国人民的友谊。

王光英当初赴香港创办光大实业公司时，一下飞机，记者们蜂拥而至。一位女记者挤到面前，问道："先生，请问您这次到香港带了多少钱来？"王光英见对方是个女记者，急中生智，这样应答道："对女士不能问岁数，对男士不能问钱数，小姐，你说对吗？"既达到了目的，又很有幽默感。

② 诡答。这是与诡辩连在一起的回答。诡，怪的意思。诡答，即一种很奇怪的回答。在特殊的情况下，不能、不宜或不必照直回答时急中生智，用诡答技巧，做出反常的回答，既增添了谈话的情趣，又应付了难题。

 **小故事**

老头子

清朝乾隆年间的进士纪晓岚在官中当侍读学士时，要伴皇帝读书。一天，天色已亮，而乾隆皇帝还没来，纪晓岚就对同僚说："老头子还没来？"恰巧乾隆皇帝跨门而入，听到他的话，就愠怒地责问："老头子三个字作何解释？"纪晓岚急中生智，跪下道："皇上万寿无疆，叫作'老'；皇上乃国家元首，顶天立地，叫作'头'；皇上是真龙天子，叫作'子'。"于是龙颜大悦。"老头子"本来是一种对老年人不尊敬的称呼。面对乾隆的责难，为了开脱自己的罪责，纪晓岚采用文字拆合法来偷换概念，居然把"老头子"变成了对皇帝的敬称。试想，如果纪晓岚不是运用"诡辩"来应付这样的难题，怎么能避免一场杀身之祸呢？

（3）形象性回答。形象性回答是指当提问者提出一个带有一定"理论"色彩的问题时，如果回答者泛泛而谈地讲一些空洞的大道理，往往得不到听者的认同，这时不妨用形象化的方法（如讲故事、打比方等）将枯燥的道理形象化，让听者品味并深刻理解。

 小案例

韩寒巧妙回答

在香港书展读者见面会上，有读者问韩寒："你是如何看待你成长之路上遇到的种种困难挫折的？"韩寒沉思片刻后回答说："一个农夫的驴子不小心掉进了枯井里，农夫绞尽脑汁都没法救出驴子，为免除驴子等死的痛苦，他决定将泥土铲进枯井中把驴子埋了。刚开始驴子叫得很凄惨，后来却渐渐安静了下来。农夫好奇地探头往井底一看：原来，当泥土落在驴子的背部时，驴子便将泥土抖落在一旁，然后站到铲进的泥土堆上面！就这样，驴子很快便上升到了井口！我们在成长之路上难免会陷入'泥土'，换个角度看，它们也是一块块的垫脚石，而想要从'枯井'脱困的秘诀就是将'泥土'抖落掉，然后站到上面去！只要我们锲而不舍地将它们抖落掉，站上去，那么即使是掉落到最深的井，我们也能安然地脱困。"韩寒通过即兴讲述一个"驴子落枯井"的小故事，生动有趣地谈及了成长路上的"枯井"和"泥土"的现实意义，深刻地道出了自己独特的人生观——把困难化作动力，给人以智慧的启迪。

（4）借用性回答。借用性回答就是在回答提问者提出的问题时，巧妙地借用对方问话中的语气和词句等，以一种出人意料又在情理之中的借题发挥式的方法来回应对方，得到在特定情境下的理想回答效果。

 **小 故 事**

基辛格的回答

1972年,基辛格随同尼克松访问莫斯科,途中在维也纳就美苏首脑会谈问题举行了一次记者招待会。这时《纽约时报》记者提问一个所谓"程序问题":"到时你是打算点点滴滴地宣布呢,还是来个倾盆大雨,成批地发表协定呢?"从不放过任何机会讥讽《纽约时报》的基辛格,一板一眼地说:"我明白了,这位记者先生要我们在倾盆大雨和点点滴滴之间任选一种,这很困难,无论怎样,都是很糟糕的,这样吧,我们点点滴滴地发表成批声明。"

任务评价

"交谈实训"考核评分标准见表5-4。

表5-4 "交谈实训"考核评分标准

序号	考核内容	考核要点	分值	自评分	互评分	教师评分
1	交谈的基本礼仪	态度、表情、语调、举止、寒暄、话题等符合礼仪要求,且做到周到适度	50			
2	交谈的语言艺术	准确、流畅、委婉表达,适时赞美,幽默风趣,用语礼貌,耐心倾听,善于提问和回答	50			
		总　　分				
小组自评		存在不足:				
		改进措施:				
小组互评		存在不足:				
		改进措施:				
教师评价		存在不足:				
		改进措施:				

训练总结:

课后练习

1. 判断题

(1) 如果交谈的对象是陌生人,语气语调应该"气缓声轻",给人以礼貌之感。 （　　）

(2) 与人交谈时,可以跷二郎腿。 （　　）

(3) 与人交谈时要目不转睛地盯着对方看。 （　　）

(4) 与人交谈时,可以涉及收入多少的话题。 （　　）

(5) 与人交谈,不能唱"独角戏"。 （　　）

(6) 交谈时应避免使用主观武断的词语。 （　　）

（7）与人见面时可以使用"你吃了吗""你上哪儿去"等问候语。　　　　　　（　　）

（8）"年龄"不属于隐私类话题，可以在交谈中涉及。　　　　　　　　　　（　　）

（9）交谈时应该是等对方把话说完，再进行发言。　　　　　　　　　　　（　　）

（10）寒暄是谈话之前的开场白，其内容常常涉及天气冷暖、工作忙闲等。　（　　）

（11）与人交谈时要注意倾听。　　　　　　　　　　　　　　　　　　　　（　　）

（12）与人交谈时，可以询问对方："我刚才讲到哪里了？"　　　　　　　　（　　）

（13）众人聚会时可以随时发问，反正有人会搭腔。　　　　　　　　　　　（　　）

（14）"拜托！"属于礼貌用语中的回敬用语。　　　　　　　　　　　　　　（　　）

（15）谈话中应使用礼貌的语言、商量的语气。　　　　　　　　　　　　　（　　）

2. 简答题

（1）交谈的基本礼仪有哪些？

（2）交谈中应注意的最重要的问题是什么？

（3）如何才能做一个好的倾听者？

（4）日常礼貌用语有哪些？

（5）交谈时应选择哪些话题？应避免哪些话题？

（6）在交谈中应如何问答？

3. 实践题

（1）请根据交谈礼仪的要求与同学模拟一次交谈。

（2）回想你上一次与某人的谈话，你使用或有意操纵了多少种非语言暗示来传达你的信息？挑出你记得的每一种：目光接触、面部表情、姿势、形体动作、穿着装束、环境、空间（与他人的距离）、态度。

很可能你所有的暗示都做到了，但是这里仅需挑出你在那次谈话中有意使用的那些。你是否根据不同场合进行不同的暗示？你运用非语言暗示是否比语言暗示更自如？你认为哪一种暗示更好地传递了你的信息？

（3）请在与人交谈中注意使用以下交际用语，将会使你增色不少。

初次见面应说：幸会　　　　　　看望别人应说：拜访

等候别人应说：恭候　　　　　　请人勿送应用：留步

对方来信应称：惠书　　　　　　麻烦别人应说：打扰

请人帮忙应说：烦请　　　　　　求给方便应说：借光

托人办事应说：拜托　　　　　　请人指教应说：请教

他人指点应称：赐教　　　　　　请人解答应用：请问

赞人见解应用：高见　　　　　　归还原物应说：奉还

求人原谅应用：包涵　　　　　　欢迎顾客应叫：光顾

老人年龄应叫：高寿　　　　　　好久不见应说：久违

客人来到应用：光临　　　　　　中途先走应说：失陪

与人分别应说：告辞　　　　　　赠送作品应用：雅正

（4）在人际交往中，语言文明是处理好人际关系的基本要求，语言文明应以真诚自然为最高准则,避免烦琐。在准备宴请时客人到来以及舞会结束时舞伴要离开这两种常见的情景下,请说明应分别以怎样的文明用语应对?

（5）讨论在交谈中遇到以下三种情况时该如何处理。

① 对方不知不觉将话题扯远了。

② 对方心血来潮,忽然想到了他得意的事。

③ 对方故意转变话题,不愿意再谈原来的事。

（6）有些话的意思差不多,但表达稍有不同,给人的感觉就大不一样。例如,说"谁?"不如说:"哪一位?"因为前者太直白,而后者更委婉、动听。请指出以下话语如何运用更委婉、动听的表达方式来表达。

① "不来。"

② "不能干。"

③ "什么事?"

④ "如果不行就算了。"

（7）请分析以下情境中"提问"的"得"或"失"。

情境 1　在一家经营咖啡和牛奶的茶室,刚开始营业员总是问顾客:"先生,喝咖啡吗?"或者是:"先生,喝牛奶吗?"其回答往往是否定的。后来,营业员经过培训换一种问法,"先生,喝咖啡还是喝牛奶?"结果其销售额大增。无独有偶。两家卖粥的小店的产品、装修、服务没什么两样,但 A 店总是比 B 店多卖一倍的鸡蛋,原因在哪?B 店客人进门,服务员会问一句:"要不要鸡蛋?"有一半要,另一半不要。而 A 店客人进门后听到的是:"要一个鸡蛋还是两个?"有的客人要一个,有的要两个,不要的很少。这样,A 店的鸡蛋就总是卖得多一点。同样一句话,前后一对调或者做点不起眼的变化,就会出现不同的结局,其实质在于说话人掌握了对方思考的方向。请分析其中的原因是什么。

情境 2　有一对来自阿坝地区的羌族兄弟,他们演唱的是一首流传千年的大山古歌——《羌族酒歌——唱不起了》。这是一首没有经过任何"艺术加工"、真正的原生态民歌。在无伴奏的情况下,羌族兄弟那极具特色的和声及效果引得专家连声称奇,评委给了很高的分数。只是在素质考核环节,羌族兄弟的表现不好,得分为零。

为了缓解羌族兄弟俩的尴尬,董卿临时加入了一个小环节。她这样说道:"就像这对来自深山的选手不了解外面的世界一样,我们对他们的文化也未必知道。我现场替他们给评委出一道题,我请问佩戴在兄弟俩脖子上的这个银质的小壶是干什么用的? 请回答。"

顿时,场上场下气氛热烈,评委们纷纷抢答,观众们也众说纷纭。可十几秒后,仍无人答出。

考虑到整个比赛的进程,董卿适时出手,赶紧转场:"刚才是否有答对的,现在请这对选手告诉我们正确答案。"

羌族兄弟中的一个走上前来,解释道:"这个银制的小壶是进山打猎时用来装油和盐的。"

这一答案解除了评委和观众的疑惑,也缓解了选手的尴尬情绪。顿时,现场报以热烈的掌声。

（8）请分析以下情境中的"回答"好在何处。

情境 1　一次，某记者问杨澜："你想拥有什么样的后半生？"杨澜说："我连前半生还没过完呢，怎么就后半生了啊？"

情境 2　香港作家陈浩泉在长篇小说《选美前后》中描写"香港小姐"准决赛时的一段场面。为了测试参赛选手的谈吐应对技巧，司仪问参赛的杨小姐："杨小姐，请听着，假如要你在下面的两个人中选择一个作为你的终身伴侣，你会选谁呢？这两个人一个是肖邦，一个是希特勒！"回答肖邦，会落入俗套；回答希特勒，人家会说她神经有毛病。怎么可以选择一个与人民为敌的魔鬼作终身伴侣呢？可是，在这两个人中必须选一个。这样就把杨小姐逼入困境。只见杨小姐说："我会选择希特勒。"台下观众顿时骚动起来，追问她："你为什么选择希特勒？"她的回答可谓绝妙："我希望自己能感化希特勒。如果我能嫁给希特勒，第二次世界大战肯定不会发生，也不会死那么多的人了。"

情境 3　1860 年，与林肯竞选总统的是当时显赫一时的大人物——民主党派候选人道格拉斯。他依仗自己的财势，专门准备了一辆竞选列车，还在后边安装了一门礼炮，所到之处，他都要鸣礼炮 32 响。在他看来，只要用强大的气势压倒林肯这个穷小子，就能顺利地当上总统。

与对手不同的是，林肯坐着一辆耕田用的马车，所到之处，他都要亲自走到选民中间，与选民进行亲切的交流。当有人问林肯拥有多少财产时，林肯发表了一段感人至深、令人难忘的演讲："如果大家问我有多少财产，那么我告诉大家，我有一位妻子和三个女儿，都是无价之宝。此外，还有一个租来的办公室，室内有桌子一张、椅子三把，墙角还有大书架一个，架子上的书值得每一个人读。我本人既穷又瘦，脸很长，不会发福。我实在没什么依靠的，我唯一的依靠就是你们。"

（9）交谈语言技巧自我测试。请回答以下问题以确定你与他人交流中的优缺点。1 表示从不这样，2 表示很少这样，3 表示有时这样，4 表示经常这样，5 表示每次都这样。选择符合的项即得相应的分数。

① 与人交谈时，我发言时间少于一半。

② 在交谈一开始我就能看出对方是轻松还是紧张。

③ 与人交谈时，我会想办法让对方轻松下来。

④ 我有意识提些简单问题，使对方明白我正在听，对他的话题感兴趣。

⑤ 与人交谈时，我留意消除引起对方注意力分散的因素。

⑥ 我有耐心，对方发言时不打断人家。

⑦ 我的观点与对方不一样时，我努力理解他的观点。

⑧ 我不挑起争论，也不卷入争论中。

⑨ 即使我要纠正对方，我也不会批评他。

⑩ 对方发问时，我简要回答，不做过多的解释。

⑪ 我不会突然提出令对方难答的问题。

⑫ 与人交谈时，头 30 秒我就把我的用意说清楚。

⑬ 对方不明白时，我会重复我的意思或换种说法再说一次，再

交谈语言技巧自我
测试结果分析及建议

或者总结一下。

⑭ 我每隔若干时间就问对方有何反应,以确保他能听懂我的意思。

⑮ 我发现对方不同意我的观点时,就停下来,问清楚他的观点。等他说完之后,我才就他的反对意见发表我的看法。

4. 案例分析题

扫描二维码,阅读案例原文,然后回答案例后的问题。

案例分析题原文

任务 5.2　通　信　礼　仪

家书抵万金。

——杜甫《春望》

 **案例导入**

对方会看到你打电话的表情

有一位特别有名的推销员,有人结合他的经历写了一本书,叫《史上最伟大的推销员》。这位推销员的伟大之处在哪儿呢? 他的工作中又有哪些有趣的故事?

有一天晚上,他回到家后,比较累了,决定先睡一觉。但他定了一个闹钟,同时告诉妻子,晚上十点的时候,一定要把他叫起来,因为他跟一个很重要的客户约好在十点半的时候打电话。

到十点的时候,不等妻子催他,他听到闹钟就醒了,然后去洗手间洗漱,接着又是刮胡子,又是穿衬衫、打领带,还穿上了西装和皮鞋。最后拿了个本子,在电话机旁正襟危坐,一到十点半就准时给对方打电话。

业务倒是谈得很顺利,十几分钟就谈成了。但是他这番反常举动让妻子感到很奇怪:不就一个电话吗? 有必要搞得这么庄重吗? 大半夜还要起来精心打扮一番,好像现在不是晚上,而是星期一早上要去上班。

你猜他是怎么解释的? 他跟妻子说,如果我很邋遢、很懒散,对方虽然看不到我的样子,但是我自己的精神面貌不好,而这会通过我的语气变化传达到对方那里。经过这么一番打扮,我看起来正式多了,人也精神多了。虽然看不见对方,我也要尊重对方,我相信,对方一定能感受得到!

任务分析

通信是指人们利用一定的电信设备进行信息传递和沟通交流。被传递的信息，既可以是文字、符号，也可以是表情、图像。

如今是信息社会时代，信息是资源，信息是财富，信息是生命，谁掌握了信息，谁就掌握了主动权。在日常生活中，人们接触最多的通信手段，当今主要有电话、手机、电子邮件、微信等，这些通信工具为我们获得信息、传递信息和使用信息提供了越来越多的选择。

通信礼仪是指在利用上述各种通信手段时所应遵守的礼仪规范。通信礼仪的基本原则是保持联络，它的基本含义是：在人际交往中，应尽一切可能与自己交往对象保持各种形式的有效联系，以便进一步加深交往和沟通，巩固、促进和发展彼此间的正常关系。

通信礼仪

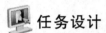 **任务设计**

通信礼仪实训

实训目标：掌握在日常交际中的通信礼仪规范，赢得交际对象的信任和好感，展现出良好的职业形象。

实训准备：通信场景设计；模拟一个办公室的环境，要有两张办公桌、办公椅（办公桌可以相隔一定距离）以及电话（手机）若干部。

实训方法如下。

（1）电话（手机）沟通训练。将全班学生分组，每4～6人为一组，每组自由结合，模拟在以下五个情境下的电话接听礼仪技巧及交谈内容，如果现场没有电话，可用手机代替。

① 假如你是某公司业务员，突然接到一个投诉电话，客户要求赔偿由于迟交货物所造成的全部损失。

② 假如你正在电话里和一位客户谈生意，另一部电话突然响起。

③ 如果有个电话是你接听，所找的人为你的同事，而你的同事恰好不在。

④ 你与客户第一次进行业务联系。

⑤ 你接到一位消费者的电话，其情绪非常激动，言辞激烈，抱怨他（她）买的手机质量不好。显然这位消费者打错电话了。你该如何应答？

也可以发挥想象，设计其他电话（手机）通信场景。

（2）网络沟通训练。以小组为单位，要求其结合所学的网络通信礼仪规范和自身使用网络的体会，制订出一份网络沟通行为准则。

实训要求：全程录像，通过大屏幕回放，学生自我评价，小组评价，教师点评总结。评选出"最佳表现小组"。

一、电话礼仪

1. 接听电话的礼仪

（1）及时接听。电话铃声一响，应该立即去接，最好不要让铃声响

电话的语言要求

过三遍,即所谓的"铃响不过三"。如果电话铃声响过数遍后才做出反应,会给人以不愉快的感觉。如果因为其他原因在电话铃声响三声之后才接起电话,在接起电话后首先要说声:"对不起,让您久等了!"在工作岗位上遇到距离自己较近的电话铃声鸣响的情况下,即便不是自己的专用电话,也应主动接听,帮助传达消息。

(2)自报家门。接听电话时,首先要问好和自报家门,如"您好,这里是×××公司,请问您找谁?"严禁以"喂"字开头,因为"喂"字表示希望先知道对方是谁,在等着对方告诉你。而且,如果说"喂"时语气不好,就极易让人反感。所以,接听电话时的问候应该是热情而亲切的"您好!"如果对方首先问好,则要立即问候对方,不要一声不吭,故弄玄虚。

(3)热情友好。接听电话要使用文明用语,要对对方礼貌、热情,态度要谦和、诚恳,语调要平和,音量要适中。可用"请问您找谁?""我能为您做什么?"等礼貌用语。对方说明要找的人,可回答"请稍等",然后去找。如遇人不在,可婉转告诉对方"×××人不在办公室,请问您有什么事情需要转告吗?"假如要找的人正在开会,则应礼貌地告诉对方并让对方迟些时候再打过来。不要用生硬的口气说话,如"他不在""打错了""没这人""不知道"等。

(4)认真记录。代接他人电话时,如果对方有重要事情转告或需要记录时,应认真予以记录,如时间、地点、联系事宜、需要解决的问题等。记录完毕,应将重点内容再复述一遍,以验证是否有误。电话记录还应包括对方的姓名、单位、联系方式、致电时间、是否需要回电等内容。之后还应注意向相关人员及时转达电话内容,不可延误。

(5)礼貌结束。要结束电话交谈时,一般应当由打电话的一方提出,然后彼此客气地道别,说一声"再见",再挂电话,不可只管自己讲完就挂断电话。如果确实需要自己先行结束谈话,要向对方做出解释,并真诚致歉。通话完毕后,应等对方放下话筒后再轻轻放下电话,以示尊重。

接到不懂礼仪的人打来的电话时……

总是有一些不懂得礼仪的人,在打电话时不考虑对方的感受,遇到这种情况时应如何应对呢?

(1)反复陈述型。接到"反复陈述型"的电话,应适时说:"×先生,容我对你刚才所讲的做个总结,如果有遗漏或错误的地方,请随时更正或补充。"

(2)一心二用型。有的人在和你通电话时又和别人讲话。应付这样的人,可以建议他在不忙时和你见面再谈,或要求他重复刚刚说的话:"×小姐,我这里听得并不是很清楚,请你再说一遍好吗?听起来你好像也在和其他人说话。"

(3)避重就轻型。当对方避重就轻时,你可以直接切入主题:"×先生,你到底需要什么?我要如何才能帮你的忙?"

(4)喋喋不休型。接到"喋喋不休型"而又与己无关的电话,应立刻打断他的话:"对不起,×太太,我不认为这件事我能帮什么忙,但听起来应该和我们的业务部有关,请你稍等,我帮你转业务部李小姐。"

2. 拨打电话礼仪

(1)选好时间。打电话给别人,首先要注意选择好恰当的时间。通常情况下,公务电话最好避开临近下班以及用餐时间，因为这些时间段打电话，对方往往急于下班或用餐，极有可能得不到满意的答复。

公务电话应尽量打到对方单位，如果确实需要往家里打电话，则需避开吃饭以及睡觉的时间。通常，最佳打电话的时间是上午 9：00—12：00、下午 2：00—5：00 以及晚上 8：00—10：00。

如果知道对方的上下班时间，则应避免在对方刚上班半小时或下班前半小时内通话。

如果不是十万火急的情况，一般不要在节假日、用餐时间和休息时间给对方打工作电话。

如果是拨打国外电话，则还应该注意时差。

（2）事先通报。电话接通后，要先通报自己的姓名、身份，如"您好，我是×××公司销售部小陈"。必要时，还要询问对方现在是否方便接听电话。如果对方现在不方便接听电话，则应等对方方便时再打电话。

（3）控制时间。打公务电话时，必须对通话的时间进行控制，基本要求是"以短为佳，宁短勿长"，即所谓的电话礼仪的"三分钟原则"。

作为商务场合的电话，刚开始的寒暄是必不可少的，但是要点到为止，不能没完没了、本末倒置。

然后开门见山，直奔主题。特别是打重要电话或国际长途电话时，最好事先做好充分准备，把需要的谈话内容要点先罗列在纸上，打电话时就不会出现丢三落四的现象。

通话时要干脆利落，不要东拉西扯，既浪费时间，又给对方留下不良印象。

交谈完毕，再简单复述通话内容，然后就结束通话。

（4）文明礼貌。通话过程中态度要热忱，吐字要清晰，语气要亲切。通话时要集中精力，不可边吃边说，更不可一边打电话一边同旁人聊天，或兼作其他工作，给人心不在焉的感觉。

打错电话时，要主动向对方道歉，不可一言不发，挂断了事。

无论因为哪方原因掉线，都应主动再打一遍，并说明原因，而不要等对方打来。

接听电话以及通话全过程，要注意使用电话礼貌用语。

电话礼貌用语

（5）举止得体。通话时，要站好或坐端正，举止得体。不可以坐在桌角上或椅背上，也不要趴着、仰着、斜靠着或双腿高架着。

使用电话要轻拿、轻放。

不要在通话的时候把话筒夹在脖子下或抱着话机随意走动。

通话的时候，不要发声过高，免得让受话人承受不起。标准的做法是：使话筒和嘴保持 3 厘米左右的距离，以正常、适中的音量就可以。

🐾 小贴士

拨打电话的空间环境考虑

拨打电话时，也应考虑自己所处的空间环境。

（1）一般而言，工作电话在办公室内打，私人电话在家中打。

（2）在电影院、音乐厅、剧院等公众场合时，无紧急情况不要拨打电话。

（3）拨打电话时，要同时考虑及留意对方接听电话所处的空间环境。

（4）谈论机密或敏感的商业问题时，应在保密性强、安静的环境中拨打电话，且在接通后询问对方是否方便。

3. 使用手机礼仪

手机是一种移动电话，它已成为现代商务人员使用最频繁的电子通信工具。商务人员在使用手机时，应当注意以下几个方面的礼仪。

（1）遵守秩序。使用手机时不允许有意、无意之间破坏了公共秩序，具体来说，此项要求主要是指以下几点。

在会议中、和别人洽谈的时候，最好的方式还是把手机关掉，起码也要调到振动状态。这样既显示出对别人的尊重，又不会打断发言者的思路。而那种在会场上铃声不断，像是业务很忙，使大家的目光都转向他的人，实际给人的印象只能是缺少教养。

注意手机使用礼仪的人，不会在公共场合或座机电话接听中、开车中、飞机上、剧场里、图书馆和医院里接打手机，在公交车上大声地接打电话也是有失礼仪的。

在公共场合，特别是楼梯、电梯、路口、人行道等地方，不可以旁若无人地使用手机，应该把自己的声音尽可能地压低一下，而绝不能大声说话，同时不要妨碍他人通行。

在一些场合，如在看电影时或在剧院打手机是极其不合适的，如果非得回话，或许采用静音的方式发送手机短信是比较适合的。

在餐桌上，关掉手机或是把手机调到振动状态还是有必要的。避免正吃到兴头上的时候，被一阵烦人的铃声打断。

在体育比赛场馆观看射击等比赛项目时，运动员需要安静环境，这时也应注意使手机关机或处于静音状态。

（2）考虑对方。给对方打手机时，尤其当知道对方是身居要职的忙人时，首先想到的是，这个时间他（她）方便接听吗？并且要有对方不方便接听的准备。在给对方打手机时，注意根据从听筒里听到的回音来鉴别对方所处的环境。如果很静，应想到对方在会议上，有时大的会场能感到一种空阔的回声；如果听到噪声，对方就很可能在室外，开车时的"隆隆"声也是可以听出来的。有了初步的鉴别，对能否顺利通话就有了准备。但无论在什么情况下，是否通话还是由对方来定为好，所以"现在通话方便吗？"通常是拨打手机的第一句问话。其实，在没有事先约定和不熟悉对方的前提下，我们很难知道对方什么时候方便接听电话。所以，在有其他联络方式时，还是尽量不打对方手机好些。

不要在别人能注视到你的时候查看短信。一边和别人说话，一边查看手机短信，是对别人不尊重的表现。

（3）注意安全。使用手机时必须牢记"安全至上"，否则不但害人，还会害己。要注意以下几点。不要在驾驶汽车时用手机通话或是查看微信内容，以防止发生车祸。不要在病房、油库等地方使用手机，免得它们所发出的信号有碍治疗，或引发火灾、爆炸。

（4）放置到位。在一切公共场合，在没有使用手机时，都要将它放在合乎礼仪的常规位置。不要在没有使用的时候放在手里或是挂在上

如何挂断电话

衣口袋外。放手机的常规位置：一是随身携带的公文包里，这种位置最正规；二是上衣的内袋里。有时候，也可以放在不起眼的地方，如手边、背后、手袋里，但不要放在桌子上，特别是不要对着对面正在聊天的客户。

🐱 小贴士

网络电话的接打礼仪

网络电话就是运用软件通过无线网或是手机数据流量传输到开发者服务器，通过回拨方式连接打电话者和接电话者双方。无论是在公司的局域网内，还是在学校或网吧的防火墙后，均可使用网络电话，实现计算机与计算机的自如交流。无论身处何地，双方通话时完全免费。

（1）下载安装要正规。网络电话类型很多，在很多平台都可以下载，而且只要是智能手机就可以使用这些软件，总的来说使用还是非常方便的。但是我们也要注意到一点，就是下载的时候要尽可能地选择在官网下载。如果是在非正规的网站下载，很有可能会出现中病毒的情况。为了我们的手机安全，一定要选择正规的下载渠道。

（2）注册按要求填写。注册的时候一定要正确填写自己的手机号码，如果没有填写正确的信息，那么使用的时候会出现问题。这样不仅影响正常使用，以后更换也会非常麻烦，所以建议在注册时就按要求认真填写。

（3）多使用 Wi-Fi 网络。因为网络电话更多还是要依靠网络，在有 Wi-Fi 的情况下是非常经济的，很多公用场所也都有免费的 Wi-Fi 可以使用，从而能够轻松拨打电话。

（4）接通时自报家门。使用网络电话拨号后，对方看到的是网络号码，因此要先自报家门。杜绝使用网络电话拨打一些违反社会道德、法律的电话，如包括恐吓、诈骗、恶意骚扰、扰乱公共秩序、赌博、色情活动等内容的电话，如发现，应立即举报给公安部门。

（5）不散播不良信息。利用网络电话时，不能出现侮辱、骚扰他人以及涉及赌博、毒品、六合彩、色情类、宗教、政治及其他涉嫌违规的内容，不能有虚假广告以及涉及个人隐私和危害国家、社会、他人的短信等。一旦计算机检测出有不良的短信内容，账号可能会被锁定，余额也会被冻结，情节严重的会被举报给公安部门。

二、网络礼仪

1. 网络礼仪的基本规范

 小案例

违背网络礼仪的小李

小李的女友小丽向他提出了分手，小李怀恨在心，为泄私愤，他在本市一家有名的网络论坛上发布了一个名为"拜金女为钱抛弃初恋男友"的帖子。帖子中虚构了女友贪慕虚荣，主动投入有钱富商怀抱而将初恋男子抛弃的情节，并公布了女友的真实身份，引发网友围观。

经朋友提醒后，小丽在网上发现了该帖子，立刻要求该社区版主删除帖子，并向派出所报了案。民警利用网络侦查手段锁定并找到了小李，对其捏造事实并诽谤他人的行为给予了应有的处罚。

（1）充分尊重他人。当今，在互联网上交流已成为一种重要的交际方式。在互联网上人与人之间的交流，由于各种因素，双方往往难以完全正确理解对方所要表达的意思，这样就很容易使人际关系陷入"言者无心，听者有意"的困境。所以，在网络交往中更要充分尊重他人。

① 记住别人的存在。互联网为来自五湖四海的人们提供了一个交流的空间，这是高科技的优点。但往往也使我们在面对计算机屏幕时忘了自己是在跟其他人打交道，忽略了其他人的存在，自己的行为也因此容易变得更粗劣和无礼。因此，有些话如果你当面不会说，那么在网络上也不要轻易说出口。现实生活中，有法律法规来约束我们的行为；在虚拟的网络世界里，尽管法律法规没有那么完善，同样有相应的条款来约束我们的行为。

② 尊重他人的隐私。别人与你的电子邮件往来或私聊的记录应该是隐私的一部分。如果你认识的某个人用笔名上网，未经他的同意不得将其真名公开。如果不小心看到别人的电子邮件或秘密，不应该到处传播。

③ 尊重别人的时间。在提问题前，自己应先花些时间去搜索和研究。可能同样的问题以前已经被问过多次，现成的答案触手可及，这样可免去别人为你寻找答案而消耗时间和资源。

（2）注意言行举止。主要包括以下两个方面。

① 网络留言文明。因为网络的匿名性质，无法根据人的外观对其做出判断，网络语言就成为了解一个人的唯一途径。所以，在网络上留言要格外注意文明、礼貌、规范。如果你对某个领域不是很熟悉，就不要贸然开口。发帖前要仔细检查自己的用词和语法，不要说脏话和故意挑衅的话。网络交流不得使用攻击性、侮辱性的语言。对于常用的语言符号，应当熟练掌握，以便理解对方的意思；同时也要谨慎使用语言符号，以免对方不理解而导致交流障碍。

② 注意交流的语气。在谈话中听来有趣和合理的东西，变成书面语就可能会显得咄咄逼人、唐突甚至粗鲁。大多数人写网络信息时，都不像写普通书面文章时那么认真和注意修饰。实际上，在把信息发表到网上之前应该好好地检查一下。与此同时，你也应当认真阅读别人所写的内容，他们真正要表达的也许并不一定是你所理解的那种意思。

（3）宽容他人错误。任何人上网都有一个从生疏到熟练的过程，作为新手都会有犯错误的时候。所以，当看到别人写错字、用错词，问一个低级问题或者写一篇没必要的长篇大论时，请不要太在意。如果真的想给别人建议，最好在私下提出。

（4）进行合理争论。网络上的争论可以说是一场"没有硝烟的战争"。其实这些争论都属于正常现象，要注意的是争论时要以理服人，不要进行人身攻击和使用侮辱性的语言。

2. 电子邮件礼仪

电子邮件又称 E-mail，是通过互联网进行信息交换的一种联络工具。它能够帮人们以非常低廉的价格快速地传递信息，逐渐成为交际中不可或缺的联络手段。电子邮件礼仪即指在书写和收发邮件时应当遵守的礼仪规范。

（1）电子邮件的书写礼仪。电子邮件的书写通常应按照纸质信函的格式进行。书写电子邮件时,还应当注意以下礼仪。

① 主题明确。添加邮件主题是电子邮件与纸质信函的主要不同之处。商务人员在撰写电子邮件时,一定要在"主题"栏设定一个邮件主题。该主题应明确、具体、提纲挈领,但不宜过长(如"关于洽谈会的准备事宜"等),以便收件人通过主题快速判断邮件内容的轻重缓急,减轻查找或阅读邮件的负担。

② 内容规范。与纸质商务信函一样,电子邮件也应当用语规范、内容完整。与此同时,电子邮件的书写还应注意以下两个方面:一是尽量避免使用晦涩难懂的缩略语,且不要使用网络用语和符号表情,以免影响商务信函的专业性和严肃性。二是在英文电子邮件中,切勿使用大写字母书写正文,以免被误解为态度恶劣或强硬。

③ 签名恰当。商务人员可在电子邮件的签名档中列入写信人的姓名、公司、电话、传真、地址等信息,还可列入个人的座右铭或公司的宣传口号等信息,但信息行数不宜过多,一般不超过4行。

④ 附件合理。商务人员可以通过电子邮件的"附件"功能发送文档,还可以发送照片、音频、视频等文件。在使用邮件的"附件"功能时,应在邮件的正文中对附件进行简要说明,并提示收件人查看附件。

如果附件为特殊格式的文件,则应在正文中说明其打开方式,以免影响收件人查看。

应为附件设定有意义的文件名。当附件的数目较多(多于2个)时,应将其打包成一个压缩文件。

如果附件容量较大(超过25兆),则应事先确认收件人所使用的邮件服务系统有足够的容量收取;否则,应将附件分割成多个小文件分别发送。

(2) 电子邮件的收发礼仪。在发送和接收电子邮件时,应当注意以下礼仪。

① 及时确认发送状态。发送电子邮件后,一定要及时确认邮件是否已经发送成功。确认邮件发送状态的方法通常有以下两种:一是检查被发送的邮件是否已显示在"已发送"列表中,如果在该列表中有显示,则表明发送成功;二是邮件发送几分钟后,检查邮箱中有无系统退信,如果无系统退信则表明发送成功。

② 通知收件人。在发完电子邮件后,必要时可打电话通知收件人查收并阅读邮件,以免耽误重要事宜。

③ 及时回复。收到重要或紧急的电子邮件后,通常应当在2小时内回复对方,以示尊重。对于一些不紧急的电子邮件,则可暂缓处理,但一般不可超过24小时。

回复邮件时,最好只将原件中相关的问题抄到回件上,然后附上结构完整的答复内容。如果只回复"已知道""对""谢谢""是的"等,则是非常不礼貌的。

🦊 小贴士

令人反感的行为

曾有调查结果显示,以下几种行为最容易引起电子邮件接收者反感:①转发伤风败俗的玩笑;②使用大写字母写邮件;③讨论敏感的个人问题;④对工作或老板抱怨不休;⑤就某问题争论不休;⑥不厌其烦地描述自己的不幸;⑦传播不负责任的流言蜚语;⑧随意批评他人;⑨详细谈论自己或者其他人的健康问题。

3. 微信礼仪

微信是一款提供即时通信服务的免费应用程序。微信以其信息发布便捷、传播速度快、影响面广、互动性强等特点,在短短几年时间里迅速发展成为目前国内社交用户群体非常多的软件。为了正确使用微信、提高沟通效果以及树立良好形象,我们需要了解和掌握微信礼仪。

(1) 微信头像。在网络时代,微信不仅是和他人联络感情、获取消息的窗口,也是很多商务人士与同事、领导和客户沟通的桥梁。微信头像是一个人工作、生活、性格、心态、审美和爱好的缩影。因此,选择一个得体、适合自己的微信头像至关重要。如果想要向别人表达比较职业化的形象,选择的头像应该专业化,一方面展现自己的职业特点,另一方面向别人传达自己的专业性和可信赖性。微信头像的色彩不要太多,图片的背景图案最好为纯色,以突出重点。在选择了专业化的头像以后,不可频繁更换头像,以免给客户留下不严谨、情绪变化无常的印象。

(2) 微信命名。微信名虽说是网名,但使用时首先应本着利于交往、利于记忆的目的起一个规范、高雅的微信名,而不能随波逐流、标新立异、哗众取宠。有人认为,微信用户名就是网名,起名可以随心所欲。例如,有些微信用户用党和国家机关名称来命名,很不严肃;有些用外国政要人名来命名;有些名称则让人难记难懂,如用一长串英文字母和数字起名,用看不懂的似汉字非汉字的字当名字等。当人们看到这些名字时,虽然没见过本人,但内心会做出怪异、另类的判断,难以留下好的印象。

(3) 微信签名。你想告诉对方的有关信息可在微信签名里体现,因此要备注一些有价值的信息。

(4) 发微信礼仪。主要包括以下十个方面。

① 注意发送时间。发消息时要注意:非工作时间不要发,休息时间不要发(提示消息会打扰别人休息)。如果对方在国外,还要注意时差问题。

② 直接说事。不用问"在吗"。如果要问"在吗"。在说了"在吗"之后,要把事情顺便说出来,这样可以让对方决定回答在不在。

③ 慎打语音或视频电话。对于不熟悉的人,不要打语音电话或视频通话。如果确实有必要打,打之前要先问问对方是不是方便。

④ 慎用截图。如果是给别人发送需要编辑的文件信息,最好以文字的方式发给对方,不要发截图或发语音。

⑤ 不要不做说明。直接转发帖子给别人或转到微信群里,需要说一下你转发的目的。如果要发文件给对方,先问一下对方想通过微信还是电子邮件接收。因为文件有可能占用对方的手机内存,对方之后再把文件从手机转存到计算机,会增添麻烦。

⑥ 优先选择文字,慎发语音。无论是给领导、下属,还是给同事发微信,优先选择文字,因为在职场活动中,很多场合都不适合发出声音。例如,开会时,大家都选择手机振动或静音,发语音就非常不合时宜,有时甚至会因为发音不标准或不清晰而让人产生歧义或误解。因此原则上不发语音,特别是工作微信和60秒长语音。

⑦ 注意对等地沟通。如果对方发来的微信采用文字形式,不能为图省事而进行语音

回复,这本身就是沟通上的不平等,会使人感觉缺乏修养。

⑧ 学会用表情符号。表情符号作为一种非语言的表达方式,在一定情境下比文字更简练、更形象、更传神、更富有表达力。但因为并未设定表情符号的明确含义,每个人的用法可能不同,在不同情境下的含义也可能不同。由于文化环境的差异,对同一个表情符号会有不同的理解,因此作为下级,在回复上级时仅仅使用表情符号是不妥的。

⑨ 如未及时回复微信,要表明歉意。在沟通过程的对等上,微信和短信不同:只要对方手机开机,就能正常收到短信;微信则需要在手机上网的前提下才能正常发挥功能。所以要事先检查微信是否正常运行,以确保及时回复他人信息,如因故未及时回复,要表明歉意。

⑩工作微信注意排版和说明意图。工作微信内容要有条理、有思路,要编辑好,字数较多时,需要分段并加标点符号。通常一条信息表达一件事情,多件事情就发多条信息。工作微信还要注意说明意图:如果是发通知,可以加上"收到请回复";如果是向领导请示工作,最后可以说"请领导批示";如果发的只是一个提醒,可以告诉对方 FYI(即 for your information 的首字母缩写,意思是让他了解一下,并不需要回复)。

(5) 收微信礼仪。主要包括以下五个方面。

① 要及时回复。如果在收到对方微信后不能马上给出答案,可以告诉别人"我要再想想"或者"有时间再看"。

② 将重要的人物置顶。通过置顶可以把最重要的群和人永远放在最上面,这样不容易遗漏重要信息。

③ 语音类微信的处理。如果接收到语音类的工作微信但不方便接听,你可以回复:"现在不方便接听语音,如有急事,可以发送文字。"或者你可以选用微信的"语音转文字"功能,先大体了解信息内容。

④ 工作信息及时回应。如果收到工作信息,但暂时没有时间处理,建议可以先回复:"已收到,现在手头有其他工作。"或"在外出或者开会中,晚点回复你。"让对方知道你已经收到信息,不用一直焦急等待。

⑤ "提醒"功能的使用。在工作时收到消息,不想立刻处理,又怕以后忘了,或者收到文件只保存却忘了看,都可以用"提醒"功能。

(6) 微信群礼仪。主要包括以下三个方面。

① "拉群"礼仪。"拉群"之前一定要征求被拉对象的意见。同时,如果想邀请某人进群,应事先征得对方同意。群主应向群成员介绍群功能,如果是人数不多的工作群,最好介绍一下群成员。介绍顺序是将晚辈介绍给长辈,将下级介绍给上级,将男士介绍给女士。

② 确定微信群昵称和微信群名称。针对群的主题来修改自己的群昵称。起一个清晰明了的群名称,以此明确建群目的及沟通内容。

小贴士

微信群"七不发"

- 个人生活琐碎和烦恼的事不要发。
- 带有明显政治激进色彩的内容和图不要发。

- 不可强制别人转发你的作品。
- 他人隐私不要发。
- 未经他人同意、带有个人隐私性质的内容和图片，不能随意发。
- 对于不确定的新闻，不要随意转发。
- 太过直白的广告不要发。

③ 微信群常用礼仪。具体如下。
- 群红包不要只抢不发，不要强行要求别人发红包。
- 不是所有群的红包都可以抢，抢之前先看清楚是否是群发红包。
- 能私聊的不群聊。不要在群里持续交流，可以加好友私聊，避免扰众。
- 不要乱发表情包。群聊切忌连续发送不雅表情包，注意微信群是交流信息的地方，不是个人情绪的发泄地。
- 公司项目群最好一群一主题，讨论结束后下载文件、备份聊天记录便可解散群。

（7）"朋友圈"礼仪。微信"朋友圈"是一种新的媒介形式，好像是个人开办的微型媒体，可以图文并茂，记录生活，抒发情感，也可以转载文章，指点江山，嬉笑怒骂……但是，微信"朋友圈"不是个人的私人空间，事实上，个人的微信"朋友圈"并非仅包括自己的家人和好友，还包括上级、同事。"朋友圈"其实已具有媒体属性，不是私域，而是一个公共场合。朋友圈礼仪包括以下三个方面。

① 谨慎"晒"内容。既然"朋友圈"是公共场合，因此"晒"什么就要十分慎重。一般来说，应做到三个坚守：一是要坚守政治底线，牢固树立"四个意识"，增强政治敏锐性和政治鉴别力，对重大原则和大是大非问题要有清醒的认识，不发表违背党的基本路线、否定四项基本原则、歪曲党的政策，或者其他有严重政治问题的文章、演说、宣言、声明等；不妄议中央大政方针，破坏党的集中统一；不丑化党和国家形象，不诋毁、污蔑党和国家领导人，不歪曲党史、国史、军史，不抹黑革命先烈和英雄模范；不制造、传播各类谣言，特别是政治类谣言，不散布所谓"内部"消息和小道消息；不制作、传播其他有严重问题的文章、言论、音视频等信息内容。二是要坚守道德底线，坚守高尚的品格，不断提升道德境界，追求高尚情操，自觉远离低级趣味，自觉抵制歪风邪气，敢于黑脸，敢于亮剑。三是要坚守法律底线，严格执行保密法规和制度，不泄露涉密信息，不传播非法出版物，不宣扬封建迷信、淫秽色情等内容。

此外朋友圈所发的内容要力争原创，不要动不动就转发别人的内容，很多时候，你觉得新鲜时尚的内容，其实都是几年前就存在了。还要注意不发个人生活琐碎和烦恼的事，因为这既影响别人的情绪，浪费别人的时间，也会暴露个人隐私。对于不确定的新闻，最好不要随意转发。也不要把与领导或同事的私人对话截图发到朋友圈，以免给对方带来困扰。

② 恰当地点赞。微信朋友圈的生命力在于其互动性，互动性越强，"晒"的欲望越强。在实践中，常会发现一些不等距、不正常的现象：有的人不看内容先点赞，哪怕发的是令人悲痛的事情，标题看都不看就直接点赞，这种点赞只能引起他人的愤怒，不如不赞；有的人只给领导点赞，其他人一概不点赞，溜须拍马的形象在众人面前表现得淋漓尽致；有的人希望别人多关注，多点赞自己"晒"的内容，但对他人所发所"晒"内容不点赞、不评论；有的人点赞先看人，如同为一个办公室的同事，只为甲点赞，从不为乙点赞，丝毫不顾及别人感受，人为制造人际关系矛盾……为杜绝上述情况，点赞时：一是不要盲目随意点赞，请在点赞、

评论前看好对方发的是什么内容,这是对他人的一种尊重。二是要对同事真诚相待,只有真诚才能获得别人的好感。三是要坚持等距离原则,不厚此薄彼。对上级要尊重而不恭维,不吹捧,不溜须拍马。对同事要保持一视同仁、平等对待,不搞小圈子、小集团,创造团结向上的和谐工作环境。

此外,如果觉得别人发的朋友圈内容好,自己要转发,一定要先点赞、再转发。

③ 评论讲策略。微信朋友圈这种自媒体与传统媒体有一个很大的不同,就是互动性极强,读者可以即时看到更新,随时点赞、评论,如果意犹未尽还能和作者展开多轮对话。在朋友圈发表评论应讲究以下四个策略。

一是要有边界意识,评论前要判断清楚关系。对现实生活中经常见面的、真正的好友,双方知根知底,才可以发朋友圈评论。发表评论不是和作者私聊,而是半公开的对话,除了交际双方,还有一个潜在的观众群。以微信朋友圈为例,评论和评论回复都是向双方的共同好友开放的,这些共同的好友包括双方的同事、同学甚至是客户,情况非常复杂,亲疏程度各有不同,能够和大家共享的恐怕都是些场面话,所以过分私密的评论不宜出现。在这个意义上,在朋友圈发状态和评论都是带有一点"表演"性质的:微信就是舞台,主角就是你我,观众就是共同好友。只有深切认识到这一点,才能使我们的朋友圈交际既得体又合宜。

二是不要发表令人难堪的评论。朋友圈是公开的,所以低级趣味不能有,"政治正确"也要讲。哪些评论会使人难堪而要注意避免? 有一个简易的鉴别办法:最好不要对别人无法自由选择的事情进行评论。比如,评论别人的外貌、身材、家庭出身等,类似于"你的眼睛太小,戴这副假睫毛不合适""怎么你们家都这么胖,看来基因不太好,要努力减肥啊""照片背景是你老家吗? 很破败啊",这些评论的内容都是个人无法改变的,你去评论它,轻则显得低级无聊,重则会触怒朋友。即使夸奖别人的评论,按照这个检验办法进行推导,也应该选择通过个人努力获取的特征来评论比较好。比如,夸奖别人长相漂亮不如夸奖她衣品出众,赞美屋子整洁不如赞美主人勤劳。

三是要尽量避免询问私人信息。例如,"这件衣服真好看,多少钱啊?""这是在哪里吃饭? 旁边那个女孩子是谁?""你这个包挺好看,是什么牌子?"……有的人问题很多,就会惹人讨厌。真要对这些问题感兴趣,不妨发私信询问。因为你和作者的关系好,不等于作者和所有共同好友关系好,有很多问题的答案作者不愿意让别人看到,所以就会不方便回答。

四是不要和异性好友过度互动。有的人开朗热情,也颇有异性缘,平时爱和异性好友开开玩笑,如"哇,这打扮迷死人了!"或者"穿成这样,今天又要去哪里'吃喝嫖赌'?"这些言谈在日常互动中都是可以的,但是在朋友圈里却要收敛。因为在日常的口语交际中,我们和别人的对话都是稍纵即逝的语音流,只有在场的个别人能听到。但是在朋友圈中,评论和互动都是长期保留的,即使设置了"三天可见",这些互动内容也会在三天里被所有共同好友反复看到。即使只是一些玩笑话,假如反复出现,你们的关系就会被强化识别并歪曲放大,在有些人看来甚至会觉得你们在公开打情骂俏。①

总之,在朋友圈要提倡互粉、互赞、互评的"三互"精神,多鼓励和肯定别人,少说教和批

---

① 徐默凡. 小议朋友圈评论策略[J]. 咬文嚼字,2020(4):44-46.

评别人。这样大家才都能有个好心情。

任务评价

"通信礼仪实训"考核评分标准见表5-5。

表5-5 "通信礼仪实训"考核评分标准

序号	考核内容	考 核 要 点	分值	自评分	互评分	教师评分
1	电话(手机)通信礼仪	接听电话的礼仪,拨打电话礼仪,使用手机礼仪	40			
2	网络通信礼仪	网络基本礼仪规范,电子邮件礼仪,微信礼仪	40			
3	整体印象	能够根据场合选择正确媒介沟通方式,自然、自信、端庄、大方、适度,具有较强的集体意识和团队合作精神	20			
		总　　分				
小组自评		存在不足:				
		改进措施:				
小组互评		存在不足:				
		改进措施:				
教师评价		存在不足:				
		改进措施:				

训练总结:

课后练习

1. 判断题

(1) 电话语言要求礼貌、简洁明了,以准确地传递信息。　　　　　　　　(　)

(2) 早晨7点前,晚上10点后一般不宜给人打电话。　　　　　　　　(　)

(3) 打电话时,一般说话的语速、语调和平常的一样就行了,打长途电话可以大喊。(　)

(4) 接电话首先应做到迅速接,力争在铃响三次之前就拿起话筒。　　　　(　)

(5) 假如是与上级、长辈、客户等通话,无论你是通话人还是发话人,都最好让对方先挂断。　　　　　　　　　　　　　　　　　　　　　　　　　(　)

(6) 开车中不适宜接打手机。　　　　　　　　　　　　　　　　　　(　)

(7) 发送电子邮件时可空着正文栏而只发送附件。　　　　　　　　　　(　)

(8) 应尽快对收到的邮件进行回复。　　　　　　　　　　　　　　　　(　)

(9) 每天都应查看自己的电子邮箱。　　　　　　　　　　　　　　　　(　)

(10) 可以用一长串英文字母和数字给自己的微信起名。　　　　　　　　(　)

（11）无论是晚辈还是长辈提出添加微信，晚辈都应该主动去扫描对方的微信二维码。

（　　）

（12）如果是主动添加好友，要在备注栏里作自我介绍。（　　）

（13）发微信时，在说了"在吗"之后，要把事情顺便说出来。（　　）

（14）无论是给领导、下属，还是给同事发微信，优先选择语音。（　　）

（15）在回复上级微信时，下级可以仅使用表情符号回复。（　　）

（16）因故未及时回复微信，要表明歉意。（　　）

2. 简答题

（1）电话的语言要求是什么？

（2）怎样接打电话才符合礼仪规范？

（3）使用手机应注意哪些礼仪？

（4）在接收和回复电子邮件时，应注意哪些礼仪？

（5）发微信和收微信各应注意哪些礼仪？

（6）微信群有哪些礼仪规范？

（7）微信朋友圈有哪些礼仪规范？

3. 实训题

（1）请指出以下接电话过程中错误的礼仪行为。

电话铃声响起，响了五六声。

女：喂！五湖四海公司，你找谁？

客：我的手机好像出了问题，请问要找谁处理呢？

女：你等一下。

转接声音很久……

男：喂！找谁？

客：我的手机出问题了，有一位小姐帮我转到这里的。

男：我们这是业务部，不管手机修理的问题（不耐烦）。

客：我应该找谁呢？可以帮我转一下吗？

男：好啦！你等一下。

转接声又响了好久……

女：喂！

客：我的手机出了问题，请问如何……（被打断）

女：电话转错了吧！

客：那我到底要怎么办？

女：我再帮你转转看。

电话又响很久……没人接听

客：怎么搞的（骂声）！

"喀！"客户把电话挂掉了。

（2）请制定一份接打手机的礼仪守则。

（3）美国贝尔电话公司向25万名话务小姐提出了"带着微笑接听电话""以电话赢得友谊"的职业要求。这件事对你有何启示？

（4）为什么说"从电话礼仪就可基本看出对方的教养如何"？

（5）结合日常生活实际，说明人们在使用电话过程中经常出现的失礼行为以及纠正途径。

（6）李经理正在与一位客户进行电话交谈，这时另一位重要客户来到办公室拜访。如果你是李经理，正确的做法应该是什么？

（7）小刘在几分钟之内连续几次接到同一个打错的电话，可是每一次对方都是什么也不说就把电话挂了。小刘非常恼火，他于是特意按照来电显示屏上的那个号码拨通电话，狠狠地把对方臭骂了一顿。你谈谈小刘做得对吗。

（8）有人给办公室打来电话，声称有紧急、重要的事情向领导报告，请求领导亲自接电话。假如你是接电话的秘书，将如何处理此事？

（9）如果你工作时接到老家来的电话（手机），而工作非常忙，这时要如何处理？

（10）将到目前为止上现代交际礼仪课的感受或意见、建议等写成一封简短的电子邮件，发送到授课老师的邮箱，注意相应的网络礼仪规范。

（11）使用电子邮件发送信息。在收件人一栏打上自己的电子信箱地址，给自己发一封公务信件。然后作为信件接受方，感受一下邮件格式、所用文字等是否恰当。

（12）结合自身实际，谈谈使用微信与人沟通应注意哪些礼仪？

（13）在使用微信、微信群沟通的过程中，你遇到哪些不符合相关礼仪的种种表现？请指出，并谈谈正确的做法应该是怎样的。

（14）请谈谈讲究网络礼仪的现实意义有哪些？

（15）有人发微博说，网络聊天中最伤人的一个字是"哦"，得到了很多网友的认同。请谈谈你的理解和看法。

（16）或许你在网上对人有不礼貌的行为，或许别人对你有不礼貌的行为。请试举一例，并根据所学的知识和技术，提出解决问题的方案。

（17）如何在网络交际中保护好自己的安全和隐私？

4. 案例分析题

扫描二维码，阅读案例原文，然后回答案例后的问题。

案例分析题原文

项目 6 职场礼仪

在现代职场中，一个知礼懂礼的人，是值得交往的，也是能够赢得尊重的，而一个不知礼、不懂礼、不讲礼的人，必定会遭到职场的淘汰。

所谓职场礼仪，是指人们在职业场所中应当遵循的一系列礼仪规范。了解、掌握并恰当地应用职场礼仪，用一种恰当、合理的方式与人沟通和交流，才能让职场人塑造良好的职业形象，在职场中获胜，在工作中左右逢源，事业蒸蒸日上。

这里主要介绍职场中的求职面试礼仪和办公室礼仪。一般地，求职面试是进入职场的必经之路，要实现就业，除了具备就业的基本条件之外，能成功地推销自己也是求职者的必备素质。成功地推销自己，就需要掌握求职面试礼仪。办公室是职场中日常办公的地点，也是展示企业形象的重要窗口。一个人在办公室里的表现不仅直接体现其个人素质修养，也反映了其对职业的认同度、对同事的尊重程度。遵守办公室工作礼仪，是与同事们和谐相处、顺畅沟通、高效工作的重要保证，也是与外界成功合作的重要基础。

职场礼仪可谓一个人事业发展的奠基石，作为一名初入职场的"菜鸟"，更要掌握职场礼仪。

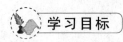

学习目标

知识目标

- 做好求职面试的各项准备;
- 根据自身实际设计出引起用人单位关注的简历;
- 面试符合礼仪规范,拥有职业化的举止;
- 在面试中得体地与面试官沟通交流,展现良好的职业形象;
- 遵循办公室的各项礼仪规范,使自身的职业生涯有一个良好的起点。

能力目标

- 能规范自身言行,提升人际沟通能力;
- 自主学习新知识,能够利用网络媒体资源查找与职场礼仪相关的知识。

素质目标

- 树立传承文化、开拓创新的意识;
- 具有良好的审美情趣,努力提升个人整体形象;
- 具有团队意识和协作精神。

任务6.1　面 试 礼 仪

天生我材必有用。

——李白《将进酒》

案例导入

小徐的面试经历

"第一次求职就成功了,很多人都觉得我很幸运,当然主要得益于自己'诚信的简历'。"同样是应届毕业生,小徐算是最早找到工作的一批了。

面试在下午四点,别人都在紧张地走来走去,小徐却一边拿出巧克力来吃,一边闭目养神。对面墙上贴着一张上海国际艺术节演唱会的海报,作为一名"追星族",她心情格外的好。进去之后,面试官对她也很客气。

双方的交流在一种自然、平和的状态下开始。那天,她和面试官除了讲到她在国内核心期刊发表的论文、自己大学期间的成绩,更多的是讲到了她喜欢的巧克力,讲到了崇拜的歌星,讲到了她在上海电视台参与拍摄的短剧……这些经历足够让面试官了解到她是一个兴趣广泛、精力充沛、热爱生活的人。

她的专业不是会计,而是经济学。她在简历上明确写出了自己没有在会计事务所工作或实习的经历,本来这是个劣势,面试官却认为她具备了一个会计师需要的品德,即诚实。在她离开的时候,她拿到了面试官递过来的 offer,她就这样成功了。

任务分析

现代社会对每个人提出种种挑战的同时，也提供了各种各样难得的机遇，如何在竞争激烈的人才招聘中力挫群雄，一举应聘成功，是每个应聘者必须认真思考的问题。

目前随着我国劳动用工制度和干部人事制度的改革，大多数用人单位在招收新的员工时都要进行面试。通过面对面的观察、交谈，询问等双向沟通方式，面试官能够了解应试人员的素质、能力、性格特征，以及求职应聘的动机。面试也是筛选、考核应聘人员的一种办法。招聘单位通过面试既可以直接了解应聘者的专业水平，又可以对应聘者的能力、才智及个性心理特征等做出直观准确的评价。每位即将毕业的大学生都将面临这种选择。因此，面对就业，大学生们在努力培养良好的专业技能的前提下，还要学习掌握面试的一些惯例与求职的技巧，熟悉求职面试中的礼仪、礼节，使自己在求职面试中获得成功。

所谓求职面试礼仪，是公共礼仪的一种，是指求职者在求职过程中与招聘单位接触时应具有的礼貌行为和仪表形态规范。它通过求职者的应聘资料、语言、仪态举止、着装打扮等方面体现其内在素质，进而影响面试官的招聘决策。心理学家奥里·欧文斯说："大多数人录用的是有礼节的人，而不是能干的人。"得体的礼仪在求职中的重要性不言而喻。谦谦君子总会令人过目难忘，情礼兼备者往往能在竞争中事半功倍。正如"案例导入"中的应届毕业生小徐，其面试成功正得益于此。

面试礼仪

"人尽其才，才尽其用，家国两利，各得其所"，毕业生求职是大学生涯的重要一环，而对于众多已经工作的人来说，重新求职面试也是屡见不鲜的。求职面试，在很多情况下是与别人最直接的"短兵相接"，并且要求这种接触和谐、融洽。求职者面试成功与否，与求职者的礼仪修养有着密切的关系，良好的礼仪有着十分重要的推动作用。

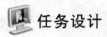 ## 任务设计

招聘会情景模拟实训

实训目标：通过情景模拟，让学生熟悉面试流程，掌握面试礼仪，注意面试细节，积累求职面试的经验，学会推销自己。

实训准备：模拟招聘企业情况、需求岗位、面试问题、面试桌椅等。

实训方法如下。

（1）全班每3人为一个小组，每6人为一个大组，分别扮演招聘方和求职方。

（2）双方积极查找一个与本专业密切相关的企业，以它为载体进行模拟。

（3）设置招聘流程。

（4）布置招聘环境。

（5）进行招聘与应聘演示。面试官先介绍单位及岗位需求情况，然后求职者依次进行1分钟自我介绍，面试官提问，求职者回答问题。

实训要求如下。

（1）双方注意整体流程的把握及礼仪的运用，如果可以，最好找企业的招聘人员进行指导。

（2）全程录像，通过大屏幕回放，学生自我评价、小组评价，教师点评总结。师生评选出"最佳表现组"。

一、面试的仪表礼仪

1. 妆容适度

求职时，妆容应简洁、大方、淡雅、自然，以给人庄重感。对刚毕业的大学生而言，充满朝气的青春之美是任何化妆品都不能取代的。当然，如在此基础上适当加些修饰，增加美感也是可行的。

女士妆容要有"度"，宜化淡妆，追求一种雅致的感觉，妆不要过分浓烈，化妆过度，效果会适得其反。例如，口红涂得太红，指甲油颜色太刺眼，香水味刺鼻，都会使人反感。女性求职者"浓妆艳抹"去面试不可取，但"素面朝天"容易给面试官一种为人不拘小节甚至懒散的印象，也不足取。

男士要剃须，保证面部清爽，鼻毛不可外露。男女求职者均要注意保持手部卫生，女性尤其不能留长指甲或染指甲。

2. 发式适宜

发式是仪表的重要方面，求职者应保持头发的清洁，并加以修饰，充分显示自己的生机和活力。

男士的头发，前面不可以遮住眉毛，不可过于凌乱，保证头发的整洁，无头屑。发型要大方又有朝气，不可求新、求怪，更不能染发。

女士要保证头发柔顺，不毛躁、不凌乱，不染夸张的颜色，发式美观大方，不要太过新潮、前卫，如有职业要求，最好将头发束起。

3. 服装得体

服装得体就是要做到简洁、大方、雅致。男士面试以西装、衬衫、皮鞋为主。可以穿着一套深色的西装。西装颜色不要过于艳丽，以藏青、深蓝、深灰冷色调为主，做工精细、质量考究的套装为佳，过于艳丽的颜色会给人轻浮之感。女士以得体大方的职业套装和连衣裙为主。如果穿裙子，不可过短，最好也不要太长，短的容易显得轻浮，长的可能会显得邋遢。刚到膝盖上或者膝盖下为最好。女士可以穿着颜色较为鲜艳和款式较为时尚的服装，但不能穿着奇装异服，不能追求所谓的前卫、新潮、另类。

求职者的装束应与自己的个性相符合。女性如拥有一张"娃娃脸"，应选择颜色深沉的套装，给人一种稳重的印象；如果相貌老成，应选择色调柔和的套装，显得充满活力，以免给对方造成跟不上时代节拍的感觉。

🦊 **小贴士**

行业与面试服装

（1）业务人员与销售人员：选择专业保守、舒服但不会过度醒目的服饰。

（2）会计人员与律师：比任何行业更需要简单、干练、质感佳且色调中性的服饰。

（3）研发人员与工程师：轻便但不等于随便，简单素色、中性的西服套装是最佳选择。

（4）创意工作者：兼具时髦与沉稳，富有创意的穿着将更凸显特点。

（5）秘书：着套装，服装风格以典雅为原则，给人干净利落的感觉。

4. 佩饰得当

佩饰在人的整体装束中很重要，佩饰用得好，似画龙点睛，使人更加潇洒飘逸；反之，如画蛇添足，会破坏人的整体形象。领带在男性求职者的佩饰中占重要位置，在选择领带颜色时要考虑与西装颜色搭配，领带的质地、图案也要与西装颜色和个人的身材、体形协调。鞋袜的处理要注意，鞋子一定要干净，如是皮鞋要擦干净、光亮，鞋带要系好。女性的皮鞋注意要款式简单、大方。鞋跟高度以 3～5 厘米为佳。注意不要穿走路会发出很大声音的鞋子。袜子颜色以与上衣颜色接近为好，不要过于鲜亮，一般以肉色为佳。去面试的时候要多准备一双袜子，以防袜子钩破的尴尬。

一般除手表外，不要佩戴过多的饰物，且不能佩戴过于炫目、过于怪异的首饰。求职者佩戴的饰物要衬托出自身的青春朝气，而不是显得浮华浅薄。

🦊 **小贴士**

面试不可忽视的细节

（1）面试前不喝酒、不吃辛辣的食物。喝酒会使人的大脑反应迟钝，并且说话时会有酒味，会给面试官留下"酒鬼"的印象；吃辛辣的食物会带有很重的口气，如果有口臭，应聘前多喝几杯茶；注意吃好早餐，否则会因空腹产生胃气，导致口臭，记住：清新自然的形象有助于取得面试成功。

（2）应聘时不要带陪伴，带陪伴说明你缺乏自信。

（3）随身除了带公文包或手提包外，不要带其他物品，自己随身带的物品，不可放置在面试官办公桌上。可将公文包、大型皮包放置于座位下右脚的旁边；小型皮包则放置在椅侧或背后，不可挂在椅背上。

（4）应聘时不要抽烟，不可嚼口香糖，与人谈话时，口中吃东西也显得不尊重对方。

二、面试过程中的礼仪

1. 提前到达

参加面试时要按照事先约定的时间、地点准时到达，而且一定要计划出提前量。至少应该提前 15 分钟到达，以表示求职者的诚意，给用人方以信任感，增加对用人单位的一些感性了解；同时也有利于自己做好充分的个人准备，简单修整仪表，调整可能紧张的心态。如果迟到了，肯定会给用人方留下不好的印象。尤其是有吸引力的单位，组织一次面试往往要安排很多人，迟到几分钟，就可能会失去面试的机会。

但是，我们要允许和宽容招聘人员迟到。招聘人员迟到了，无论什么原因，我们都不能流露出不满情绪，要表现得大度、开朗和宽容，否则招聘人员对我们的第一印象就会大打折扣，尤其有时面试官出于某种目的而故意迟到，更应当警惕。

面 试 迟 到

张杰第二天要到恒达商业集团公司应聘秘书一职。他本打算要早点休息，第二天早点到。谁知晚上几个同学约他出去吃饭，吃过饭又一起去唱歌，很晚才回去睡觉。第二天张杰没被闹钟叫醒，等他醒来时，发现离约定的面试时间已经不足 1 小时了。他慌忙地穿衣、洗漱，匆匆忙忙地往恒达商业集团公司赶。等他赶到的时候，已经迟到了将近 20 分钟。他急忙向面试官道歉，然后面试开始了。

2. 耐心等待

等待面试的过程应注意以下方面。

（1）到了办公大楼，最好径直去面试单位，而不要四处张望，以免被保安盯上。

（2）坚决不要开手机，避免面试时造成尴尬局面，同时也分散你的精力，影响你的面试。

（3）一进面试单位，如果有前台，则开门见山说明来意，报上来访的目的、有无约定、被访者的名字和自己的名字，经指导到指定区域落座；如果无前台，则找工作人员求助，这时要注意用语文明，开始的"你好"和被指导后的"谢谢"是必说的，这体现了你的教养。

（4）到达面试地点后应在等候室耐心等候，并保持安静及正确的坐姿。如果此时有的单位为使面试能尽可能多地略过单位情况介绍这一步骤，尽快进入实质性阶段，准备了公司的介绍材料，应该仔细阅读以先期了解其情况。可自带一些试题重温，而不要来回走动表现得浮躁不安，也不要与别的应聘者聊天，因为这可能是你未来的同事，甚至是决定你能否称职的人。你的谈话对周围的影响是你难以把握的，这也许会导致你应聘的失败。更要坚决杜绝的行为是：在接待室恰巧遇到朋友或熟人，就旁若无人地大声说话或嬉闹。

（5）如果一些微小企业没有等候室，就在面试办公室的门外等候；当办公室门打开时应有礼貌地说一声"打扰了"，然后向室内面试官表明自己是来面试的，绝不可贸然闯入；假如有工作人员告诉你面试地点及时间，应当表示感谢；不要驻足观看其他工作人员的工作，不要询问单位情况或向其索要材料，且无权对单位加以品评，以免给人肤浅、嘴快的印象。

3. 礼貌入场

进入面试场合要礼貌得体不要紧张焦虑。如果没有人通知，即使前面一个人已经面试结束，也应该在门外耐心等待，不要擅自走进面试房间。

自己的名字被喊到，就有力地答一声"是"，然后敲门进入。即使面试房间的门是虚掩的，也应敲门。敲门时要注意敲门声的大小和敲门的速率。正确的是用右手背的手指关节，主要是食指和中指的手指关节轻轻地敲三下，不可敲得太用劲了，以里面听得见的力度为准。听到里面说"请进"后，要回答"打扰了"，再进入房间。千万不要用巴掌拍门，这样很不礼貌。

开门、关门尽量要轻，进门后不要用后手随手将门关上，应转过身去正对着门，用手轻轻将门合上。回过身来将上半身前倾 30°左右向面试官鞠躬行礼，面带微笑称呼一声"你好"，彬彬有礼而大方得体，不要过分殷勤、拘谨或谦让。

应等面试官示意坐下才可就座，并应道声"谢谢"。如果有指定座位，则坐上指定的位子；如果无指定位置，可以选择面试官对面的位子坐定，如此方便与面试官面对面交谈。坐下后要保持良好的体态，正襟危坐，双手自然放在膝盖上，千万不要大大咧咧、满不在乎。

入场后与面试官打招呼,还要注意正确称呼对方。如果面试官有职务,一般采用姓氏加职务称呼的形式,如"张部长""刘经理"等;如果面试官职务较低,可以不采用职务称呼,而以"老师"相称;如果对方职务是副职,则按照就高不就低的习惯略去"副"字,以正职相称。

 小幽默

英 语 面 试

哥仨去外企面试,面试前互相叮嘱:"千万别忘了老师传授的面试秘籍第一条:进去后,必先向面试官问好!"

老大面试完了,垂头丧气地出来,望着初升的太阳,说:"一进门,本来是想说 good morning,结果一紧张说成了 good afternoon。"老二、老三报以鄙视的表情。

老二面试时间比老大还要短。他垂头丧气地出来,说:"还真容易紧张,我说 good evening 了,面试官奇怪地说怎么你们连时间都搞不清。"

大家都想这下该职位非老三莫属了,谁知老三刚进去就出来了。他垂头丧气地说:"我一进去,就直哆嗦,不小心就说了 good bye!"

4. 自我介绍

求职者自我介绍的根本目的,是使面试官对自己有个初步的、大概的了解,并且尽可能留下好的印象,以便使面试能够深入进行下去,最终赢得面试的成功。求职面试的自我介绍必须讲究技巧,成功的自我介绍往往会给面试官留下深刻的印象,那样求职就成功了一半。在人的思想意识中,往往存在这样的误区,认为最了解自己的人一定是自己,把介绍自己当作一件很容易的事。其实不然,说人易,说己难。在求职面试中,介绍自己是最难的部分,要成功地进行自我介绍,就要从以下几个方面着手。

（1）礼貌地问候。在进行自我介绍之前,求职者先要向面试官问好,这是最起码的礼貌。比如:"经理,您好,谢谢您给我这个机会,现在,我向您做个简单的自我介绍……"介绍完毕以后,要注意向面试官致谢,并且还要向在场的其他面试人员致谢。

（2）主题要鲜明。求职面试中的自我介绍一般包括以下基本要素:姓名、年龄、籍贯、学历、学业情况、性格、特长、爱好、工作能力和工作经验等。在做自我介绍时,不必面面俱到,而要主题鲜明、直截了当、切入正题,不拖泥带水,对于材料的组织要合理,做到详略得当、重点突出。一般来说,应按招聘方的要求来组织介绍材料,围绕中心说话。假如招聘单位对应聘的人的工作能力和工作经验很重视,那么,求职者就得从自己的工作能力及经验出发做详细的叙述,而且整个介绍都是以这个重点为中心。

小 案 例

某家工艺品总公司招聘业务员的一则对话

面试官:我公司主要是经营有地方特色或民族特色的工艺品,如北京的景泰蓝、景德镇的陶瓷和湖州的抽纱等。这次招聘的对象主要是能开拓海内外业务的湖州抽纱的业务员。现在,请你介绍一下自己的情况。

求职者:我叫李伟,今年24岁,是湖州市人,今年毕业于湖州市商业学校,读市场营销专业。我一直生活在湖州,小时候就经常帮妈妈和奶奶做抽纱工作,对于传统的抽纱工艺可以说是比较了解的。在商校学习的两年中,我掌握了营销方面的专业知识,这是我将来做好业务的资本。我的口才较好,曾参加省属中专学校的求职口才竞赛,获得了二等奖,并且还具备一定的英语口语能力。我这个人的特点是头脑灵活、反应快,平时喜欢看报纸,对国内外的经济发展动态很感兴趣,喜欢从事具有挑战性的工作。

求职者一般应从最高学历讲起,只要面试官不问,完全没有必要谈及小学、中学甚至是大学。谈所学的专业、课程时,不必说明成绩。谈求职的经历,不要漫无边际、东拉西扯,最好在1~3分钟之内完成自我介绍,要简洁、明快、干脆、有力。

(3) 让事实说话。在面试时,有的人为了能给面试官留下深刻的印象,往往喜欢对自己进行过多的夸张,动辄就说"我的业务水平是很高的""我的成绩是全年级最好的"。其实,这样反倒会给面试官留下不好的印象。现在的用人单位往往更注重应聘者的真本事。"事实胜于雄辩",虽然面试的时间很有限,不可能完全展示出求职者的才能,但是求职者可以通过实际的事例来证明自己的能力,把自己的才华展示给面试官。

🦉 小贴士

面试中介绍个人业绩的技巧

(1) 要介绍与应聘职位所需能力紧密相关的个人业绩,包括校内活动成果和校外实践成果。如果应聘文员,就不需要介绍销售业绩。

(2) 介绍"你自己"的业绩,而不是团队业绩,因为用人单位要招聘的是"你",而不是"你们"。

(3) 业绩要有量化的数字,要有具体的证据。不要用笼统的"很好""很多";也不要用"大概""约""基本"等概数,而要用确切的数字,如"我一周内卖出了36箱××品牌的矿泉水"。

(4) 介绍的内容应当有所侧重,不要报流水账,要着重介绍那些能体现自己能力的重点。

(5) 介绍业绩取得的具体过程时,要巧妙地埋伏笔。例如,在介绍校外实践成果时,可以这样描述:"在工作中遇到了很多的问题,不过我还是成功地解决并完成了业务目标。"引导面试官提问:"遇到了哪些问题?"然后你就可以进一步阐述细节内容,体现出自己处理问题的能力。

(4) 给自己留条退路。面试中的自我介绍既要坦诚,又要有所保留;既要介绍自己的能力,也不要把自己搞成事事皆能,使自己进退维谷。在自我介绍中,求职者要尽可能客观地显示自己的实力,但同时应尽可能地避免使用保证式或绝对式的语言,如:"我非常熟悉这项业务,我保证让部门改变面貌!"这些话往往没有具体内容,反倒会引起面试官的反感,如果遇到较为平和、内敛的面试官,也许不会为难你,但是如果遇到个性较强的面试官进行追问时,求职者会因无法回答而张口结舌、尴尬万分。

教　训

小赵去面试一家国际旅行社的导游。他自我介绍说:"我这个人喜欢旅游,熟悉各处的名胜古迹,全国的风景名胜几乎都去过。"面试官很感兴趣,就问:"那你去过云南大理吗?"因为面试官就是大理人,对自己的家乡再熟悉不过了。可惜小赵根本就没去过大理,心想如果说没去过这么有名的地方,刚才的话不就成了吹牛了吗? 于是硬着头皮说:"去过。"面试官又问:"你住的是哪家宾馆?"小张再也回答不上来,只好说:"那时我是住在一个朋友家。"面试官又问:"你的这位朋友在大理的什么地方啊?"小赵这下没词儿了,东拉西扯、答非所问,结果可想而知。

5. 谈吐文雅

求职者在与面试官交谈的过程中,一定要重视自己的语言、语气、语调等,追求标准和礼貌。回答问题要完整准确,不东拉西扯;要讲普通话,不说方言土语,少用虚词、感叹词等;要注意说话连贯有序,一气呵成,不吞吞吐吐,首尾不衔。无论是自我介绍还是回答问题,力求简明扼要,不可拖泥带水,不说废话,不多说话,不说重复话,还要使用必要的谦辞、敬语。

面试交谈中应
避免的话题

6. 学会倾听

倾听是与面试官进行有效交流的前提,尤其是在回答面试官提出的问题时,只有专心致志地倾听,才能够抓住问题的实质,同时也无声地表达了对面试官的尊重。倾听过程中,要做到以下几点。

(1) 抓住重点。集中精力,认真去听面试官的每一句话,抓住说话人讲话的内容重点。

(2) 目光专注。有礼貌地注视面试官并与之进行眼神交流,不要目光游离,也不能死盯着面试官。

(3) 面带笑意。微笑是最好的表情,具有打动人心的力量,表情过分严肃不适于面试场合。

(4) 适当回应。例如,用点头、会意地微笑等对面试官的话做出反应,并适时辅以"对""是的"等简短而肯定的话语。

(5) 察言观色。根据面试官目光、表情等体态语的变化,揣测面试官对自己的认识和态度,力争掌握主动权。

7. 应答得体

答问往往是面试中的重头戏,求职者除了把握紧扣问题、重点突出、观点鲜明、论据充分、见解独到、分析透彻、论证有力、有的放矢、简洁回答、多用数据和事实说话等基本要求之外,还需特别注意不要出现以下禁忌。

(1) 滔滔不绝。在面试官面前口若悬河,喋喋不休,使对方没有开口的机会。

(2) 打断对方。不等面试官把话说完,就插嘴抢答,怕失去表现的机会。

(3) 贬低他人。试图以贬低以前的上司、同事或其他任何人来获得面试官的好感。

(4) 不懂装懂。试图掩盖某些自己不懂的问题,结果往往欲盖弥彰。

(5) 随声附和。试图"讨好"面试官,结果往往也失去了独立的个性。

(6) 争强好胜。当自己的意见与面试官不一致时,直接反驳,据理力争,说话不讲究技巧。

面试经典问题解答

（1）你为什么选择我们公司？

思路：①面试官试图从中了解你求职的动机、愿望以及对此项工作的态度；②建议从行业、企业和岗位这三个角度来回答；③参考答案——"我十分看好贵公司所在的行业，我认为贵公司十分重视人才，而且这份工作很适合我，我相信自己一定能做好。"

（2）你有什么业余爱好？

思路：①业余爱好能在一定程度上反映应聘者的性格、观念、心态，这是招聘单位问该问题的主要原因；②最好不要说自己没有业余爱好；③不要说自己有庸俗的、令人感觉不好的爱好；④最好不要说自己仅限于读书、听音乐、上网，否则可能令面试官怀疑应聘者性格孤僻；⑤最好能有一些户外的业余爱好来"点缀"你的形象。

（3）谈谈你的缺点？

思路：①不宜说自己没缺点；②不宜把那些明显的优点说成缺点；③不宜说出严重影响所招聘工作的缺点；④不宜说出令人不放心、不舒服的缺点；⑤可以说出一些对于所应聘工作"无关紧要"的缺点，甚至是一些从表面上看是缺点，从工作的角度看却是优点的缺点。

（4）谈一谈你的一次失败经历。

思路：①不宜说自己没有失败的经历；②不宜把那些明显的成功说成是失败；③不宜说出严重影响所应聘工作的失败经历；④所谈经历的结果应是失败的；⑤宜说明失败之前自己曾信心百倍、尽心尽力；⑥说明仅是由于外在客观原因导致失败；⑦失败后自己很快振作起来，以更加饱满的热情面对以后的工作。

（5）对这份工作，你有哪些可预见的困难？

思路：①不宜直接说出具体困难，否则可能令对方怀疑应聘者不行；②可以尝试迂回战术，说出应聘者对困难所持有的态度——工作中出现一些困难是正常的，也是难免的，但是只要有坚韧不拔的毅力、良好的合作精神以及事前周密而充分的准备，任何困难都是可以克服的。

（6）如果我录用你，你将怎样开展工作？

思路：①如果应聘者对于应聘的职位缺乏足够的了解，最好不要直接说出自己开展工作的具体办法；②可以尝试采用迂回战术来回答，如："首先听取领导的指示和要求，然后就有关情况进行了解和熟悉，接下来制订一份近期的工作计划并报领导批准，最后根据计划开展工作。"

（7）我们为什么要录用你？

思路：①应聘者最好站在招聘单位的角度来回答；②招聘单位一定会录用这样的应聘者，即基本符合条件、对这份工作感兴趣、有足够的信心；③回答如："我符合贵公司的招聘条件，凭我目前掌握的技能、高度的责任感和良好的适应能力及学习能力，完全能胜任这份工作。我十分希望能为贵公司服务，如果贵公司给我这个机会，我一定能成为贵公司的栋梁！"

（8）你能为我们做什么？

思路：①基本原则是"投其所好"；②回答这个问题前应聘者最好能"先发制人"，了解招聘单位期待这个职位所能发挥的作用；③应聘者可以根据自己的了解，结合自己在专业领域的优势来回答这个问题。

（9）你是应届毕业生，缺乏经验，如何能胜任这项工作？

思路：①如果招聘单位提出这个问题，说明招聘单位并不真正在乎"经验"，关键看应聘者怎样回答；②对这个问题的回答最好要体现出应聘者的诚恳、机智、果敢及敬业；③回答如："作为应届毕业生，在工作经验方面的确会有所欠缺，因此在读书期间我一直利用各种机会在这个行业做兼职。我也发现，实际工作远比书本知识丰富、复杂。但我有较强的责任心、适应能力和学习能力，而且比较勤奋，所以在兼职中均能圆满完成这项工作，从中获取的经验也令我受益匪浅。请贵公司放心，学校所学及兼职的工作经验使我一定能胜任这份职位。"

（10）你在前一家公司的离职原因是什么？

思路：①最重要的是应聘者使招聘单位相信，应聘者在过往的单位的"离职原因"在此家招聘单位里不存在；②避免把"离职原因"说得太详细、太具体；③不能掺杂主观的负面感受，如"太辛苦""人际关系复杂""管理太混乱""公司不重视人才""公司排斥我们某某员工"等；④但也不能躲闪、回避，如"想换换环境""个人原因"等；⑤不能涉及自己负面的人格特征，如不诚实、懒惰、缺乏责任感、不随和等；⑥尽量使解释的理由为应聘者个人形象添彩；⑦回答如："我离职是因为这家公司倒闭。我在公司工作了三年多，有较深的感情。从去年开始，由于市场形势突变，公司的局面急转直下。到眼下这一步我觉得很遗憾，但还要面对现实。重新寻找能发挥我能力的舞台。"

面试中如何
谈薪酬

同一个面试问题并非只有一个答案，而同一个答案并不是在任何面试场合都有效，关键在于应聘者掌握了规律后，对面试的具体情况进行把握，有意识地揣摩面试官提出问题的心理背景，然后投其所好。

8. 举止得体

一家医疗机构为了选拔护士长进行了一次面试。一位应试者在笔试中是佼佼者，但在面试过程中，她不但拍桌子，脚不断地敲打地板，身体还时不时地扭动。她认为自己很有希望，但结果却落选了。她为什么会落选呢？原因就是她缺乏职业化的举止。许多面试者往往只注重衣着和话语，而忽略了胜过有声语言的形体语言。举止得体要着重从以下方面入手。

（1）站姿。站姿给人的印象非常重要，可人们往往认为其简单而忽略它的重要性。站立时应当身体挺直、舒展、收腹，眼睛平视前方，手臂自然下垂，这样的站姿给人一种端正、庄重、稳定、朝气蓬勃的感觉。如果站立时歪头、扭腰、斜伸着腿，会给人留下轻浮、没有教养的印象。

（2）坐姿。进入面试房间之后应等面试官示意坐下才可就座。如果有指定座位，则坐在指定的位子，但如觉得座位不舒适或光线正好直射，可以对面试官说："有较强光线直接照射我的眼睛，令我感觉不舒服，如果面试官不介意，我是否可换个位置？"如果无指定座位，可以选择面试官对面的位子坐定，这样方便与面试官面对面交谈。

面试时，坐不要贪图舒服。许多人养成了瘫坐的习惯，在面试中一下子就表现出来了。正确的坐姿从入座开始，入座的动作要轻而缓，不要随意拖拉椅子，身体不要前后左右晃动,背部要与椅背平行,沉着安静地坐下。落座后,上身要保持直立状态,既不前倾,也不后仰,双手自然下垂,肩部放松,五指并拢。男女的坐姿还有一定的区别:男士可以微分双脚,这样给人以自信、豁达的感觉,双手可以随意放置;女士一般要并拢双膝,或者小腿交叉端坐,这样给人端庄、矜持的感觉,双手一般要放在膝盖上。

小贴士

面试中应避免的"坐"法

拖拉椅子,发出很大的声音;一屁股坐在椅子上;坐在椅子上,耷拉着肩膀,含胸驼背,给人萎靡不振的感觉;半躺半坐,男生跷着二郎腿,女生的双膝分开、叉开腿等,给人放肆和缺乏教养的感觉;坐在椅子上,脚或者腿自觉不自觉地颤动或晃动。

(3)走姿。走姿是在站姿的基础上展示人的动态美的极好方式。对于求职面谈而言,展现走姿主要是指从进入面谈室到入座或站定以及面谈结束后离开房间的两个过程。求职者要注意,步入面谈室前先轻轻敲门,听见"请进"后,再轻轻推开门,并主动向屋内的人打招呼,然后神态自然、步履稳健、面带微笑地走进房间。面谈结束后,不管自己对于面谈的预感是怎样的,步履仍然应该自信从容,到门口时再轻轻把门带一下。切记不可失去常态,慌慌张张地快步走出,也不能漫不经心、一步三晃地出去,这样可能会使招聘人员对你的整个面谈失去好感。

面试时重要的是自信,这种自信也是通过面试者的走姿表现出来的。自信的走姿应该是:身体重心稍微前倾,挺胸收腹,上身保持正直,双手自然前后摆动,脚步要轻而稳,两眼平视前方。步伐要稳健,步履自然,有节奏感。

(4)手势。面试者在运用手势时要注意紧密配合有声语言,做到协调一致,"该出手时就出手",不要"想出不敢出",反倒给人胆小拘谨之感。手势还要大方自然、幅度适中。手势过大让人觉得性格不稳定,无节制地挥手或无规律地乱摆都会让人觉得说话者轻浮或狂妄;过小显得呆板,缺少风度。

一些下意识的举动,如揉眼睛、玩手指、双手交叉在胸前、拉耳掰手、扯衣挠发,甚至腿无意识地抖动等,这些都可能反映出求职者内心的不安、慌张、窘迫,会分散人的注意力,给面试官留下不好的印象。所以,上述情形一定要杜绝。

小案例

手插裤兜,帅小伙与名校失之交臂

沈阳某师范大学的小军,英俊帅气。小军口才很好,也有比较强的人际沟通能力。

小军的心气很高,他准备到南方高薪私立学校去应聘。他主动来到广州一所私立高中毛遂自荐。学校领导很重视这个从东北来的求职者,五个校领导亲自参与面试。在面试中,无论是知识结构还是语言和表达能力,小军都很出色。唯一让五个校领导都觉得不舒服的是,小军站着时双手喜欢插在裤兜里,或者大拇指插在裤兜里,其余四个手指留在外面。

手插裤兜里,给人以傲慢、自负的感觉,也会让人觉得这样的人难以服从领导。小军不远千里赶到了广州,却因为手势不当没有得到想要的工作,实在是遗憾。

（5）眼神。在求职面谈中，求职者要敢于和善于同招聘人员进行视线接触，这既是一种礼貌，又能帮助维持一种联系，使谈话在频频的视线接触中持续下去。一般情况下，视线接触的范围是双眼与嘴部之间的三角形区域，这样既保持了接触，又避免了因直直地盯着而引起对方的不快。正确地运用眼神目视对方，体现了你的礼貌，说明你对话题有兴趣而且不怕挑战。有的求职者总习惯于低着头看地板，几乎不看招聘方，或者左顾右盼，还有的总是窥探招聘人员的桌子、稿纸或笔记本，这些行为会传递出求职者性格不稳定、不诚实、怯懦、缺乏自信心等信息，很不利于面谈。

此外，面试者在面试时还要注意微笑，这显得亲切自然，是充满自信心的又一表现。

🦊 小贴士

不看面试官，高才生失去在银行工作的机会

辽宁某大学的小强面试某大银行的职位，参与面试的有一个行长、两个副行长，还有单位的人事部主任。小强在求职中亮出了多个获奖证书：美文大赛一等奖、三好学生、优秀学生干部。小强又高又帅，口才也比较好。可是，他说话时不看面试官。在面试现场，他的眼睛时而向下看，时而向上看，时而左右看。

通常来说，面试时喜欢向下看、看地面的人有自卑心理；向上看、看房顶的人有傲慢的特点；而向左右看，给人以焦虑和惶恐的感觉。

银行行长很惋惜地对小强说："你很优秀，可是你一直不看我，我以为你不喜欢我。我希望你以后无论和谁说话，要看着别人的眼睛。"

太可惜了，高才生就这样失去了在银行工作的机会。

在面试时，一定要看着面试官的眼睛说话。如果有很多面试官，初见时要微笑着与每个人对视三秒，这样会给人以自信和稳定感。

总之，"此时无声胜有声"。面试者要用无声的、职业化的举止，向招聘面试官表明"我是最适合的人选"。

9. 礼貌告别

"编筐编篓，全在收口"，如果能够在面试结束时，再次让面试官欣赏并记住自己，那无疑是锦上添花，这也符合做事要善始善终的道理。

（1）审时度势，适时告辞。面试临近尾声之前，面试官在谈过主要问题之后，往往会说一些暗示的话语，如"十分感谢您对我们公司的信任。""我们会尽快讨论决定的。""我的问题问完了，您有没有需要问的问题？"等，这就标志着面试已经进入了收尾阶段，此时面试官的神情会更为自由放松，目光中"审视"的意味会明显减少。此时要注意，如果有问题要询问，提问一定要谨慎，注意礼节和分寸，不要提问太多，不要让面试官因回答问题而费力劳神。

（2）礼貌致谢，得体离开。面试结束后，应该对面试单位和面试官表示感谢，感谢对方抽出宝贵的时间来与自己交谈。此时可与面试官以握手的方式道别，趁机做最后的表白，以显示自己的满腔热忱，可边点头边说："谢谢，请多关照。""谢谢您给我一个面试的机会，如果能有幸进入贵单位工作，我必定全力以赴。"离开面试室时，要将刚才坐过的椅子扶正到刚进门时的状态，然后拿好随身携带的物品离开。离开时，先打开门，在出去之前要转向屋内,并有礼貌地鞠躬行礼,再次说:"谢谢您,再见!"之类的话。告别话语要说得真诚,发自内心,随后再转过身轻轻地退出面试室,轻轻将门关上。

离开面试室后,在走廊和公司范围以内,不要和别人讲述过程,不能马上打电话,甚至兴高采烈地大声高叫,也不能无精打采地走出办公大楼。经过前台或在接待处归还来宾证件时,要主动与工作人员点头致谢,边点头边说:"多谢关照。"不要忘记,进入公司的瞬间,就要接受所有人的面试,公司里的每个人都可能是面试官。

三、面试后的礼仪

请扫描二维码学习本部分内容。

网络视频面试礼仪

面试后的礼仪

任务评价

"面试礼仪实训"考核评分标准见表 6-1。

表 6-1 "面试礼仪实训"考核评分标准

序号	考核内容	考核要点	分值	自评分	互评分	教师评分
1	仪表礼仪	着装得体,符合面试要求,仪容修饰适宜,饰品佩戴正确	20			
2	仪态礼仪	举止大方、自然、优雅、从容不迫,显示良好的风度	20			
3	言谈礼仪	保持恭敬平和的心态,语气谦和,语言表达要逻辑清晰、层次分明、重点突出	40			
4	整体印象	自然、自信、端庄、大方、适度,展现出一定的职业感和专业度	20			
		总　分				
小组自评		存在不足:				
		改进措施:				
小组互评		存在不足:				
		改进措施:				
教师评价		存在不足:				
		改进措施:				
训练总结:						

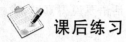 课后练习

1. 判断题

（1）女性求职者"浓妆艳抹"或者"素面朝天"去面试都是可取的。 （　　）

（2）在应聘与艺术有关的行业时，如广告设计、室内装饰或化妆品公司等，服装可穿得时尚而富有创意，以凸显个性。 （　　）

（3）面试时可以带陪伴。 （　　）

（4）面试时随身带的物品，可放置在面试官办公桌上。 （　　）

（5）参加面试时准时到达即可，不必有提前量。 （　　）

（6）进入面试房间时，如果面试房间的门是虚掩的，不用敲门直接进入即可。 （　　）

（7）面试时，最好在 5～10 分钟之内完成自我介绍。 （　　）

（8）面试时要有礼貌地注视面试官并与之进行眼神交流，视线接触的范围一般是双眼与嘴部之间的三角形区域。 （　　）

（9）面试后的书面感谢信最好用白色的 B5 纸，最好不要超过一页纸。 （　　）

（10）面试从面试者接到面试通知的那一刻就已经开始了。 （　　）

（11）面试交谈时可以使用方言。 （　　）

（12）政治和宗教话题，求职面试时是可以涉及的。 （　　）

（13）面试就座时，男士可以微分双脚，这样给人以自信、豁达的感觉，双手可以随意放置。 （　　）

（14）面试就座时，女士一般要并拢双膝，或者小腿交叉端坐，这样给人端庄、矜持的感觉，双手一般要放在膝盖上。 （　　）

（15）面试时应避免的习惯性动作有挠头、玩弄手指、双手交叉在胸前和揉眼睛等。 （　　）

（16）面试时，脚或手可以不自觉地抖动。 （　　）

（17）面试时不应该谈薪酬。 （　　）

（18）面试时，为了壮胆可以喝点酒。 （　　）

（19）招聘会上，什么地方给应聘者报酬多就去什么地方应聘。 （　　）

（20）面试时，对自己的成就、特长、能力等可以详细地介绍。 （　　）

2. 简答题

（1）面试前的形象准备包括哪些方面？

（2）面试中要注意哪些仪态问题？

（3）在回答面试官的问题时，要注意哪些礼仪规范？

（4）面试者如何进行得体的自我介绍？

（5）面试结束时要注意哪些细节？

（6）面试后的礼仪包括哪些方面？

（7）如何在求职面试中做到善始善终？

3. 实训题

(1) 关于面试的基本程序你都清楚了吗？找个机会,将面试过程中的这些礼仪悉数演习一遍吧。

(2) 结合所学专业的职业特点,为自己设计一个符合面试礼仪的形象。

(3) 与同学讨论以下问题。

① 为什么在求职应聘中要诚实有信？

② 据报道,现在有一些大学毕业生为提高求职的成功率而去整容。你如何看待这种现象？

(4) 面试结束后,出于对面试官的尊重与礼貌,要写面试感谢信。如果需要再次为自己争取面试的岗位,你应该说什么？你应该怎样表达渴望得到这份工作的热情？

(5) 请分析以下面试对话中,应试者有何不当之处。

① 应试者是一位从事技术工作的女士;面试官是××公司中国人力资源部副总裁×××。面试过程如下。

问：你以前在哪里工作？

答：我在一家公司做技术支持。

问：为什么选择我们公司？

答：喜欢技术支持,因为我具有这个能力。

问：你周围的同事、朋友怎么评价你呢？

答：待人诚恳。

问：你取得过什么成绩呢？

答：给北京一家公司设计过一个技术方案,效果很好。

反问：为什么要问我这个问题？

答：看你在工作中的业务能力,你是做技术支持的,当然应该有技术方面的能力。

② 应试者是一位年轻人;面试官是××公司招聘人员。面试过程如下。

问：你是哪所学校毕业？

答：是××学院毕业的。

问：学习什么专业？

答：信息技术。

问：你是怎么知道我们公司的招聘信息的呢？

这位年轻人故作神秘地说：昨晚,我在梦里听到有人对我说的。

说完自己先笑起来……

(6) 请结合个人实际试着回答下列面试问题。

① 你为什么来应聘本公司？

② 你如何评价自己的大学生活？

③ 哪位老师对你的影响最大？

④ 你最崇拜谁？

⑤ 你的座右铭是什么？

⑥ 与上级意见不一致时，你将怎么办？

⑦ 你对工资有什么期望？

⑧ 恐怕我们不能录用你呀！

4. 案例分析题

扫描二维码，阅读案例原文，然后回答案例后的问题。

案例分析题原文

任务 6.2 工 作 礼 仪

爱人者，人恒爱之；敬人者，人恒敬之。

——《孟子·离娄下》

 **案例导入**

同 事 交 往

阿艳是一位新应聘来公司的职业院校毕业生，她工作勤奋认真，为人非常热情，但是同事们都不喜欢她。

某天中午休息时间，阿艳看到同事张姐正在整理自己的照片，阿艳马上抢过鼠标，她一边看一边说："哎呀，张姐你太不上相了，这么胖，你老公也这么……"

某天工作时间，阿艳看到同事小孙从总经理办公室走出来，她跑上去搭话："什么事？是不是因为上次的合同搞砸了被老板骂了？"小孙面露不悦，快速离开了。

阿艳又跑到同事小董那里去说："小孙被老板骂了，肯定是因为上次合同的事……"

 任务分析

求职成功后，就开始走上工作岗位。对大学生而言，就从学生变成了职场工作人员。工作礼仪是人们在工作场所应当遵循的一系列礼仪规范。它是一个人所具备的对工作产生直接影响作用的品质，包括待人接物的能力、首创精神、办事能力与效率、执行领导指示的态度等。一般地，工作礼仪由试用期礼仪、工作交往礼仪和办公室环境礼仪三个方面构成。

在工作场合，遵守工作礼仪规范，言谈举止彬彬有礼，不仅直接体现出个人素质修养，也反映出对职业的认同度、对同事的尊重程度。像"案例导入"中阿艳那样，在工作中违反工作礼仪规范,触碰到了同事交往的禁忌:在公司范围内谈论私生活;在其他同事面前,和关系好的同事亲密交往,拉帮结派;以自我为中心,说闲话和谣言;诉苦抱怨,破坏团体氛围等,这不但有损自身形象,而且也会被同事们疏远,极其不利于其自身职业发展。

工作礼仪

有人说:"职场生存,三分在于工作能力,七分在于为人处世之道。"只有遵守工作礼仪,与公司上下每个人都和谐相处,顺畅沟通,才能提高工作效率,使职业生涯焕发光彩,为事业的成功奠定良好的基础。

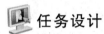**任务设计**

工作礼仪实训

案例背景:小白是某公司销售部工作人员,她为人比较随和,不喜争执,和同事相处得都比较好。但是,前一段时间,不知道什么原因,同一部门的小李却是处处和她过不去,她的工作任务也都有意让小白做,甚至还抢了小白好几个客户。

起初,小白觉得都是同事,没什么大不了的,自己忍一忍就算了。但是,小李却越来越过分,小白一赌气,告到了经理那儿,经理批评了小李,从此,小白和小李成了冤家。

实训方法如下。

(1) 全班每 4 人为一个小组,选 1 人为组长,组织小组讨论:以小白遇到的问题为背景,为她找到问题的所在,并提出合理的解决方案。

(2) 每组上台展示本组的解决方案,并设置一个为小白解决所遇到问题的工作场景,一人负责场景介绍,其余同学分别扮演小白、小李、经理,进行角色模拟,演示工作交往礼仪。

实训要求:全程录像,通过大屏幕回放,学生自我评价、小组评价,教师点评总结。师生评选出"最佳表现组"。

一、试用期礼仪

各行各业对适用期的时间定义长短不一,有 1~3 个月的试用期,也有 3~6 个月甚至更长一点的试用期。试用期是考核新人是否可以真正进入正式工作的过程。

如果你面试成功,进入试用期,说明这个职位对你来说已唾手可得,但并不表明你已胜券在握了。因为"试用期"并不等于正式聘用,如果表现欠佳,用人单位照样不与你签订劳动合同,到手的鸭子照样能飞走。只有通过了试用期,求职才算完成。如果说面试成功是一项挑战,那么试用期将是你必须面对的另一项挑战。作为职场新人,要顺利通过试用期,踢好职场"第一球",要做到以下几点。

1. 调整心态

作为职场新人,每个年轻人都应当细心观察、多多学习、虚心求教,让自己努力融入新的环境中,要合乎礼节,又不过于逢迎,尽快得到公司上下的认可,不要急于表现自我,而应以不卑不亢的态度融入新的集体中。不管自己多么优秀,都不能自认为出类拔萃、高人一等。职场中没有谁能独立完成所有事务。在工作中,尤其是刚入职的年轻人,借用礼仪专家茱莉亚的话来说"需要拿掉一些个人色彩"，以适应公司的文化。

有些新入职的年轻人，刚刚离开大学校门，心高气傲，个性张扬，追求与众不同以彰显自己的个性。这种强烈的"希望从人堆儿里跳出来"的气势，或许会令人瞩目，却不一定能得到主管和同事们的赏识。毕竟工作岗位不是上演"个人秀"的舞台，而是一个需要协同配合的舞台。年轻人需要去掉自己的锐气和浮躁，虚心开启一段新的学习历程。

自命不凡的小吴

某名牌大学新闻系的小吴毕业后进入一家报社担任记者，因为工作经验的缺乏，每天忙忙碌碌地寻找新闻线索，但依然难以完成正常的采访任务，感觉压力很大。一位朋友提醒他向单位里一位老同事请教一下。但他觉是自己是名牌大学的毕业生，低声下气地问别人太掉价了。由于小吴一直无法开展正常的工作，刚过了试用期，就被报社辞退了。

2. 尽快适应

主动了解和遵守单位的各种制度——管理制度、工作制度、作息制度。熟知工作程序和工作环境。职场新人应严格遵守公司所有的规章制度，完美融入公司的体系中。

在出勤方面，更要早15分钟来，晚15分钟走，体现出年轻人积极诚恳的工作态度。必须在最短的时间内熟悉与你工作相对应的人和事。熟知自己的工作性质和工作任务。你的岗位有些什么要求？责任有多大？奖惩力度是如何规定的？必须牢记在心。

熟悉单位的业务范围和与你的岗位有关的客户情况，这些方面的内容越清楚、越仔细越好。了解前任在此岗位时的工作状况，这样就有了一个比较，知道做到什么程度会受赏识，出什么差错会被辞退。

3. 协调关系

如果说单位领导是决定你能否被录用的关键，那么，周围的同事则是决定你试用成绩的关键所在。与周围同事处理好关系，对试用期的益处很大，一方面他们可以无私地帮助你，指点你，传授经验，在一些企业的销售机构，甚至会主动为你联系客户；另一方面在试用期结束时，他们可以帮你"说好话"。反之，如果与周围同事的关系很僵，后果将是非常严重的。

平时不要疏远领导和同事。有些职场新人面对主管巴不得"零接触"，唯恐避之不及，开会、吃饭，甚至在电梯间遇到也总是躲得远远的。其实，如此这般的表现，不仅"帮"你躲开了主管的关注，也拉远了你与升职、加薪机会的距离。还有的职场新人过度专注自己的工作而完全不参与和同事们的聊天，这不是敬业，礼仪专家茱莉亚戏称为"隐形人""空气人"：不听也不说，好像不存在。如果一到休息时间就不见踪影，下班时没打招呼就消失，那你就是一个同事眼中的"蒸发人"。

正确的做法是主动和老板、主管及同事打招呼，打招呼时要接触对方视线，保持微笑或点头示意。在电梯口、电梯间、走廊、会议中、员工庆生聚会、公司年会等场合，新职员会有难得的遇到老板的机会，应好好抓住机会向老板打招呼、自我介绍，争取给领导留下好印象。和上级打招呼似乎是一件人人都会的小事，但却有新人需要躲开的雷区——千万不要跟着老职员乱冠称谓。比如，公司老职员都称呼一位年长的同事为"王姐"，为了和大家打成一片，你也这样跟着叫，这就错了！要知道，多年共同的经历、合作或并肩拼搏，使老职员间拥有很多默契和感情，这些过往，作为新入职的你当然是缺少的，因此和大家一起称呼"王姐"会显得过于随便，显得不够尊重对方。作为新员工，请规规矩矩、正式地称呼对方，尊称职衔，如"张经理""李会计"，除非对方明确向你表示"和大家一样叫我'王姐'吧"。

处理好职场人际关系的要点在于：谦虚、热情、诚恳，以交朋友的方式处理与周围同事的关系。学会给他人留足面子。作为新职员，切勿在公开场合批评公司或主管。即使主管能力不强、资历不深，仍是上司，公开场合不可令对方下不了台阶，要学会维护老板、主管的风度和面子。即使老板、主观判断或指示有错，也不宜当场指出，可以表示"等我确认后再向您汇报"。

平时一定要多虚心向同事请教，礼貌待人。下班时，主动与直属主管告辞，并请示是否还有事需要做。为能融入已有的圈子，对别人的事情要主动热心地帮忙，不要怕吃点小亏，受点委屈。如果你与同事成了朋友，他们会在你需要时给你尽可能多的帮助。

多与同事接触，如和同事一起吃午饭，你只需要微笑着问一句："你们中午都在这边吃饭吗？"你通常都会被邀请加入。在与同事交往上，付出时间是值得的。乐于接受同事间私人聚会的邀请。下班后与同事聚餐，一起唱卡拉 OK，在打折季一起购物，适当地主动参与会收获良多。

掌握与老员工沟通的谈话技巧，使用敬语和谦辞，并养成习惯。学会微笑着与人交谈，真诚而得体地称赞对方。不打探他人隐私，诸如婚姻、薪水等隐私性话题是交谈的禁区。

要处处体现对上司的尊重。不管有多忙，都不能坐在座位上仰着头和主管讲话。主管来到你的办公空间时请从座位上站起，停下手边正在做的事务，专注地与主管讲话，绝不可以一边看计算机屏幕，一边回答问题。如果正在接打电话请用眼神给主管一个示意，并告诉通话对方："对不起，我有些工作事务需要处理，稍后再与您联系。"尽快结束通话。当主管远距离喊话时，要起身应对。

在电梯间内遇到上级主管时，即使只有你和主管两个人，这里也不是私人空间，而是隐秘的公共空间。公事、私事都不适合在电梯里讲。在电梯间只需要简单问候，点到为止就好。与主管同行时，应把尊位让给主管，礼仪规则是前者为尊，以右为尊。三人同行时，中者为尊，要走在主管左侧斜后面 0.5 米处，随时观察主管动态，主管动则动，主管停则停。如果遇开门、搭电梯、上车等情况，作为职场新人，应主动快速上前开门，帮领导挡门。乘车时让主管先上车，自己坐下座；点菜时最后点，一定要谦让主管、同事。

尊重领导的决定

阿成的工作很简单，就是每天收发文件。领导脾气很好，同事之间相处也很融洽，阿成很希望自己能长期在这里工作。

可是好景不长，一天领导突然找阿成谈话，他说："因为你是外地人，'三金'不好交，以我们公司目前的情况不可能给你转户口，而如果不给你交'三金'，我们就违反了国家的规定。所以……"

阿成听了也不知道该如何是好，他难过地说："我尊重您的决定，虽然我很喜欢这里。"阿成没有再说什么，出门前给领导鞠了个躬，并轻轻地把门带上。

第二天，领导找阿成谈话，他说："我专门跑到相关部门打听了，你还可以留在我们这里上班，但是你要到派出所办理居住证！"阿成会心地笑了。

这里，阿成面对领导的"为难"却非常理智，他的表态体现了对领导的尊重、理解与服从，表示不愿给领导添加麻烦，愿意接受领导的决定，这使领导的权威得到完全的体现。果然，他让领导大为感动，还专门为其排忧解难。这就是服从至上的好处。

4. 尽展能力

试用期的主要目的就是考察实际工作能力。如果不能完成岗位的要求，干得一塌糊涂，可能未到试用期满就会被"请"走。因此，试用期不但要勤勤恳恳、努力工作，还必须千方百计地表现出自己的能力来。

勇于面对挑战、面对困难。对新人而言，做有前例可依循的工作不容易出错，然而却局限了自己。因此碰到艰巨的任务要勇敢承担，这等于把握了让自己快速成长的契机。如果在这个时候将工作往外推，等于告诉主管"我没有能力。"

承担挑战绝对不是靠埋头苦干，面对困难要懂得如何适当求援。找有经验的人提供协助，可以请教前任（如果可能）如何把这个工作做得更好，可以到外面一些单位的相关岗位取经求教，也可以发动朋友、老师、同学帮助出些主意，想点办法。当然，最主要的还是自己动脑筋想办法。最理想的局面是，不但保质保量地完成了任务，还做了一两项开创性工作。那么，你就能够从克服困难中获取更多的经验，你的试用期肯定也能更加圆满。

新人新气象。为了给自己打气，一定要进行积极的自我暗示，抛弃那些旧的、带有负能量的口头禅，如"我的妈呀，实在太挑战了！""不会吧，太恐怖了！""拜托，千万不要是我！""天哪，我怎么那么倒霉！"将它们换成"是的，我需要再进一步学习！""没错，我没有彻底了解！""好的，我回来想办法！""太棒了！这就是我需要学习的地方！"这样一来，就体现出了你的积极态度和朝气，给人以正面积极的感觉与印象了。

5. 尽量不出错

新人在职场的第一步是一定要摆脱在学校做学生的心态。在学校考试或者做论文，你可以随心所欲，只要你喜欢，没有什么不可以，就算不及格都有机会重考和补考。也就是说，读书时是允许你出错的。但是一旦进入职场，你就没有"喜欢"或"不喜欢"的选择，只有"做好"或者"做得更好"的选择，并且尽量不要出错。

出错是试用期的克星，特别是一些影响较大的差错，等于宣判试用期的"死刑"。因此，要千方百计避免出错，做事一定要仔细认真，反复检查；提前做些准备，以免猝不及防。对一些拿不准的事情，一定要请示领导或请教同事，不要做没把握的事。这就要求改掉马马虎虎的习惯，要谨小慎微，遇事多想几个为什么，尽量保证任何事都万无一失。

6. 注意小节

现代职场上，一些自身不经意的坏习惯常常在不知不觉中让自己变成团队中被排挤的对象，这些或许自己毫不在意的"小毛病"，不仅让你在同事心中留下坏印象，甚至有可能得罪老板，丢了工作，自己却还不知道是什么原因。这实在是不容小觑！

待人有礼,但是注意保持适当距离。不要在茶水间过多逗留,这里往往是公司是非的发源地和滋长地,很容易使自己卷入公司的是非中;午休时请注意调节个人习惯,不要趴在桌上睡过头,虽然没有人会叫醒你,但是大家会觉得你这个人很懒散,影响不好。

少说话,多做事,行动至上。用人单位最怕大学生太把自己当回事,大事做不来,小事又不屑于做。办公室的卫生、复印机里面的纸张、饮水机上的水桶……这些需要动手的小事,悄悄做了积累起来会给人踏实肯干的好印象。

要公私分明。作为职场新人,绝不要在办公时间处理任何私人事务。诸如发微信聊天、打私人电话、上微博、浏览网页,甚至网上购物等都是不允许的。在闲暇的碎片时间里应尽量多看业务资料,翻阅公司资料,查阅与自己职位相关的资料……多多学习,有助于你了解公司、轻松融入,也可以在老员工心中树立好学勤奋的好印象。在自己的个人生活中,也要学会划清私事与公事之间的界限,在私人博客、微博中谈话公司事务前要先斟酌一下,不要贬低公司、任性地议论。

积极、准时、有准备地出席公司内部业务会议。会议室中的上座是靠内面门的座位,下座是靠外进门的座位,入场时不可坐错位子。在会议室,不仅会有同一办公室的同事,还会有跨部门同事、各级部门的主管等,职场新人的举手投足会被大家注意到。因此,参加会议时,职场新人应保持端正的坐姿,认真聆听会议内容,以肢体语言传递出端庄和认真的态度。不打断别人的发言。新人对团队还不是太了解,最好不要有太多主张和意见,要以静制动,多听取老职员的发言。轮到新人发言时,要做有准备的发言,要掌握度,不要夸夸其谈,引起老员工侧目。

在会议中,如果有与其他同事不同的意见,不要争论,应和直属主管沟通讨论后,再视情况提出。当遇到自己不确定答案的问题,或不知道该如何回答的问题,一定不要支吾、搪塞,要坦诚面对,可以向对方表示:"我现在无法回答这个问题,请给我时间(可以说半天时间或一天或更多时间,但一定有具体的时长),待我向主管请示之后再给您答案,您看可以吗?"把握参加公司会议这一给更多同事留下好印象的绝佳时机,你会塑造出良好的职业形象。

如果你有上述任何坏习惯,你都要尽快克服。对于职场新人而言,只要讲究礼仪,注意小节,不断完善自我,就一定会在职场中无往不胜!

7. 角色到位

不可炫耀和主管的交情,或乱开主管玩笑。不管私人关系如何好,职场上扮演的角色只能是上司和下属。要谨遵职场"尊卑伦理",角色到位。

礼仪专家茉莉亚有以下建议:见到上级应主动问好,面带微笑,微微点头,以示恭敬。会议上,注意座次礼仪,切勿抢坐在老板边上,或抢上座而不自知。应按职位等级顺序就座,请老板、主管先入座。与上级同乘电梯时,按住电梯按钮,让上级先进,先按上级所到楼层,到了以后,按住电梯按钮让上级先出,然后去自己所到楼层。不管是在饭桌上,还是在办公室、会议室,见到上级到来应立即起身,待上级入座或上级许可后,方可入座。在通道、走廊里遇到上级要礼让,不能抢行。在会见客户或出席仪式等站立场合时,在老板、主管面前,不得把手交叉抱在胸前。进主管办公室之前,要先轻轻敲门,听到应答再进。进入后,要回手关门,但不要大力。进入房间后,如对方正在讲话,要静候,不要中途

必须克服的
10种坏习惯

项目6 职场礼仪

插话；如有急事要打断说话，也要看准时机。与主管交谈态度要不卑不亢、诚恳有礼。响应时目光要注视主管，不唯唯诺诺；要以"了解""知道""是的"等肯定性回答代替"嗯""哦"等语气词，让主管感觉到你自信、专注的态度。

不要越级、越权报告，这都是职场大忌，一般不是邀功就是申诉，往往会破坏职场秩序。在很多外企，越级汇报本身就可以成为辞退员工的理由。业务范围内即使遇到必须知会更高级主管的事务，也不可以主动越级汇报，应先汇报给自己的直接主管，建议其向上反映。

作为下属，要随时向主管汇报工作进展情况，让其了解你的工作进度。这不仅是严谨的、有效率的工作方法，也是对上司掌控权的尊重。这一点也适用于平级间的工作交代，有利于沟通和达成共识。谁交代你的工作就向谁报告，这样也可以避免邀功之嫌。

善于汇报的销售员

一个小伙子名叫小波，是一家酒店的销售员，颇得上司的赏识。他之所以能够得到上司的青睐，一方面是因为业绩突出，另一方面就是他每做完一笔单子，都会以书面的形式总结出这项业务成功或失败的原因。上司对此非常满意，尽管有些单子完成得不是很出色，但上司从来没有责备过小波，相反，还经常给他提出一些合理化建议。

二、工作交往礼仪

1. 与同事相处的礼仪

与同事相处是否融洽、和谐，直接关系到自己的工作是否顺利，自身是否能够得到进步与发展。如何处理好与同事之间的关系、在职场中如鱼得水是一门学问。

（1）与同事保持适度距离。管理学中的"刺猬法则"讲的是，当刺猬相互靠得太近，身上会被刺痛。离得太远，不利相互取暖，又冻得难受，最后它们找到一个适中的距离。既可以相互取暖，又不至于被彼此刺伤。这一法则告诉我们：人与人之间的适度距离是由双方的人际关系及其所处的情境决定的，即你与对方是什么关系，就要保持什么样的距离。与同事相处，需要懂得如何与他们保持适当的距离，不近不远、不亲不疏：关系太远，人家会认为你不合群、孤僻高傲；关系太近，不分彼此、亲密无间，会被误解为搞小圈子，不利于团结。因此，与同事保持适当的距离是非常必要的。

（2）平等对待同事。在职场中，应平等对待同事，不能分亲疏远近而厚此薄彼，也不能拉帮结派，应该以平等、诚恳的态度对待每一位同事，共建友好、和睦的集体。

（3）尊重每一位同事。虽然同事中每个人的性格、志趣、爱好都各有不同，职位、能力、水平也各有差异，但都是团队中的一员，各自承担着不可或缺的任务，因此，同事之间应该互相尊重。不能歧视和嘲笑那些在某些方面不如自己的同事；否则，就会伤害他人的感情，造成人际关系的紧张和隔阂。

（4）热心帮助同事。助人为乐是做人的美德。人都会有遇到困难、挫折和无助的时候，在同事有难时，恰当地关心对方，热情真诚地给予帮助，是增进友谊的"黏合剂"，有时一句温暖或关怀的话，可能使人受用无尽，倍感温暖，从而会赢得同事的接纳和好感。而那种凡事只怕自己吃亏，遇困难就躲、见荣誉就争，贬低别人、抬高自己的人，是不会有良好的人际关系的。不仅不会赢得别人的好感,也不会得到别人的帮助。

(5) 诚实守信。诚实就是待人接物要真心真意、实事求是,不能虚情假意、三心二意;守信,就是恪守诺言、说到做到,而不能信口开河、言行不一。诚实守信是做人的基本准则,也是建立良好人际关系的基本要求。只有诚实守信,才能在交往中互相了解,彼此信任,和谐相处。

(6) 宽容大度。在与同事交往中,平易近人、随和自然的人,会给人一种亲切感,人们都愿意和他相处。相反,对于自负清高、自命不凡,或性格孤僻、不合群的人,别人会敬而远之。有时在彼此交往中难免会出现一些摩擦或误会,当自己被误解时,要胸怀大度、宽以待人,不应该斤斤计较、睚眦必报。待人宽容大度,是搞好人际关系的良策。

(7) 钱物往来要清楚。借了钱物一定要及时归还。俗语说:"有借有还,再借不难。"即使是小的款项,也应记在备忘录上,以提醒自己及时归还,以免遗忘。向同事借钱借物,适当地打借条也并不过分。如果所借钱物不能及时归还,应每隔一段时间向对方说明情况。在钱、物方面,无论是有意还是无意地占他人便宜,都会引起对方心理上的不快,从而降低自己在对方心目中的人格与地位。

(8) 要勇于认错道歉。与同事相处、共同做事,出现错误是在所难免的,一旦工作中出现错误,不要一味地找客观原因、推卸责任。要学会主动承担责任,勇于承认错误,这样才能在职场中赢得信任与尊重。

小贴士

同事相处"五不要"

(1) 不要唯我独尊。

(2) 不要牢骚不断。

(3) 不要总让同事请客。

(4) 不要趾高气扬。

(5) 不要打听、传播个人隐私。

2. 上下级交往的礼仪

(1) 上级与下级交往的礼仪。作为上级,正确处理好与下级之间的关系,应注意以下五个方面的问题。

① 礼贤下士。在单位里,上下级之间只有分工不同,没有高低贵贱之分。作为上级,不能以"领导"自居,应该以平等友好的态度与下级相处。礼贤下士,就是对下级以礼相待。领导者要充分注意下级的表现,尊重下级的权利,给他们平等的机会,对下级做出的成绩要予以充分肯定。上级与下级保持良好的关系,将大大提高下级的工作积极性,这是做好一切工作的保证。

② 关心下级。上级关心下级,最主要的是重视对下级的任用和培养。首先,领导要深入实际,全面了解下级的基本情况,最好能了解其内心世界,做到知人善任;其次,要充分信任下级,鼓励下级开拓进取、勇于创新;最后,对于下级在创新中出现的问题,上级要敢于承担责任。

③ 爱护下级。上级要主动地为下级创造良好的工作环境,不断改进办公条件,减轻工

作负担，不断通过改进物质条件来调动下级的工作积极性；经常了解下级的工作和生活情况，尽力帮助下级解决所遇到的困难；对刚参加工作的年轻人，要热情而耐心地指导，帮助他们尽快提高个人素质。多开展各类文体活动，创造上级与下级沟通交流的机会，这不但有利于员工增强体质、陶冶情操，还有助于建立良好的人际关系氛围，增强团体的凝聚力和向心力。

④ 倾听下级。作为上级，一定要多认真听取下级的意见和建议，全面了解情况是领导者对下级的一种礼仪，要本着有则改之、无则加勉的态度，采取或公开或私下，或集体或个别的多种方式倾听。通过听取下级的意见，上级可以获得一些必要的参考信息，拓宽自己信息获取的渠道，更全面地了解情况，了解下级的愿望，更好地调整自己的决策，更加和谐地开展工作。只有做到虚心纳谏、平易近人，才有可能听到真实的、真诚的话语，而且能够对下级在工作过程中出现的挫折情绪进行及时了解，及时沟通，使负面后果消失在萌芽阶段。

与下级及时有效的沟通是解决问题比较好的方式，沟通时如果下级提出异议和意见。要有良好的接受态度和端正的心态，要耐心地听完下级的意见，不能出现不耐烦的情绪而中途中止和下级的交谈。也不要表现出轻蔑，要及时记录下来，并向下级表示会认真考虑。不要推卸责任。对合理的意见，要承认错误并提出改正的具体做法；对不合理的意见，要给出令人信服的解释，不要恼羞成怒，更不能打击报复。不管下级提什么意见，都要向下级表示感谢。

在得到意见后及时对意见做出分析，尽快对下级提出的意见做出答复。如果可以独自处理，就对下级的意见给出客观的分析评价；如果意见涉及的问题比较重大，就尽快召集管理人员一起讨论。主动公布意见处理结果，亲自向下级传达改进方法，并立刻实施处理方案。对于指出公司重大失误的下级给予嘉奖。

⑤ 宽待下级。在批评下级之前，上级应该深入调查、多方了解，搞清楚下级出现问题的真正原因。调查清楚下级的某些错误是否情有可原，以便在批评的时候对症下药，让下级明明白白地知道挨批的原因是什么，从而做到以理服人。批评时要做到对事不对人。批评时还要选择正确的批评场合，除非下级的问题已经严重到威胁整个公司的正常工作，否则不要使用当众点名批评的方式。不能不分时间和场合当面批评下级；要注意批评的态度，应把批评看作纠正某些不当行为的内部沟通，如果言辞过于刻薄，则容易伤害下级的感情，甚至引起下级的敌对情绪。

对于犯了错误的下级，批评的方式一定要因人而异，最大限度地做到尊重对方，并有的放矢，力争批评效果的最优化。如果方式方法采用不当，不仅无法达到批评的目的，还有可能引发下级的敌意，引起和下级之间的矛盾。对于比较敏感的下级，不要直接就事论事地批评，可以通过讲故事或者举例子等方法，让下级领悟到自己的不足。对于不便当面进行批评的下级，可以通过他的朋友或者他比较信任的人进行提醒。

对于好心办坏事的下级，要充分肯定他们的正面因素，然后用探讨的方式和他们一起讨论。对于责任心很强、很有上进心的下级，很多情况下可不必做出批评的姿态，而让他们自己认识到自己错在了哪里。对于产生了逆反心理的下级，应该在以后的工作中多关心、爱护，使其明白批评只是对他们不同方式的关心。

批评也要讲技巧

行政文员小李负责打字,但偶尔会有错误。有一次打一份公司与客户的合同时,又出现两个错别字,客户发现后提醒公司改正。主管觉得非常没有面子,便对她批评一通:"小李,这么重要的文件都打错字,你眼睛长到哪里去了,一点责任心都没有! 简直是没救了!"小李很生气,说:"我的眼睛就是不好,要是你觉得不合格,你把我炒了算了。"主管的原意是提醒小李以后一定要注意,但并没有达到预期的效果,两人的关系却从此变得比较僵。

(2) 下级与上级交往的礼仪。在职场中,作为下级,如何与上级相处直接影响一个人的发展前途。与上级相处同样需要把握一些基本原则,遵循一定的礼仪规范。

① 调整好心态。与上级相处,既要尊重他,又要不畏惧他。有的人平时很自信,但一到领导面前就紧张,行为拘谨,讲话不自然。这是因为将领导看得太重,从而造成心理负担。因此,调整好心态、摆正位置是搞好上下级关系的前提。下级的正确做法是对上级既热情又不过火,既大度又不缩手缩脚。

② 维护上级形象。上级是一个单位或部门的代表,是组织的核心。无论在什么场合,对内还是对外,作为下级都要在口头上、行动上努力维护好上级的形象和声誉,服从命令听指挥。例如,遇到上级要主动打招呼,与上级谈话要谦虚诚恳;不议论上级,不当面顶撞上级,对其失误要理解、包容。当上级有错误时,切勿当众纠正,要寻找合适的时机,以恰当的方式向上级指出。

张之洞的故事

清朝张之洞新任湖广总督时,抚军谭继洵在黄鹤楼设宴为张接风,并请了鄂东诸县地方官作陪。席间,大家聊起了长江,没想到谭、张二人为了长江到底有多宽的问题争论起来。谭说五里三,张说七里三,两人各执己见,争得面红耳赤,谁也不肯承认对方是对的。这时,坐在末座的江夏知事陈树屏站了起来,于是二人便让陈作答。

陈略作思考,朗声答道:"长江的宽度,水涨七里三,水落五里三。二位大人说得都对。"一句话说得谭、张二人均拊掌大笑,赏了陈树屏 20 锭大银。

③ 主动向上级汇报。有些人认为做好自己的工作就行了,没必要多和上级沟通、事事汇报。其实不然,经常与上级沟通、汇报工作,既可以让上级知道你的工作进度与安排,有了问题还可以及时得到解决,避免造成失误。

④ 不替上级做决定。勿擅自替上级做决定,但可以向上级表达你的决定。比如,当你向上级汇报一项工作时,不妨这么说:"王经理,您好! 这件事情经过我的调查和分析,我觉得有三种解决方式。这三种方式分别……这三套方案各有利弊,由于我资历较浅,请您来决定。"无论领导选哪种方案,都是你认可的。即使领导都不赞成,一个都没选,也至少会让领导感觉到你做了认真的准备和思考。

⑤ 体谅、支持上级。在一个单位里,上级和下级只是分工和责任有所不同,共同的目标都是搞好工作。作为上级,承担的责任更重大,工作更繁忙劳累。作为下级,在工作中就

要多体谅、多支持上级，为上级分忧，多出力、多尽责。恪尽职守、爱岗敬业、全心全意地做好本职工作，这就是对上级的最大支持。

与性格火爆
的上司相处

三、办公室环境礼仪

办公室既是工作的地方，也是社交的场所。随着人们的办公硬件水平的逐渐提高，办公环境对工作效率的影响也越来越大，因此，对办公环境的要求也越来越高。好的办公室环境不仅体现出环境为员工服务、以人为本的现代精神，也反映出活动在这个环境中的人的优秀精神面貌、审美情趣、工作作风。办公室良好的环境布置和工作秩序也是企业文化的一种体现。清洁卫生、整齐有序的工作环境能使员工产生积极的情绪，充满活力，提高工作效率。维护办公室环境需要注意以下四个方面。

1. 办公自然环境的要求

（1）保持光线明亮。充足的光线是办公室良好环境的重要因素。办公室光线充足舒适，有助于员工减少疲劳，保持充沛的精力，更好地工作。办公室要合理采光，无论是自然采光还是人工采光，都应做到光源充足、光线柔和、光色和谐。如果光线不足，可用人工采光来调节，所选择的灯具造型及光色要与整个办公环境相协调。保持光线充足还要做到窗明几净。门窗玻璃应该经常擦洗。办公时间不要拉上窗帘，以免遮住光线。

（2）办公室内的颜色要协调。颜色会影响人的情绪，办公室地板的颜色宜较墙壁的颜色深，墙壁的颜色则应较天花板深。一般来说，普通办公室的天花板宜用白色，面对职员的墙壁宜用冷色，其他墙壁颜色宜用暖色，并且所有颜色之间应协调。会议室以淡色和中性颜色为最佳，会客室以欢快、中性的颜色为最佳。

（3）空气要清新。办公室的空气应自然流通，保持一定的温度、湿度。温度太高，员工容易出现不适或头昏。而空气过于潮湿，会引起呼吸器官的不适并引发员工沉闷、疲倦的感觉，过于干燥的空气则经常引起焦虑和精神急躁。办公室理想的相对湿度是40%～60%。要经常打开窗户换气。门窗不常开的话会造成室内空气混浊，影响办公人员的工作和身体。

（4）环境安静。好的办公室应该能给员工提供安静的办公环境，嘈杂的办公室会令人不愉快，分散注意力，容易造成员工工作上的失调，要尽量减少或尽可能消除噪声，如在桌椅和一些设备底下置橡皮垫等。员工在办公室应注意声音的调节，不要高声喧哗，防止发出噪声，应保持安静。接电话时声音要适中，不能高声喊叫，以免影响他人，不要播放嘈杂的音乐。出入要轻手轻脚，开关门力度要适中，不应摔门或用力开门，尽量不产生干扰他人工作的噪声。

2. 办公室环境布置

办公室应有鲜明的标志，在对外的房门上或门旁挂上一个醒目、美观的招牌。办公桌应放在房间内采光条件较好、正对门口的地方，与窗户保持1.5～2米的距离。如果是多人的办公室，可采用不同规格的隔板，把各个工作人员的办公区域隔开，以保持各自工作区域的独立，保证彼此的办公不受影响，提高工作效率。

（1）装饰宁静。办公室的布置应给人以高雅、宁静的感觉。办公室不应一味地追求豪华，应注意符合办公自然环境的要求。根据工作性质和整个企业的经营宗旨以及企业形象和办公室的空间大小，可选择些风景画、盆景、有特殊意义的照片、名人字画、企业的徽标等作为办公室的装饰，以创造浓厚的企业文化气息和使主客心情愉快地交流信息和情感的环境。需要注意的是，不管是多么好的装饰品，它所占的位置决不能影响工作人员的工作。同时用于办公室的装饰品应符合办公室的审美原则，以优雅、和谐、轻松、宁静等情调为主，不宜摆设战争、恐惧、紧张、死亡题材的装饰品。所有这些装饰品都应注意定期更换和清扫。

宽敞的办公室可以放置盆花（鲜花），但盆花要经过认真选择，一般不用盛开的鲜花装点办公室，过于鲜艳的色彩会夺取注意力，使员工的精力发生偏移。可以选择以绿色为主的植物，绿色植物是装点办公室的主要材料。绿色可以给人舒适的感觉，可以调节人的情绪。对盆花要经常浇灌和整理，不能让其枯萎出现黄叶。可以在绿叶上喷水，使其保持葱绿之色。花盆泥土更不能有异味，要精选肥料，不能选用有异味的肥料，否则会引来苍蝇或滋生寄生虫，给办公室环境带来污染。

（2）整洁有序。办公室应保持整洁。地板、天花板、走道要定期打扫，玻璃、门窗、办公桌要擦洗干净、明亮。办公场所最先修饰的应该是办公桌。办公桌是办公的集中点，是进入办公室办理公务的人员注意力最集中的地方。办公桌摆放好了，办公环境就确立了一半。办公桌要向阳摆放，让光线从左方射入，以合乎用眼卫生。桌面上只放些必要的办公用品，且摆放整齐。办公室内桌椅、电话机、茶具、文件柜等物品的摆设应以方便、高效、安全为原则。

书柜和文件柜应靠墙摆放，这样既安全又美观。要经常擦拭书柜和文件柜，使其保持整洁，如果有带玻璃门的书柜和文件柜，那么柜子上的玻璃门也要保持洁净、透明。尽量选用高低一致的柜子。如果办公室里有沙发，最好远离办公桌，以免谈话时干扰别人办公。沙发上不要随便摆放报纸、纸张和文件等物品，茶几上可以适当摆放装饰物，如盆花等。

小贴士

复印机的使用礼仪

复印机是公司使用效率较高的公共设备，同事间容易在使用时间上发生冲突。一般来说，遵循先来后到的原则，但是如果后来的人复印文件数量较少，可让其先复印。当先来的人已花费了不少时间做准备工作，那么后来者就应等一会儿再来。

当碰到需要更换碳粉或处理卡纸等问题时，如果自己不能处理，就请别人来帮忙，不要一走了之，对出了问题的设备弃之不管，这样会给他人的使用带来麻烦。

使用完毕，不要忘记将自己的原件和复印件拿走，否则容易丢失原稿或泄露信息。要遵守公司的使用规定，将复印机设定在节能待机状态或者关机。

在公司里一般不要复印私人的资料。

3．办公室公共环境的清洁

（1）日常清洁和维护。主动打扫办公室卫生，倒垃圾、扫地、拖地。不乱丢废弃物，办公用品摆放整齐。办公室的地面要保持清洁，常清扫、擦洗，地毯要定期吸尘，以免滋生细菌。保证地面无污物、污水、浮土，无卫生死角。保持墙壁清洁，表面无灰尘、污迹。保持挂件、画框及其他装饰品表面干净整洁。办公室中也不宜堆放积压物品，以免给人留下脏乱差的印象，要经常清理办公室里的废弃物。

饮水机、灯具、打印机、传真机、文具柜等摆放整齐，保持表面无污垢、无灰尘等。打印机和传真机使用完后要归位，不要让纸张散落在机器周围。办公室内电器线走向要美观、规范，并用护钉固定，尽量不乱搭接临时线。无论是使用公用的办公桌，还是洗手间，用完后都应该保证整洁；如果需要维修，要及时修复或者报修。

下班后离开办公室前，应该关闭个人所用电器的电源，如计算机、传真机和打印机等。最后离开办公区的人员应关闭照明设施和总电源，关闭门窗，检查没有安全隐患后方可离开。

（2）用餐环境清洁。现在的工作节奏很快，单位职工或公司员工不可避免地会在办公室中用餐。在自己的办公桌前用餐或者与同事一起用餐时，需要注意一些小节，以免破坏环境卫生。

注意餐前卫生，尽量不要将有强烈味道的食品带到办公室。即使个人喜欢，也不应该随心所欲。而且如果不好的气味弥散在办公室里，会损害办公环境和公司形象。容易乱溅以及吃起来声音很响的食物，会影响他人，最好不吃，即使吃，也尽量注意影响。

保持干净的用餐环境。用餐过程中，如果食物掉在地上，要马上捡起扔掉，以免他人踩踏，污染地面，或者和剩余残肴及废弃物品一起包好后扔进远离办公室的有盖垃圾桶内，最好不要放入办公桌旁边的纸篓里。准备好餐巾纸，不要用手擦拭油腻的嘴，应该用餐巾纸擦拭。尽量不要当众剔牙。非剔不行时，可用另一只手掩住口部；对于剔出来的东西，不要当众观赏或再次入口，也不要随手乱弹或随口乱吐。剔牙后，不要长时间叼着牙签，更不要随地乱扔，以免污染办公室的环境。

及时清理餐具。如果是个人自带的餐具，用餐过后要及时将餐具洗干净，并放置在合适的地方，避免长时间摆在桌面上。如果是一次性的餐具，用完餐后要立即把一次性餐具扔掉，如果长时间摆在桌面上，就会影响办公室的空气质量。如果突然有事要外出或来不及收拾，要礼貌地请同事代劳。开了口的饮料罐不宜长时间摆在桌面上。如果想喝完再扔掉，就把它放在不被人注意的地方。用餐后要及时将桌面擦净，以免产生令人不悦的气味，餐后将地面擦拭干净也是必须做的事情。如果还有异味，可用空气清新剂去除食物的气味，以免影响工作环境。

计算机的使用礼仪

4. 个人办公环境维护

（1）办公桌位要清洁。每天上下班时要保持办公桌面的整洁。每天擦拭桌椅，要定期更换并清洁外罩。定期擦拭计算机屏幕，清洁键盘。保持个人办公桌附近地面的清洁。案头不能摆放太多的东西，只摆放需要当天或当时处理的公文或资料，其他书籍、报纸不能放在桌上，应归入书架或报架；文件资料不要堆得乱七八糟，要定期清理，及时归档或上交。

废纸应扔入废纸篓里。零碎的东西建议放在抽屉里，切勿七零八落，影响办公环境。办公桌下面也不要摆放无用的物品，并且要整理干净。不要将自己的物品放到办公桌旁边的过道上，结束每天的工作后应将个人水杯或茶具中的水倒掉并清洗干净，将办公桌收拾干净,把台面的物品归位,锁好贵重物品和重要文件再离开。离开自己的办公室位时,应将座椅推到办公桌下。

（2）办公用品要整洁。桌面只放些必要的办公用品,且摆放整齐有序。不要将杂志、报纸、餐具、小包等物品放在桌面上,招待客人的水杯、茶具应放到专门饮水的地方,有条件的应放到会客室。为使用方便,办公文具要放在桌面上,可准备多种文具,如自来水笔、圆珠笔、铅笔、曲别针、夹子、订书机等,要放进笔筒里面不是散放在桌面上。杂乱无章的办公物品会影响工作效率。

（3）环境布置要适当。要注重办公室环境的严肃性,非办公用品不外露,不摆放与工作无关的物品和个人用品。绝不能视办公室为"家"。办公桌上主要放与工作有关的文字及数字资料。在办公桌上挂毛巾、衣服,以及塞满个人用品,甚至摆满个人餐具的做法也是不可取的。

🦉**小贴士**

会议室的使用礼仪

为了使各项工作顺利进行,应该尽量避免会议室的使用时间与别人发生冲突,因此,使用会议室之前,应该事先向管理人员进行预约。

保持会议室的整洁干净。不管你是用于什么事务,都要保持会议室的干净和整洁,不要把会议资料留在会议室,走之前要将桌面清理干净,保持会议室的良好卫生环境。

使用会议室的投影仪、音响等设备时,要请相关人员提前调试好,不要自己乱动设备,以免损坏。

✒️ 任务评价

"工作礼仪实训"考核评分标准见表6-2。

表6-2 "工作礼仪实训"考核评分标准

序号	考核内容	考核要点	分值	自评分	互评分	教师评分
1	与同事相处的礼仪	与同事平等相待,尊重每一位同事,热心帮助同事,诚实守信,宽容大度,勇于认错道歉等	40			
2	上级与下级交往的礼仪	礼贤下士,关心下级,爱护下级,倾听下级,宽待下级等	20			
3	下级与上级交往的礼仪	调整好心态,维护上级形象,主动向上级汇报,不替上级做决定,体谅、支持上级	20			
4	整体印象	自然、自信、端庄、大方、适度,具有较强的集体意识和团队合作精神	20			
总　分						

续表

序号	考核内容	考核要点	分值	自评分	互评分	教师评分
	小组自评	存在不足：				
		改进措施：				
	小组互评	存在不足：				
		改进措施：				
	教师评价	存在不足：				
		改进措施：				
训练总结：						

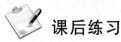 **课后练习**

1. 判断题

(1) 在上班时尽量不要吃零食。 （ ）

(2) 办公室的计算机桌面可以任意使用自己喜欢的图片。 （ ）

(3) 当与上司意见不一致时，可以直接反驳。 （ ）

(4) 在工作中切忌牢骚满腹。 （ ）

(5) 办公环境应处处体现出主人认真严谨的作风和高雅的品位。 （ ）

(6) 办公时间不要随便接听私人电话。 （ ）

(7) 一般不能在上班时间随便出去办私事。 （ ）

(8) 办公室里一般不要谈薪金等问题。 （ ）

(9) 遇到上司接听私人电话时，尽量回避，可以替上司关上办公室的门。 （ ）

2. 简答题

(1) 作为职场新人，应怎样做才能顺利通过工作试用期？

(2) 同事之间应该如何相处？

(3) 与上级相处应注意什么？

(4) 如何和下级交往？

(5) 办公室礼仪原则有哪些？

(6) 从合理的角度来讲，应如何布置办公室？

(7) 怎样维护办公环境？

3. 实训题

(1) 办公室的天地虽小，但是方寸之间皆讲礼仪，你知道办公室礼仪都包括哪些方面吗？假如你要去一个办公室实习，你该做哪些准备？

(2) 在办公时间受到上级的召见，应注意哪些礼仪？

(3) 在工作中，你认为哪些礼仪是需要我们特别关注的？

(4) 假如你是外企公司职员，如果办公室有人主动跟你讨论工资，你该怎么对待？

(5) 遇到棘手的问题时，可以越级直接去见别的领导吗？为什么？

4. 案例分析题

扫描二维码,阅读案例原文,然后回答每个案例后的问题。

案例分析题原文

电 子 活 页

1. 求职的材料准备

求职信 简历

2. 微博礼仪

文明高雅,客观评论 礼尚往来,互相关注 官方微博,注重形象 语言文明,灵活互动

思 政 园 地

礼 仪 楷 模

周恩来是每个中国人都熟悉的名字,周总理是每个中国人都熟悉的称呼,中华民族一百多年经历的风风雨雨,中华人民共和国半个多世纪进行的艰辛探索,和这个名字相伴,和这个称呼相随……1955年,当时的联合国秘书长哈马舍尔德在会见过周总理后,说了这样一句话:"与周恩来相比,我们简直就是野蛮人。"周总理之所以具有如此非凡的魅力,当然首先源于他高尚的品德、卓越的思想和才华,以及他对于自己的人民和国际社会所做的杰出贡献。美国前国务卿基辛格博士称周总理"智慧超群、学识渊博、道德高尚,无论对哪个国家来说,他都是一位非常杰出的政治家"。此外,周总理的风度、气质,以及他的仪表和言谈举止,也无不给世人留下难以忘怀的记忆。

（一）

周总理是礼貌待人的楷模，他虽贵为一个国家的总理，却总是谦虚恭敬、彬彬有礼，处处以礼待人。每到一处视察工作，他总是和服务员、厨师、警卫员一一握手，亲切道谢；当他迈着刚劲的步伐向你走来，同你紧紧握手的时候，总会使你感到一股亲切友好的暖流涌入心间；每次服务员给他端茶，他常常是站起来用双手接过去，并微笑点头致谢；当他举杯时，总是目视对方，表现出对人的尊重；每次在深夜回家的途中，他总是再三嘱咐司机要礼貌行车，让外宾先走。

周总理堪称仪态美的典范，早在南开中学求学时，他就注重自身修养的修炼，努力做到仪态美。在半个多世纪的革命生涯中，形成了独特的"风格体态语"，在举手投足间，他都向世人展现出一个彬彬有礼、温文尔雅、和蔼可亲的东方美男子形象。一位欧洲女作家这样评论周总理：他的眼睛是他身上最惊人的特点，总是闪着光并迅速移动，人人都发现它是不可抗拒的。周在演讲时，步履矫健，昂首挺胸，神色自然，仪态万方，周身洋溢着自信与激情。他时而平静，时而激动，时而温和，时而愤怒。而这一切都是那样得体和恰如其分。独具魅力的体态语，使他把自己塑造成一位受到普遍欢迎的交谈伙伴、一位杰出的演说家、一位老练的谈判高手、一位劝说行家。

（二）

"恭敬之心，礼之端也"，尊重与敬意是礼仪的情感基础。周总理非常注重尊重他人。1963年12月，周总理出访非洲十国。在访问加纳前夕，发生了暗杀总统恩克鲁玛未遂的事件，加纳国内局势动荡不安。有人建议周总理改变访问计划，但遭到了拒绝。周总理说："人家越是有困难我们越应该去。"他还请恩克鲁玛打破礼宾常规，不要到机场迎送，也不必参加一些在总统府外举行的活动。恩克鲁玛总统为此感动得流下了眼泪。

在人际交往中，宽容的思想是创造和谐人际关系的法宝，周总理总是宽容他人、理解他人、体谅他人。有一次，理发师为周总理刮脸时，他咳嗽了一声，刀子不小心把他的脸刮破了。理发师十分紧张，不知所措。周总理和蔼地说："不用着急，这不能怪你，我咳嗽前没有向你打招呼，你怎么知道我要动呢？"熟悉尼克松访华这一历史事件的人都会发现，尼克松总统及夫人身边总是跟随着一位漂亮的中国女翻译，她就是章含之。在周总理与尼克松的一次会谈中，章含之在翻译中犯过一个错误，把中美之间距离的单位"公里"翻译成了"米"。当时，周总理听了出来，他没有责备章含之，而是和蔼地说："好像太近了吧。"

（三）

礼仪是细节，礼仪无小事，小中见大。

有一次，周总理到一个照相馆拍工作照。摄影师正在给几名解放军战士拍照。战士们认出了他，赶紧说："总理工作忙，您先照吧，我们等一等。"周总理却摆摆手，笑着说："不，大家都一样忙，轮到谁就谁照吧。"在他的坚持下，大家仍按原来的顺序照相。

1973年，时任日本田中内阁通产大臣的中曾根康弘先生访问中国，受到了周总理连续三次接见，会谈时间长达8小时。当最后一次会谈结束时，周总理执意送客到人民大会堂东门外的台阶下面，并亲自为中曾根康弘披上了外套。

外交无小事，礼仪必先行。曾经有非洲国家的两个部长级代表团同时来我国访问，由于接待单位不同，一个部长住在国宾馆，另一个住在旅馆，被周总理发现了。总理严肃批评这是"搞上下铺"的做法。

1962 年的一天,周总理到西郊机场为西哈努克亲王和夫人送行。亲王的飞机刚刚起飞,我国参加欢送的人群便自行散开,而周总理这时却依然笔直地站在原地未动,并要工作人员立即把那些登车的同志请回来。当天,周总理就把外交部礼宾司和国务院机关事务管理局的负责同志找去,要他们立即在《礼宾工作条例》上加上一条,即今后到机场为贵宾送行,须等到飞机起飞,绕场一周,双翼摆动三次表示谢意后,送行者方可离开。

周恩来那优雅的、充满独特魅力的翩翩风度,倾倒了多少不同国度、不同民族甚至不同信仰的人,令多少人为之惊叹与折服! 他不愧为"礼仪楷模"。

(资料来源:张建宏.礼仪楷模——周恩来[J].兰台世界,2011(5):12-13,有改动.)

礼仪

模块3 交际活动礼仪

课程思政指南

实施课程思政的教学方法

1. 融入法

把思政教育融入现代交际礼仪教学内容中,提高学生的传统美德和认知能力,让学生能够在学习传统礼仪文化的同时,领会其中的做人道理,潜移默化地提升个人的道德修养及对社会的认知能力。

2. 渗透法

把思政教育渗透到现代交际礼仪教学环节中,将自主学习、课堂操作、课后实践相结合,提高学生的审美能力及对企业的认知能力,使学生具备爱岗敬业、会与人沟通与合作等职业素养,改善人际关系,提高职场竞争力。

3. 指导法

把思政教育融入现代交际礼仪教学情景中,采用情景教学,通过教师的启发指导,提高学生的自信力和自我认知意识,使学生得到社会的认同,对未来生活充满信心。

项目 7　会务礼仪

　　会务礼仪包括会议礼仪和仪式礼仪两个方面。各类会议活动、仪式活动，是组织塑造形象、联络感情、广交朋友的重要方式。"留连戏蝶时时舞"，组织只有重视这些活动的开展，才能收到良好的效果，而其中礼仪规范是必不可少的。

　　人们通过会议交流信息、集思广益、研究问题、决定对策、协调关系、传达知识、布置工作、表彰先进、鼓舞士气等。随着社会的发展，人们已经难以想象"没有任何会议"的情形，会务礼仪正是适应会议工作内容的需要而产生的，它对组织成功地开好每一次会议有着重要的作用。

　　在当今社会，仪式对组织而言也越来越重要，讲究仪式礼仪已成为现代交际的一项重要内容，是一个组织得以更好地发展的关键因素之一。

学习目标

知识目标

● 组织洽谈会、发布会、展览会、联欢会、茶话会等会议,在会议进程中遵循礼仪规范;

● 签字仪式、开业仪式、剪彩仪式符合礼仪规范,成功地组织各类仪式活动。

能力目标

● 能规范自身言行,提升活动组织能力和人际沟通能力;

● 自主学习新知识,能够利用网络媒体资源查找与各类活动礼仪相关的知识。

素质目标

● 树立传承文化、开拓创新的意识;

● 具有良好的审美情趣,努力提升个人整体形象;

● 具有团队意识和协作精神。

任务7.1 会议礼仪

缘人情而制礼,依人性而作仪。

——《史记·礼书》

案例导入

会场的尴尬

某公司要举办一次关于公司转产的会议,请来了公司的股东和各部门的领导。并邀请当地政府要员和同行业知名人士出席。由于会议关系到公司未来的发展,领导们都非常重视,所需的相关材料也都准备得非常仔细。到了开会这天,股东和领导们都到齐了,但主持人却迟迟未到场。原定于9点召开的会议,等到9点10分主持人才到,大家对此都非常不满。在会议进行中也频繁出现问题,一会儿话筒没有声音,一会儿投影仪又不好用了,股东们都非常生气。公司领导们这时发现会议气氛有些不对劲,会场十分混乱,有的股东甚至非常激动地说:"这简直是笑话,知不知道我们的时间有多宝贵?"随后纷纷离开会场,留下一脸尴尬的公司领导们。

任务分析

会议是指三人以上参加、聚集在一起讨论和解决问题的一种社会活动形式。组织会议、主持会议或者参加会议已成为现代职场人士日常工作的基本内容之一,常见的会议有洽谈会、新闻发布会、展览会、茶话会等,无论是哪种类型的会议,都应该遵守基本的会议礼仪。会议礼仪是指在召开会议前、会议中、会议后,参会人员应注意的一系列职业礼仪规范。懂得会议礼仪对会议精神的执行有较大的促进作用。如果企业能在一个宽松和谐的氛围中进行会议,就会自然地缩短会议成员之间的距离,加深相互理解,促进彼此友谊,推动会议成功举办。会议礼仪越周全,会议工作越详细,会议越能顺利进行,越能取得预期效果。而像"案例导入"中的这种准备不充分、组织不成功的会议,只能是浪费与会者的宝贵时间,损害组织形象。

会议礼仪

遵守会议礼仪规范,对于职场人士来说是十分重要的。在筹办会议时,各方面都要考虑周全。主持会议要体现出会议主持人员对整个会议良好的控制能力;出席会议时,仪态、精神都要与会议的内容、主题吻合。一个重要会议的举行往往是职场人士才华显现的机会,又是其礼仪修养和礼仪业务水平的表演舞台,所以应特别留心。

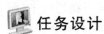

任务设计

会议礼仪实训

实训背景:为进一步加强工商合作,某市商业糖酒批发公司决定召开商品供货商业务洽谈会,邀请年供货 1000 万元以上的 30 家企业老总莅临,共谋发展。公司总经理嘱咐办公室王主任精心准备这次洽谈会。

实训目的:通过实训,了解会场布置的基本要求,掌握会场布置的基本方法,能够根据会议的性质、规格、规模的因素设置主席台、排列座位、装饰会场;通过实训,了解会议服务内容,掌握会场内外的服务技巧,学会协助领导掌握会议信息,对会议实施有效指挥和控制,培养会务服务的能力。

实训要求如下。

(1) 将全班学生分成若干组,每组 3~5 人,设组长 1 人,组织小组成员进行会场布置、设备布置以及水果、鲜花、台签、文具用品等物品布置。

(2) 组长以办公室王主任的身份策划本次洽谈会,并分组扮演不同角色,模拟洽谈会全过程,重点进行洽谈会会场服务。

① 模拟参会客商会前迎接。

② 模拟会议签到服务。

③ 模拟会场内座位引导。

④ 模拟会间奉送茶水。

(3) 学生自我评价、小组评价。教师点评总结,指出各组存在的共性问题。

(4) 全班评选出"最佳表现组"和"最佳表现个人"。

一、会议的安排

1. 会址的选择

大型会议的会址选择与会议主题的深化有密切关系,对与会者参会的情绪也有很大影响。举办会议首先要选准会场会址。要本着适中、方便、舒适、经济的原则来确定会址,要考虑以下各方面因素,满足会议的多种需要。

(1) 交通要便利。会场位置必须方便与会者前往。周边路况不好或主要通道正在翻修扩建的会议场所,其他条件再好,也不能选择,因为让与会人员饱受颠簸之苦,是非常失礼的表现。

（2）大小要适中。会场的大小，要根据会议内容和参加者的多少而定。会场大而参加人员少，会给人一种空荡荡的感觉；会场小而参加者多，又会给人以局促之感。一般来说，会场的大小应与会议规模相符合，如果会议时间较长，场地不妨大一些。如果是出席人员较多的会议活动，必须明确进、退场路线，并保证通道宽阔、畅通无阻。

（3）设施要齐全。会场要有良好的设备配置，桌椅家具、通风设备、照明设备、空调设备、音像设备等要尽量齐全有效，卫生设施应便利。会议特殊需要的设备，如计算机、演示板、投影仪、麦克风等，更应特别关注，并事先做好检查。

（4）要符合主题。有些会议在室内举行，需要安静舒适的环境，如洽谈会、发布会等，应尽量避开闹市区，保证会场不受外界干扰。必要时可以在场外挂起"会议正在进行中，谢绝参观"的牌子，并要求关闭所有的手机，会场内也应具有良好的隔音设备。具有公关宣传性质的庆祝会、赞助会、展示会等需要在室外举行的会议活动，也可选在主办单位的门前广场，在追求隆重热烈效果的同时，应注意不要影响、堵塞交通。

总的来说，不同类型的会议应选择不同的地点和场所，见表7-1。

表 7-1　会议类型与会议地点

会议类型	会 议 地 点
培训活动	举办培训活动的最佳环境是能提供专门工作人员和专门设施的成人教育场所，如公司的专业培训中心、旅游胜地的培训点及学校等
研究和开发会议	研究和开发会议需要有利于沉思默想、灵感涌现的环境，培训中心或其他宁静场所最为适合
学会年会	一般由会员表决决定，大多选在当前最受欢迎的城市、能提供会议服务的酒店
表彰和奖励会议	重大的奖励、表彰型会议的环境一定要有档次，会议的目的是对杰出表现予以奖励
交易会和新产品展览会	交易会和新产品展示会需要有展厅的场所，同时，到达会场及所在城市的交通必须便利

（5）要方便停车。选择会务活动的地点，还应考虑附近有无停车场所，以方便与会人员前往。

（6）费用要合理。租借场地的成本费用需合理，既要讲究排场，又要勤俭节约。

此外，会务人员一定要对会场的照明、通风、卫生、服务、电话、扩音、录音等进行检查，确保与会者的舒适度和会议的顺利进行。一个好的会议场所不仅可以让与会者感受到主办方的诚意，还能够达到事半功倍的效果；而一个让与会者感到不适的地方则不会给会议带来良好的效果。

小江的马虎

小江应聘到一家公司，担任办公室秘书。有一次，公司为了更好的发展，准备召开一次重要的商务会议，于是让小江负责选择会议的地点。小江工作一向马马虎虎，所以并没有认真考察会议室的众多细节，也没有认真准备与会议相关的事宜，结果开会当天，因为会议室太小,椅子不够,有些人只能站着,这样就挡住了别人的视线,导致很多人不能看到发言人展示的图表。空调也启动不了,窗户也打不开,所以室内闷热。有的人生气走了,业务经理非常不满意,小江也觉得很没面子。

会议就是要传达一定的信息给与会者,不仅会议内容要有新意,值得大家关注,而且会场的环境应该舒适宜人,会议组织应该严谨有序,它是企业精神和企业形象的重要宣传途径。

2. 会场的布置

对于一般的小型会议,会议室只要清洁、明亮,有足够的桌椅让与会者方便地看文件、做记录、讨论发言就行了。而大型会议的会场准备则比较复杂,需要体现会议的主题,应注意会场内座位的布局、主席台的布置以及其他可以渲染和烘托气氛所做的装饰等,一定要讲究科学性、合理性和艺术性。

(1)会标。会标即会议全称的标题化。应将会议全称用大字书写后挂在主席台的正上方,一般用红底白字,也可以用红底金字。这是会议礼仪十分重要的一点。它能增强会议的庄重性,揭示会议的主题与性质,使与会者一进会场就被会标引导,容易进入会议状态。

(2)会徽。会徽是体现或象征会议精神的图案性标志。要选择具有强烈感染和激励作用的图案,重大会议的会徽可向社会征集,也可在单位组织内部征集。会徽图案要简练、易懂、寓意丰富。

(3)标语。标语当然是会议主题的体现,会场上的气氛往往就是被恰到好处的标语、旗帜等渲染起来的。在准备会议文件时就应拟就标语,并报请领导批准。会议标语要集中体现会议精神,使其简洁、上口、易记,具有宣传性和号召力。

(4)旗帜。会议的旗帜包括主席台上悬挂的旗帜和会场内外悬挂的旗帜。主席台上的旗帜应悬挂在会徽两边,显得庄严隆重;主席台的两侧插上对应的红旗或彩旗,又可增添喜庆气氛。而会场门口和与会者入场的路旁插上红旗或彩旗,使会议的热烈气氛洋溢在会场内外,以衬托会议的隆重。

(5)花卉。花卉是礼仪不可缺少的重要道具,在会场上,花卉还能起到解除与会者疲劳的作用。选用花卉应突出中华民族的文化特色,以梅花、牡丹、菊花、兰花、月季、杜鹃、山茶、荷花、桂花、水仙等为代表的中国原产花卉,早已被赋予浓重的文化色彩,以这些花为主构成的花卉艺术品(如插花、盆景等)都能以无声的语言向人们传播中华民族的文化,表现民族精神。因此,越是重大的会议,越应选取有代表性的中国原产花卉作为摆放的主体花卉,并将中国传统艺术花卉的插放造型作为会议花卉的礼仪形式。

(6)灯光。会议场所的灯光应该明亮、柔和,既给人适宜的照明,也可减缓因会议时间过长而带来身体或精神上的疲劳。大型会议的会场灯光应设计几套,以便于会议颁奖、照相、演出等多种需要。

(7)座位。会场内座位的布局要根据会议的不同规模、主题,选择合适的摆放形式。"而"字形的座位布局比较正规,有一个绝对的中心,因此容易形成严肃的会议气氛,参见图7-1。

一些小型的、日常的办公会议以及座谈会等通常在会议室、会议厅进行,可以根据需要

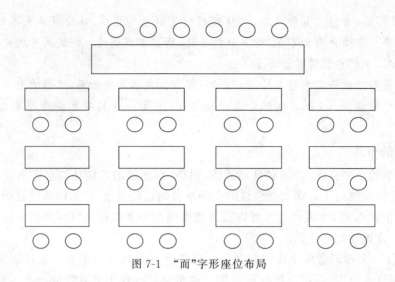

图 7-1 "而"字形座位布局

将座位摆放成椭圆形、圆形、回字形、T 字形、马蹄形和长方形等，这些形式可以使参加会议的人坐得比较紧凑，彼此面对面，容易消除拘束感。座谈会、小型茶话会、联谊会等多选择六角形、八角形或者半圆形等布局形式。

如图 7-2 所示，从左至右依次为椭圆形、T 字形、回字形、马蹄形座位布局。

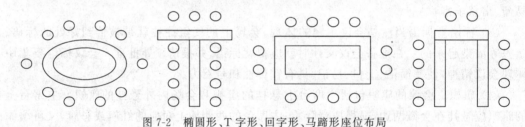

图 7-2 椭圆形、T 字形、回字形、马蹄形座位布局

3. 主席台的布置

主席台是会议的中心，也是会场礼仪的主要表现位置。主席台布置应与整个会场布置相协调，并作强调突出。

(1) 座位。主席台座位要满座安排，不可空缺。如果原定出席的人因故不能来，要撤掉座位，而不能在台上留空。主席台座位如果有多排，则以第一排为尊贵。第一排的座位以中间为贵，依我国传统一般由中间按左高右低顺序往两边排开，即第二领导坐在最高领导左侧，第三领导坐在最高领导右侧，以此类推。如果人数正好成双，则最高领导在中间左侧，第二领导在中间右侧，以此类推。但目前国际上流行右高左低，因此安排涉外会议时，也要灵活依据有关规矩。时下一般处理方式为：开会以左为尊，宴请以右为尊。每个座位的桌前左侧要安放好姓名牌，既方便入座，也便于台下与会者和新闻采访人员辨认熟悉有关人士。主席台座位不要排得太挤，桌上也不要摆放鲜花之类，以免阻碍视线，但要便于主席团成员打开文件、做记录、翻阅讲话稿，并放置笔、茶水、眼镜等物。

(2) 讲台。主席台的讲台应设于主席台前排右侧台口，讲台不能放在台中央，使主席团成员视线受妨碍。讲台上主要放话筒,也可适当放上一盆平铺的花卉。讲台桌面要便于发言者打开讲话稿或摆放相关材料。整个主席台的台口可围放一圈花卉,但要选低矮些的绿色品种。

(3) 话筒。发言席和主席台前排座位都应设有话筒,以便于发言者演讲和会议主持人或领导讲话。一般发言席和主持人话筒专用,其他主席台前排就座者合用两三个话筒,并且一般置放于主要领导面前。

(4) 后台。一般将主席台的台侧与后台设为在主席台就座领导和与会者的休息室,以便于安排他们候会,并尽可能在后台排好上台入座次序,以免造成混乱。如果会议发生了一些小意外,后台还可以供有关人员作商量对策、排除困难之用。主席团成员开会也可利用后台休息室。所以,秘书人员切不可忽视后台的作用。

(5) 会议其他用品。为方便会议进行,秘书人员应为会议准备各种工作文具用品,如纸、笔、投影仪、指示棒、黑白板、复印机、计算机数据库以及投票箱等。不同会议有各种不同的需求,满足与会者的需求是有关人员在安排会议、布置会场时必须考虑的。

🐱 小贴士

会议用品准备

① 茶杯。须经过消毒,消毒时间不少于 20 分钟;茶杯、杯盖无黄斑、无缺口;茶杯无水迹且光亮。

② 玻璃杯。不得有破损和缺口,杯子清洁、光亮、透明,无指印,并列放在杯垫上。

③ 矿泉水。矿泉水瓶无灰尘,密封完好,瓶内无沉淀物,并在保质期内。

④ 小毛巾。无斑点和异味,须经过消毒,消毒时间在 20 分钟左右。重要会议一律用新的小毛巾。冬季毛巾必须保暖。

⑤ 毛巾竹篓。不得有破损,每次使用结束后,须用热水浸泡,晒干后保存,以备再次使用。

⑥ 签到台。台布无污迹,无破损。

⑦ 鲜花。新鲜,无枯枝、败叶。

⑧ 热水瓶。表面清洁光亮,无水迹,水温控制在 90℃ 以上。

⑨ 挂衣架。清洁完好,无损坏,无缺少。

⑩ 文具。笔,油墨饱满,书写通畅;纸本,干净整洁。

二、会议服务礼仪

1. 会议准备阶段

(1) 时间选择。开会时间选择要合适。大型会议尽可能避开公众节假日。同时注意会期不能安排太长,否则会影响与会者的日常工作,当某些紧急事件发生时,可以取消或延期举行会议。

🐱 小贴士

会议时间安排

据心理学家测定,成年人能集中精力的平均时间为 45~60 分钟,超过 45 分钟,人就容易精神分散,超过90分钟,普遍感到疲倦。因此,每次会议时间最好不超过一小时,如果需要更长的时间,应该安排中间休息。

会议时间的安排要考虑人们的生理规律。一般在上午9:00—11:00、下午2:00—4:00,人们办事的效率较高。

(2)邀请对象。对出席会议的对象的选择要考虑各种因素,与会者既要有与会资格,又要有参与能力和水平修养。如果被邀与会者不能完成会议的有关任务,会感到痛苦或尴尬,使与会成了一次不愉快的经历,对会议组织者来说,这也是礼仪考虑不周的表现。

(3)详尽通知。会议通知的发送要做到:发得早——既便于与会者安排手头工作,又便于与会者为会议内容做准备;内容细——会议名称、届次、主要议题议程、出席范围、与会者应递交什么材料或做哪些准备、会期、会址等都应明明白白告知,便于与会者有备而来,从而提高会议效率;交代明——食宿如何安排、费用多少、交通线路怎样,都要交代清楚,以免造成麻烦。对特邀贵宾的通知,应派专人登门呈送,以示郑重。

秘书工作失误

某公司定于某月某日在单位礼堂召开总结表彰大会,提前发了请柬邀请有关部门的领导光临,在请柬上把开会的时间、地点写得一清二楚。

接到请柬的几位部门领导很积极地提前来到礼堂开会。一看会场布置不像是开表彰会的样子,经询问礼堂负责人才知道,今天上午礼堂开报告会,某公司的总结表彰会改换地点了。几位领导同志感到莫名其妙,个个都很生气,改地点了为什么不重新通知?一气之下,都回去了。

事后,会议主办公司的领导才解释说,因秘书人员工作粗心,在发请柬之前还没有与礼堂负责人取得联系,一厢情愿地认为不会有问题,便把会议地点写在请柬上,等开会的前一天下午去联系,才得知礼堂早已租给别的单位了,只好临时改换会议地点。

但由于邀请单位和人员较多,来不及一一通知,结果造成了上述失误。尽管领导登门道歉,但造成的不良影响还是难以消除。

2. 会议召开阶段

(1)接站。一般会议都规定了报到日期。在报到日期应安排好接站。在车站、码头、机场等主要交通站点,用醒目的牌子标明“××会议接站”,使与会者一下交通工具就能看见接站牌。对所接到的与会者要表示欢迎,并对其旅途辛劳表示慰问。

(2)登记。对到达报到地点的与会者,首先要做好签到、登记、收费、预订返程票、发放会议资料、发放会议身份证件等工作。这一过程应尽量在登记处一揽子解决,并应迅速办理,让与会者早点到客房休息。登记时,对与会者合理要求应尽量予以满足。大型会议的东道主应在会议召开前一天晚上,到会议各住宿地看望与会者,尤其是特邀贵宾和与会领导。

常用会议的
签到方式

(3)联络。会议进行期间要注意与各小组联络,不要使任何一位与会者有被冷落的感觉。会议简报要对各小组相对均衡报道,不要只将视点聚焦于有大人物、有热点的小组，使其他小组产生不愉快心绪。

（4）安全。要确保每一个与会者的安全，包括其人身安全、财物安全以及食品卫生。涉密会议还必须强调文件安全。秘书人员要尊重每一个与会者，但在涉及机密时，必须按章办事。

（5）服务。会议服务人员要严格按照会议拟定的程序提前做好准备，以保证会议顺利进行。如大会需要奏乐，音乐就应当按时响起；大会需要投影，其他光源就需要适时关闭等。会议开始后，会议服务人员应站立在会场周围，观察所负责区域宾客是否需要服务。会议服务人员一般不得随意出入会议室或在主席台上随意走动。确有紧急事项，应通过传递纸条完成。

送茶水等物品时，应对客人说："请用茶。"每隔 20 分钟加一次茶水。会议颁奖或邀请嘉宾上台，应由专门礼仪小姐引领。礼仪小姐应走在嘉宾左前方 1 米处，并微笑示意嘉宾注意行走安全。

会议结束时，会议服务人员应立即开启会议室大门，并在门口立岗送客，面带微笑道别。将衣帽架上的衣、帽送还来宾，注意不可出错。

检查会议室是否有来宾遗忘的物品，如有发现，应立即交还来宾或交领班处理。

小贴士

会场服务的注意事项

决不能因为服务站立时间过长，而倚靠会场墙壁或柱子。

在会场服务时应尽量不干扰讨论中的客人或正在发言的客人。

会场服务过程中，语言、动作要轻，避免影响发言者。

遵守会场规定，不得随意翻阅会议文件或打听会议内容。对于所听到的会议内容应保密。

（6）娱乐。如果会期较长，在会议期间可安排一些影视放映和文艺演出，以调剂精神。也应鼓励与会者主动参与文体活动。可组织一些自娱自乐的演唱或球类、棋牌活动等，活跃会议气氛，调节与会者情绪。还可适当组织与会者参观游览，使会议节奏张弛得当。

3. 会议结束阶段

（1）照相。如果会议有照相一项，应早做安排，免得个别与会者提前离开而不能参与。早安排也可使与会者在离会前拿到照片。

（2）材料。发给与会者的材料要有口袋，以便于集中携带。如有必须收回的材料，要早打招呼，发现有人未交时，应尽早查问。不一致的意见不要写到会议的决议或纪要中。要乐于为与会者提供复印材料以及邮寄材料或其他物品等有关服务。

（3）送客。将与会者所订票交给本人时，要仔细核对车次、航班或船期，并仔细向与会者交代。如果有不对或不周处，应主动承担责任。如果需要照顾某人而影响到了其他人，应向其他人解释，以争取大家谅解。在每一个与会者离开时，都要热情相送。对集中离开的与会者，尽可能地准备车辆送他们去车站、机场或码头。对贵宾则必须送至机场登机处。

三、会议中的个人礼仪

请扫描二维码学习本部分内容。

会议中的个人礼仪

 任务评价

"会议礼仪实训"考核评分标准见表7-2。

表7-2 "会议礼仪实训"考核评分标准

序号	考核内容	考 核 要 点	分值	自评分	互评分	教师评分
1	会址选择	交通便利，大小适中，设施齐全，符合主题，方便停车，费用合理	10			
2	会场布置	会标、会徽、标语、旗帜、花卉、灯光、座位等符合礼仪要求	10			
3	主席台布置	座位、讲台、话筒、后台、用品布置符合要求	10			
4	会议服务礼仪	会议准备阶段、会议召开阶段、会议结束阶段符合礼仪要求与规范	50			
5	整体印象	具有良好的会议礼仪习惯，塑造大方、得体、高雅的职业形象和企业组织形象	20			
	总　　分					
小组自评	存在不足：					
	改进措施：					
小组互评	存在不足：					
	改进措施：					
教师评价	存在不足：					
	改进措施：					
训练总结：						

 课后练习

1. 判断题

(1) 会场的大小应与会议规模相符合，如果会议时间较长，场地不妨大一些。（　　）

(2) 学会年会一般选在当前最受欢迎的城市、能提供会议服务的酒店。（　　）

（3）选择会务活动的地点，还应考虑附近有无停车场所，以方便与会人员前往。

（ ）

（4）会标一般用红底白字，不可以用红底金字。 （ ）

（5）会场标语在准备会议文件时就应拟就，不必请领导批准。 （ ）

（6）会场主席台座位如果有多排，则以第一排为尊贵。 （ ）

（7）会场主席台的讲台可放在台中央。 （ ）

（8）大型会议可不避开公众节假日。 （ ）

（9）对特邀贵宾的通知，应派专人登门呈送，以示郑重。 （ ）

（10）对到达报到地点的与会者，首先要做好签到、登记、收费、预订返程票、发放会议资料、发放会议身份证件等工作。 （ ）

（11）送茶水等物品时，应对客人说："请用茶。"每隔5分钟加一次茶水。 （ ）

（12）会议结束后，对贵宾必须送至机场登机处。 （ ）

2. 简答题

（1）会址的选择应该注意哪些问题？

（2）如何进行会场的布置？

（3）会议主席台应如何布置？

（4）应为开好会议做哪些准备？

（5）会议召开阶段、结束阶段各需要做好哪些工作？

（6）参加会议应遵守哪些礼仪规范？

3. 实践题

（1）小张是鑫海股份公司的办公室主任，公司董事会决定在北京举行年度股东大会，小张受聘负责会议筹备与接待服务工作。请问小张应该从哪些方面着手组织这次会议呢？

（2）某职业技术学院为推荐毕业生就业，专门邀请了10家企业的领导进行会谈。请模拟演示这次会谈程序，最后安排企业领导与师生合影。

（3）请模拟某次会议，分组模拟演练会议签到和引导、合影座次安排等，务必注意其中的礼仪规范。

（4）查阅相关资料，说明电子会议与现场会议的异同，说明电子会议参加者应遵守的礼仪内容。

4. 案例分析题

扫描二维码，阅读案例原文，然后回答每个案例后的问题。

案例分析题原文

任务7.2 仪式礼仪

人无礼则不生，事无礼则不成，国无礼则不宁。

——《荀子·修身》

 案例导入

剪彩活动

某公司举行新项目开工剪彩仪式，请来了张市长和当地各界名流嘉宾，请他们坐在主席台上。仪式开始时，主持人宣布："请张市长下台剪彩！"却见张市长端坐没动，主持人很奇怪，重复了一遍："请张市长下台剪彩！"张市长还是端坐没动，脸上还露出一丝恼怒。主持人又宣布了一遍："请张市长剪彩！"张市长才很不情愿地勉强起来去剪彩。

 任务分析

仪式是在国际交往或社会交往中重大庄严的正式场合中，主办方为了表示对活动的重视，按照惯例举行的某种规范化形式。在现实生活里，我们可能接触到的仪式很多，诸如签字仪式、开业仪式、剪彩仪式等。举办仪式活动，既可以表明企业对此项活动重视、严肃的态度，又可显示自身的管理水平和视野格局，还可以激发全体员工的自豪感和责任心，扩大组织的社会影响，提高知名度和美誉度。各类仪式活动的举行都有着较为正规、严格的礼仪规范要求，马虎不得，像"案例导入"中的主持人在剪彩活动中的失礼行为是要坚决杜绝的。

既然举办各种仪式活动的主旨在于塑造本单位的良好形象，那么就要对其进行必不可少的宣传，以吸引社会各界对自己的注意，争取社会公众对自己的认可和接受。各类仪式活动需要的常规宣传：一是选择有效的大众传播媒介，进行集中性的广告宣传。其内容多是仪式举行的日期和地点、仪式的各项礼遇、主办单位的经营特色等。二是邀请有关的大众传播界人士在仪式举行之时到场进行采访、报道，以便对本单位进行进一步的正面宣传。

仪式礼仪

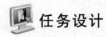 任务设计

签字仪式、剪彩仪式模拟实训

（1）签字仪式模拟实训

实训目的：通过实训，掌握签字仪式的相关礼仪规范，并能全程组织实施签字仪式。

实训背景：东北亚专修学院与五湖化工集团的"订单式"培养签字仪式在东北亚专修学院会议厅隆重举行。本次仪式由东北亚专修学院办公室刘主任负责筹备，五湖化工集团参加签字仪式的领导有集团总经理、人力资源部部长、办公室主任、人力资源部招聘经理、

人力资源部办事员;东北亚专修学院参加签约的领导有院长、副院长、办公室主任、教务处长(即化工系主任);同时还邀请了当地新闻记者参加。签字仪式上,大家举杯庆祝,共同祝贺这次合作的成功。

实训要求如下。

① 学生分组,每十人为一组,分别扮演不同角色。

② 进行签约场所的布置。

③ 准备签约正式文本一式若干份;准备签字用文具、旗帜等物品。

④ 角色扮演,模拟从进入签字厅到退出签字厅的整个程序。

(2) 剪彩仪式模拟实训

实训目的:通过实训,了解剪彩仪式的规范要求和过程。

实训内容如下。

① 观看视频,了解剪彩仪式的规范程序。

② 学生自设情景,模拟剪彩仪式场景。

实训要求如下。

① 学生分组,自设情景。

② 剪彩道具准备:红色缎带、剪刀、白色手套、托盘、红色地毯。

③ 剪彩人员选定:剪彩者,一人或几人,最多5人;助剪者,由主办方礼仪小姐担任。

④ 按照剪彩程序,进行角色扮演。在演练过程中注意遵守剪彩仪式的各项礼仪要求和规范。

最后,学生自我评价、小组评价。教师点评总结,指出各组存在的共性问题。全班评选出"最佳表现组"和"最佳表现个人"。

一、签字仪式

签字仪式是组织与对方经过会谈、协商,形成了某项协议或协定,再互换正式文本的仪式。它是一种比较隆重的活动,应严格按照其礼仪规范来施行。

1. 签字仪式的准备

签字仪式是组织具有"里程碑"意义的大事,组织应予以充分准备,做到万无一失。

(1) 准备待签文本。洽谈或谈判结束后,双方应指定专人按谈判达成的协议做好待签文本的定稿、翻译、校对、印刷、装订、盖印等工作。文本一旦签字就具有法律效力,因此,对待文本的准备应当郑重严肃。

在准备文本的过程中,除了要核对谈判协议条件与文本的一致性以外,还要核对各种批件,主要是项目批件、许可证、设备分交文件、用汇证明、订货卡等是否完备,合同内容与批件内容是否相符等。审核文本必须对照原稿件,做到每字不漏,对审核中发现的问题,要及时互相通报,通过再谈判,达到谅解一致,并相应调整签约时间。在协议或合同上签字的有几个单位,就要为签字仪式提供几份样本。如有必要,还应为各方提供一份副本。与外商签订有关的协议、合同时,按照国际惯例,待签文本应同时使用宾主双方的母语。

待签文本通常应装订成册,并以仿皮或其他高档质料作为封面,以示郑重。其规格一般为大八开,所用的纸张务必高档,印刷务必精美。作为主方,应为文本的准备提供准确、周到、快速、精美的条件和服务。

（2）布置签字场地。签字场地有常设专用的签字厅，也有临时以会议厅、会客室来代替的。布置它的总原则，是要庄重、整洁、清净。签字厅布置见表7-3。

表7-3　签字厅布置

项　目	操　作　说　明
挂屏风式挂画	厅室正面挂屏风式挂画
布置签字桌	（1）将长条桌摆放在离墙2.5米处，并居中； （2）在长条桌上均匀铺上深绿色台呢：外侧长，距地面10厘米；内侧短，距地面40厘米
布置签字椅	将两张高背扶手椅摆放在签字桌后面，两椅相距1.5米
布置照相设备	（1）在椅子背后1.2米处，根据人数多少摆上梯式照相脚架； （2）照相架两侧陈设常青树
摆放待签文本	在两个座位前的台面上摆放待签文本，右上方放置文具
摆放旗架	签署涉外双边商务合同时，需摆放旗架，将旗架摆放在两个文本中间的前方位置上，注意"客右主左"
摆放沙发	两侧可布置少量沙发，供休息用

（3）进行座次安排。签字仪式的座次安排最能体现礼仪的待遇，因此，主方应当认真安排签字仪式的座次。签字仪式的座次排列常有并列式、相对式和主席式三种。

① 并列式座次排列。并列式座次排列主要适用于双边签字仪式，其基本规则如下。

- 签约双方的主签人与其随席人员并列位于签字桌的一侧。
- 双方的主签人按照以右为尊（以室内面向正门的视角为基准）的惯例居中、面门而坐，客方居右，主方居左。
- 双方的助签人站在各自主签人的外侧。
- 双方的随席人员分别站在己方主签人的座位后面，并按照职位高低，由中间向两侧依次排开。
- 如果是涉外双边签字仪式，则还应将签约双方的国旗分别插放在主签人的正前方，并与双方的主签人相对应，即客方国旗居右，主方国旗居左，如图7-3所示。

② 相对式座次排列。相对式座次排列与并列式的座次排列基本相同，二者唯一的差别在于：相对式座次排列将签约双方的随席人员移到了主签人的对面，如图7-4所示。

③ 主席式座次排列。主席式座次排列主要适用于多边签字仪式，其基本规则如下。

- 签字桌前只设一张签字椅，签约各方的主签人按照各方事先同意的顺序（如按国家英文名称首字母的先后顺序等）站在签字椅后面，面向签字桌，其中，排在第一顺序的主签人居中，其他主签人按照先右后左的顺序向两侧由近及远地依次排开。
- 签约各方的随席人员背对正门、面向签字桌就座于主签人的对面，并按照职位高低从前往后依次排开，通常，每一方随席人员的位置与其主签人的位置相对应。
- 签字时，各方主签人按照签约各方事先同意的先后顺序依次入座签字，各方的助签人则随其所在方的主签人上前助签，并按照以右为尊的原则站立在主签人的左侧。

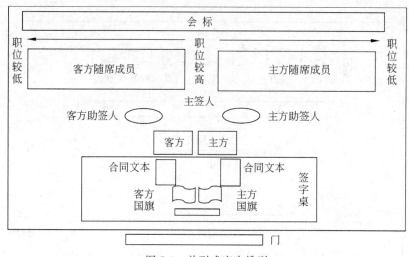

图 7-3　并列式座次排列

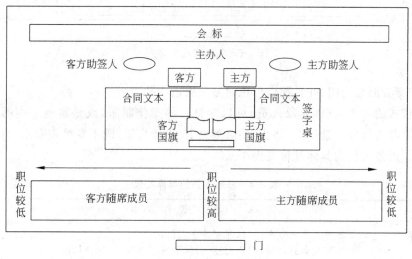

图 7-4　相对式座次排列

- 如果是涉外多边签字仪式,则还应在会标与主签人之间插放签约各方的国旗,国旗的插放顺序应与各方主签人的位置相对应,如图7-5所示。需要注意的是,这种情况下只签一份正本。

④ 安排签字人员。在举行签字仪式之前,有关各方应预先确定好参加签字仪式的人员,并向其有关方面通报。客方尤其要将自己一方出席签字仪式的人数提前给主方,以便主方安排。签字人要视文件的性质来确定,可由最高负责人签,但双方签字人的身份应该对等。参加签字的有关各方事先还要安排一名熟悉签字仪式详细程序的助签人,并商定好签字的有关细节。其他出席签字仪式的陪同人员,基本上是双方参加谈判的全体人员,按一般礼貌做法,人数最好大体相等。为了表示重视,双方也可对等邀请更高一层的领导人出席签字仪式。由于签字仪式的礼仪性极强,签字人员的穿着也有具体要求。按照规定,签字人、助签人以及随员,在出席签字仪式时,男性应当穿着具有礼服性质的深色西装套

213

项目 7　会务礼仪

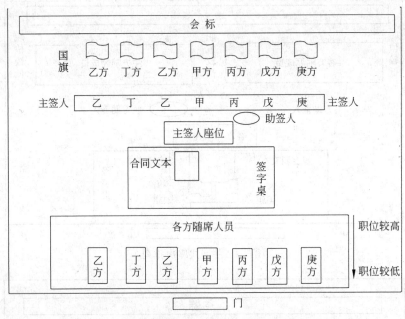

图 7-5　主席式座次排列

装,女性应穿着西装套裙,并且配以白色衬衫与黑色皮鞋。

　　签字仪式的服务人员(礼仪人员)可以穿自己的工作制服,或是旗袍一类的礼仪性服装。签字服务人员应注意仪态、举止,要落落大方、得体自然,既不要严肃有余,也不要过分喜形于色。服务人员的具体礼仪见表7-4。

表 7-4　服务人员的具体礼仪

项　　目	操 作 说 明
门口候客	(1) 服务人员站立在门口,迎候签字人员; (2) 签字人员到达时,敬语相迎,引领至签字桌旁,并拉椅让座; (3) 照应其他人员按顺序就位
双方仪式开始	服务人员手托摆有香槟杯的托盘(杯中酒约七分满),站立两旁,在距签字桌两侧约2米远处
双方签字完毕	(1) 服务人员看到签字人员握手并交换文本时,迅速将签字椅撤除; (2) 立即将酒杯送到双方签字人员面前,并讲"请"; (3) 从桌后站立者的中间处开始,向两边依次分让; (4) 等干杯后,立即上前用托盘接收酒杯
送客	(1) 签字仪式结束,为签字人员开门; (2) 引领签字人员到电梯口,按电梯,用敬语送别

2. 签字仪式的程序

　　虽然签字仪式的时间不长,但它是合同、协议签署的高潮,其程序规范、庄重而热烈。主要有以下几项。

（1）签字仪式开始。有关各方人员进入签字厅，在既定的位次上坐好。签字者按照主居左，客居右的位置入座，双方其他陪同人员分主客两方，各自以职位、身份高低为序，自左向右（客方）或自右向左（主方）排列站于各签字人之后，或坐在己方签字者的对面。双方助签人分别站在己方签字者的外侧，协助翻揭文本，指明签字处，并为业已签署的文件吸墨防洇。

（2）签字人签署文本。其通常的做法是先签署己方保存的合同文本，接着再签署他方保存的合同文本，这一做法在礼仪上称为"轮换制"。它的含义是在位次排列上，轮流使有关各方有机会居于首位一次，以显示机会均等、各方平等。

（3）交换合同文本。双方签字人正式交换已经由有关各方正式签署的文本，交换后，双方签字人应热烈握手，互致祝贺，并交换各自方才使用过的签字笔，以志纪念。这时全场人员应该鼓掌，表示祝贺。

（4）共同举杯庆贺。交换完已签订的合同文本后，礼宾小姐会用托盘端上香槟酒，有关人员尤其是签字人当场喝一杯香槟酒，这是国际上通用的旨在增添喜庆色彩的做法。

（5）有秩序退场。举杯庆贺后，双方最高领导者及客方先退场，然后东道主退场。整个签字仪式以半小时为宜。

🐱 小贴士

产权交易项目签约仪式的主持用语与流程

女士们、先生们、朋友们：

出让方与受让方就（项目名称）出售（兼并、租赁、经营权转让、合资、合作）的项目签约仪式现在开始。

A. 项目简介：

该项目主要内容及规模；

该项目总资产（金额）；

成交额（金额）。

B. 出席签约仪式的受让方代表（外方）：

单位职务、姓名、先生（女士、小姐）；

出席签约仪式的出让方代表：

单位职务、姓名、先生（女士、小姐）；

请二位先生（女士、小姐）到签约台前就座。

C. 请各位嘉宾领导到签约台上就位（待坐好后）。

D. 签约开始（待双方签约完毕后）。

E. 双方交换签约文本。

F. 祝酒。

G. 签约仪式结束。

H. 鼓掌。

二、剪彩仪式

剪彩仪式是指有关单位为庆贺公司成立、企业开工、银行开业、商场和酒店开张、大型建筑物启用、道路开通、展会或博览会开幕等而隆重举行的一项礼仪性程序，主要活动内容是邀请专人使用剪刀剪断被称为"彩"的红色缎带，故称为剪彩。剪彩作为一种庆典仪式，可以在开业典礼中举行，也可举行专门的剪彩仪式，以期引起社会各界的重视。

1. 剪彩的准备工作

剪彩仪式的准备工作一般与开业典礼的准备工作大同小异。在仪式开始前，要运用各种媒介进行广泛的宣传，制造轰动效应，以引起社会众多人士的关注，提高企业知名度。再者就是制订剪彩活动的具体执行方案，要考虑周全。待剪彩活动的举行时间、地点确定之后，要向有关单位和个人发送请柬，特别应向剪彩者发出郑重邀请。剪彩者一般是上级领

剪彩仪式的由来

导、主管部门负责人或某一方面的知名人士，而且是有较高威望、深受大家尊敬和信任的人。接着应该进行场地的布置、环境的打扫、灯光和音响的预备、媒体的邀请、人员的培训等准备工作。

剪彩仪式的会场一般选在展销会、博览会等门口，如果是新建设施、新建工程竣工启用，会场一般安排在新建设施、工程的现场。会场标示上可写"某某商厦开张典礼"或"某某大桥通车仪式"等字样。会场四周可适当张灯结彩、悬挂气球等。

2. 剪彩的必备用品

（1）红色缎带。剪彩仪式中的主角——"彩"，应当是由一整匹未曾使用过的红色绸缎，在中间结成数朵花朵而成，也有的稍微简单些，直接以长度为两米左右的细窄红色缎带或者红布条、红绒绳、红纸条作为"彩"。一般来说，红色缎带上所结的花团不仅要生动、硕大、醒目，而且其具体数目往往还同现场剪彩者的人数直接相关。基本情况有两种：一是花团的数目较现场剪彩者的人数多一个；二是花团的数目较现场剪彩者的人数少一个。前者可使每位剪彩者总是处于两朵花团之间，尤显正式；后者则不同常规，亦有新意。

（2）新剪刀。即专供剪彩者在剪彩仪式上正式剪彩时所用的剪刀，必须崭新、锋利而且顺手，现场剪彩人员人手一把。在正式剪彩开始之前，应该对剪刀进行认真的检查。剪彩结束后，主办方可将每位剪彩者所使用过的剪刀包装之后，送给对方以示纪念。

（3）白色薄纱手套。即专门为剪彩者准备的手套。最好每位剪彩者都配上一副白色薄纱手套，以示郑重其事。有时，也可不准备白色薄纱手套。

（4）托盘。即剪彩仪式上助剪者手中用作盛放红色缎带、剪刀及白色手套的托盘。最好是崭新的、洁净的，通常首选银色的不锈钢制品，可以在使用时铺上红色绒布或绸布。就数量而论，剪彩时，可以用一只托盘盛放剪彩用品，并依次向各位剪彩者提供剪刀与手套，并盛放所有红色缎带；也可以为每一位剪彩者配备一只盛放剪刀和手套的托盘，而红色缎带则专由一只托盘盛放。通常采用后一种方法，显示更加正式一些。

（5）红色地毯。红色地毯主要用于铺设在剪彩者正式剪彩时的站立之处。其长度可视剪彩人数的多寡而定，其宽度则不应在一米以下。在剪彩现场铺设红色地毯，主要是为

了营造一种喜庆的气氛,提升剪彩仪式的档次。有时,也可不予铺设。

3. 剪彩人员的确定

剪彩人员主要是由剪彩者与助剪者两个部分的人员组成。

(1) 剪彩者。剪彩者的选择是剪彩仪式成功的关键,其身份地位与剪彩仪式的档次高低有着密切的关系。根据惯例,剪彩者可以是一个人,也可以是几个人,但是不应多于五人。通常剪彩者多由上级领导、合作伙伴、社会名流、员工代表或客户代表担任。

确定剪彩者名单,必须是在剪彩仪式正式举行之前。名单一经确定,即应尽早告知对方,使其有所准备。在一般情况下,确定剪彩者时,必须尊重对方个人意见,切勿勉强对方。如果邀请多位剪彩者一起剪彩,应事先征求每位剪彩者的意见,得到同意后才能正式确定下来。否则,对剪彩者来说是失礼的,甚至会闹出误会,而把剪彩气氛搞僵。剪彩者应由本企业领导亲自或派代表专程邀请。

必要时,在剪彩仪式举行之前,应将剪彩者聚集在一起,告知对方有关注意事项,并稍微排练。剪彩者应穿着整洁庄重,精神要饱满,给人以稳健干练的印象。剪彩者应着套装、套裙或制服出席。不允许戴帽子,或者戴墨镜,也不允许其穿着便装。

如果剪彩者仅为一人,则剪彩时居中而立即可。如果剪彩者不止一人,就必须对同时上场剪彩者位次的排序予以重视。一般的排序规矩:中间高于两侧,右侧高于左侧,距离中间站立者越远,位次越低,故主剪者应居于中央的位置。需要说明的是,之所以规定剪彩者的位次"右侧高于左侧",主要因为这是一项国际惯例。其实,如果剪彩仪式并无外宾参加时,执行我国"左侧高于右侧"的传统做法也是可以的。

🦊 小贴士

剪彩利落才能讨到好彩头

某企业为了使剪彩仪式隆重热烈,特意邀请了一位78岁高龄的著名人士参加剪彩。仪式当天当主持人宣布"剪彩"开始后,老人手拿剪刀,却怎么也剪不断红彩带。当其他四位剪彩者已剪断彩带,把剪刀放回托盘了,这位老人还未剪断,情急之下,主持人过去才帮着老人剪断彩带。

(2) 助剪者。助剪者是指在剪彩仪式中为剪彩者和来宾提供服务的工作人员,主要是由主办企业的女职员担任,或者从专业的礼仪公司邀请专业的礼仪小姐担任。

礼仪小姐的基本条件:容貌端庄、身材颀长、年轻健康、气质高雅、音色甜美、反应敏捷、机智灵活、善于交际。礼仪小姐的最佳装束:化淡妆,盘头发,穿款式、面料、色彩统一的单色旗袍,着肉色连裤丝袜、黑色高跟皮鞋。除戒指、耳环或耳钉外,不佩戴其他任何首饰。有时,礼仪小姐身穿深色或单色的套裙亦可。但是,她们的穿着打扮必须尽可能地整齐划一。必要时,可向外单位临时聘请礼仪小姐。礼仪小姐的具体分工见表7-5。

4. 剪彩的程序

在正常情况下,剪彩仪式应在即将启用的建筑、工程或者展销会、博览会的现场举行。正门外的广场、正门内的大厅,都是可以优先考虑的。在活动现场,可略作装饰。在剪彩之处悬挂写有剪彩仪式具体名称的大型横幅,更是必不可少的。一般来说,剪彩仪式宜紧凑、

表 7-5　礼仪小姐的具体分工

岗位	任　　务	人　　数
迎宾者	在活动现场负责迎来送往	不止一人
引导者	在进行剪彩时负责带领剪彩者登台或退场	可为一人，也可为每位剪彩者各配一人
服务者	为来宾尤其是剪彩者提供饮料、安排休息	多人
拉彩者	在剪彩时展开、拉直红色缎带	通常应为两人
捧花者	在剪彩时手托花团	视花团的具体数目而定，一花一人
托盘者	为剪彩者提供剪刀、手套等剪彩用品	可为一人，也可为每位剪彩者各配一人

忌拖沓，在所耗时间上越短越好。短则一刻钟即可，长则至多不超过一个小时。独立而行的剪彩仪式，通常应包含以下基本的程序。

（1）请来宾就位。在剪彩仪式上，通常只为剪彩者、来宾和本单位的负责人安排座席。在剪彩仪式开始时，即应敬请大家在已排好顺序的座位上就座。

（2）宣布仪式正式开始。在主持人宣布仪式开始后，乐队应演奏音乐，现场可燃放鞭炮，全体到场者应热烈鼓掌。此后，主持人应向全体到场者介绍到场的重要来宾。

（3）奏国歌。此刻须全场起立。必要时，也可随之演奏本单位标志性的歌曲。

（4）代表发言。发言者依次应为东道主单位的代表、上级主管部门的代表、地方政府的代表、合作单位的代表等。其内容应言简意赅，每人不超过3分钟，重点分别应为介绍、道谢与致贺。

（5）剪彩开始。在剪彩前，主持人须向全体到场者介绍剪彩者。主持人宣布正式剪彩之后，剪彩开始。剪彩的过程中，剪彩者和助剪者应当注意以下礼仪。

① 主持人宣布剪彩后，助剪的捧花者和托盘者应立即率先登场。登场时，通常应排成一行，从仪式台的右侧（以全体到场者面向仪式台的视角为基准）进场。登场后，捧花者均双手捧1朵花团，站成一排，面向全体到场者，托盘者则站在捧花者身后约1米处，并自成一行，如图7-6所示。

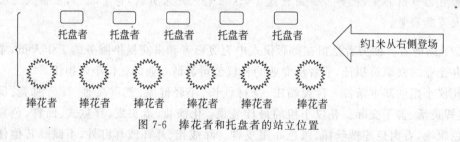

图 7-6　捧花者和托盘者的站立位置

② 助剪的引导者应行走在剪彩者的左前方，引导其从仪式台的右侧（以全体到场者面向仪式台的视角为基准）登场，使其在捧花者和托盘者之间站成一排，并面向全体到场者。如果剪彩者不止一人，则众多剪彩者在登场时应自成一列行进，并使主剪者行进在前面。当主持人向全体到场者介绍剪彩者时，被介绍者应面含微笑向全体到场者欠身或点头致意。

③ 剪彩者到达既定的位置后，应向捧花者含笑致意。此时，托盘者应前行一步，到达

剪彩者的右后侧,以便为其递剪刀和手套。当托盘者递上剪刀、手套时,剪彩者应向其道谢。

④ 待捧花者有所准备后,剪彩者即可集中精力,右手持剪刀,庄重地将红色缎带一刀剪断。如果有多人同时剪彩,则各剪彩者应留意其他剪彩者的动作,以使彼此的剪彩动作协调一致,从而同时剪断红色缎带。

⑤ 剪彩后,剪彩者将剪刀和手套放回托盘,并举手鼓掌。之后,应依次与举办单位负责人握手道喜,并在引导者的引导下从右侧(以全体到场者面向仪式台的视角为基准)退场。

⑥ 待剪彩者退场后,捧花者和托盘者方可以从右侧(以全体到场者面向仪式台的视角为基准)退场。

⑦ 无论是剪彩者还是主剪者,在登场和退场时都应步履稳健、神态自然、举止优雅,并保证现场井然有序。

(6) 参观。剪彩之后,主人应陪同来宾参观被剪彩之物。仪式至此宣告结束。随后东道主单位可向来宾赠送纪念性礼品,并以自助餐款待全体来宾。

任务评价

"签字仪式、剪彩仪式模拟实训"考核评分标准见表 7-6。

表 7-6 "签字仪式、剪彩仪式模拟实训"考核评分标准

序号	考核内容	考 核 要 点	分值	自评分	互评分	教师评分
1	签字礼仪	精心准备签字仪式:准备待签文本,布置签字场地,进行座位安排,安排签字人员等;签字仪式程序符合要求	40			
2	剪彩礼仪	精心准备剪彩仪式:剪彩的必备用品、剪裁人员的确定等;剪彩的程序符合要求	40			
3	整体印象	自然、自信、端庄、大方、适度,展现出一定的职业感和专业度	20			
总　分						
小组自评		存在不足:				
		改进措施:				
小组互评		存在不足:				
		改进措施:				
教师评价		存在不足:				
		改进措施:				
训练总结:						

课后练习

1. 判断题

（1）双方谈判成功后可直接进行签字仪式，无须准备。 （　）

（2）在签字仪式上，双方签字人员的身份应该对等。 （　）

（3）在签字仪式上，签字的时候，各方陪同人员分主客两方，各自以职位、身份高低为序，自左向右（客方）或自右向左（主方）排列站于签字者之后。 （　）

（4）签字仪式上助签人的主要工作是协助翻揭文本及指明签字处。 （　）

（5）在签字仪式上，双方助签人员分别位于各自签字人员的后边。 （　）

（6）确定剪彩者名单时，无论在剪彩仪式正式举行之前还是之后均可。 （　）

（7）剪彩开始时，主席台的人员一般尾随于剪彩者身后4～5米。 （　）

（8）剪彩时不许戴帽子、戴墨镜，可以穿便装。 （　）

（9）当剪彩者拿剪刀准备剪彩时应向四周观礼者致意。 （　）

2. 问答题

（1）签字仪式需要做哪些准备？

（2）如何进行签字仪式的座位安排？

（3）签字仪式的程序是什么？

（4）剪彩仪式的必备物品有哪些？

（5）如何布置签字场所？

（6）剪彩仪式的程序是什么？

（7）剪彩的正确做法是什么？

3. 实践题

（1）作为仪式的组织者，在仪式之前应做好哪些准备？

（2）作为仪式的参加者，应当遵循哪些礼仪原则？

（3）中国北京的兴盛公司与美国的MALD公司通过近一年的谈判，终于达成了正式合作的协议，双方将在北京某大饭店举行签字仪式。如果此次签字仪式由你准备，请列出准备的具体内容和签字仪式的现场布置工作。

（4）剪彩仪式为何一直盛行不衰，思考讨论其存在的意义。

（5）剪彩仪式上，剪彩者与助剪者怎样进行默契配合，达到协调一致，共同促进剪彩活动有条不紊地进行？

4. 案例分析题

扫描二维码，阅读案例原文，然后回答案例后的问题。

案例分析题原文

项目 8　服务礼仪

　　服务礼仪是礼仪在服务行业内的具体运用，是各服务行业人员必备的素质和基本条件，是礼仪的一种特殊表现形式。服务礼仪主要指服务行业的从业人员在工作岗位上，通过言谈、举止、行为等，对服务对象表示尊重和友好的行为规范和工作艺术，表现出服务人员的良好风度和职业素养。

　　服务礼仪主要内容包括服务人员的仪容规范、仪表规范、仪态规范、语言规范和岗位规范。服务礼仪是体现服务的具体过程和有效手段，使无形的服务有形化、规范化、系统化。有形、规范、系统的服务规范和服务技巧，不仅可以树立服务人员和企业的良好形象，更可以让服务人员在和客户交往的过程中赢得理解、好感和信任。

　　在本项目，我们主要介绍一下养老服务礼仪和酒店服务礼仪。

新型现代交际礼仪实用教程（第3版）

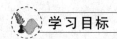

学习目标

知识目标

● 掌握老年生活照料、老年心理健康服务礼仪以及祝寿礼仪；

● 掌握酒店前厅服务礼仪、酒店客房服务礼仪和酒店餐厅服务礼仪。

能力目标

● 能够规范自身言行，不断提升职业服务能力；

● 自主学习新知识，能够利用网络媒体资源查找与养老服务礼仪、酒店服务礼仪相关的知识。

素质目标

● 在服务工作中有意识地塑造良好的职业形象；

● 具有创新意识、较强的集体意识和团队合作精神。

任务 8.1 养老服务礼仪

老吾老，以及人之老；幼吾幼，以及人之幼。

——《孟子·梁惠王上》

案例导入

最美养老护理员

2020年，宁波市镇海区民政局在全区养老服务行业开展评选活动，评出9名2020年度"最美养老护理员"。他们美在专业，美在奉献，美在担当。他们的工作没有惊天动地，没有豪言壮语，只有无声付出、默默坚持。他们吃苦耐劳，让爱在这平凡又特殊的岗位上闪耀。在九龙湖镇敬老院里，总会看到一个穿梭在4号楼各个寝室、面带笑容对老人嘘寒问暖的身影，她就是"最美养老护理员"朱依红。

2020年年初，受新冠肺炎疫情影响，敬老院实行封闭管理。疫情期间，朱依红50天不曾回过家，和老人同吃同住。作为组长的她，每天最早起，挨个为老人测量体温，做好房间的消毒工作，手把手地教老人用七步洗手法洗手，准时准点送上姜汤防寒抗感。由于外来人员不能进入敬老院，老年人理发成了大难题，她便主动拿起剃头刀，挨个为老人理发、剃胡须，受到大家一致好评。

除了照料日常生活外，朱依红还格外关注老人们的心理健康。疫情期间，为了丰富老人们的精神生活，不让老人有孤单失落感，她经常陪老人拉家常聊天，温暖老人的心；又组织院内老人开展娱乐活动，打牌、下棋、唱越剧；教大家做健身操、手指操、手工活，让老人快乐过好每一天。在院内老人的眼里，她就像是自己的亲闺女。

逢年过节，朱依红都会给老人们送上祝福，每位老人的生日她都记在心上。今年是院内乌春娣老人90岁大寿，朱依红早早便订好了蛋糕。当她拿着蛋糕，唱着生日歌出现在老人面前的时候,老人的眼眶顿时湿润了,感激之情溢于言表。

朱依红把爱心倾注在老年人的身上,站在平凡的岗位,用行动诠释着一名敬老院护理员朴实的情怀。

任务分析

老年服务礼仪是老年服务工作者在工作过程中所应遵守的职业服务规范和原则。它是指老年服务工作者在为老年人提供服务的过程中,为表达对被服务老年人的关注、关心与尊重而采取的律己敬人的方式与方法。[①]

老年服务礼仪是根据老年服务工作过程中的实践总结提炼出来的,具有重要的指导意义和实际意义。它要求老年服务从业者不但要遵从礼仪的普遍规律,还要遵从老年服务行业中本身应具有的特点。[②]

养老礼仪

"案例导入"中的养老护理员朱依红用心呵护,情暖夕阳,在养老服务工作的各个环节中积极践行老年服务礼仪,用平凡见证感动,不愧为"最美养老护理员"。

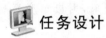

任务设计

老年服务礼仪实训

实训目标:设置老年服务情境,促进学生老年服务礼仪技能的提升,并锻炼学生临场应变以及解决老年人问题的能力。

实训准备:课前针对老年服务礼仪相关课题上网查询资料,并分组排练老年服务小品。

实训方法:把全班学生分成A、B、C三组,每组分配一个课题,其中A组负责卧床不能自理老人的生活照料服务;B组负责患有认知障碍的老年人的服务;C组负责不良情绪老人的心理健康服务。先分组讨论服务措施及应对技巧,把解决方案整理成文,再派代表现场表演服务小品,表演完后进行总结,并写出实训报告。

实训要求:全程录像,通过大屏幕回放,学生自我评价、小组评价,教师点评总结。评选出"最佳表现小组"和"最佳表现个人"若干。

一、老年生活照料礼仪

老年生活照料是老年服务的一项十分重要的基础工作。通常情况下,在为老年人提供生活服务的过程中,养老服务人员应该懂得并掌握的礼仪要点主要有以下几个方面。

1. 语言表达得体

老年服务从业人员在生活照料中与服务对象进行语言交流时,应当力求语言表达得体。为此要准确掌握并运用好口头语言在情感表达和信息传递方面的特殊性和优越性,尽

① 周淑英,化长河.老年服务伦理与礼仪[M].北京:北京师范大学出版社,2015.
② 孟令军,贾丽彬.老年服务伦理与礼仪[M].北京:北京大学出版社,2013.

可能地避免使用有争议或是容易引起歧义的表达方式,解释和说明性的语言要尽量具体细致,不要轻易否定他人,也不要急于证明自己,应学会理解与尊重,这样才能提高人际沟通与交流的效果,让老年人满意。

物品的摆放

服务人员小桃在帮助服务对象整理物品时,发觉老人家习惯把一个脚凳放在靠近床尾的地方,而这个地方在老人夜间起床时,可能会绊倒老人,成为一个安全隐患,因此想要把脚凳移个位置并就此与老人沟通。

表达方式A:"阿姨,我给您把脚凳移个位置吧,放在这里您夜间起床时可能会绊倒您。我给您放在那里,那里不碍事,您也好取用,好不好?"

表达方式B:"阿姨,这个脚凳不能放这儿,我给您放在那边吧。"

不难看出,以上两种表达方式中,A优于B。原因在于:每个老年人都会有自己习惯的生活方式,对自己物品的摆放也有着自己的想法和意图。老年服务从业人员应尊重老人的习惯,不要随意动屋内的摆设和其他物品,对于老人放置不妥当、不安全的事项应给予提醒。当我们发觉服务对象的某些习惯或是物品的摆设不恰当而必须纠正时,则应态度真诚,清楚明了地向对方说明自己的意图及原因。①

2. 注意交谈禁忌

小贴士

生活中的常见禁忌语

(1) 称谓禁忌。子女禁忌直呼长辈的名字,更不能叫长辈的乳名,与长辈名字相同或者同音的字也有所避讳。尤其忌讳的是,晚辈的名字绝对不能与长辈的名字相同,或者有谐音字、同音字。否则,会被认为不尊长。晚辈称呼长辈时,一般应以辈分称谓代替名字称谓,如叫爷爷、奶奶、姥爷、姥姥、爸爸、妈妈等。这类称谓可明示辈分关系,也含有尊敬的意思。不但家族内长幼辈之间是如此,师徒关系长幼辈之间也是如此。俗话说:"子不言父名,徒不言师讳。"

(2) 年龄禁忌。岁数忌言七十三、八十四,据说与孔孟二圣的终年有关。传说孔子是七十三岁死的,孟子是八十四岁死的。因此人们以为这两个岁数是人生的一大关口,连圣人都难以逃避的,一般人更不用提,所以都很忌讳。岁数又忌称言"百岁"。百岁常常用来指人寿之极限,如"百年好合""百年之后"等都是暗指寿限之极的,所以如果要问到某个人的岁数时,是忌讳说百岁的。真正是一百岁整,也要只说是九十九岁。

(3) 凶祸词语禁忌。民间有"说凶即凶,说祸即祸"的畏惧心理,因而禁忌提到凶祸一类的字眼,唯恐因此而致凶祸真正来临。死亡是人们最恐惧、最忌讳的了。所以"死"字是不能提及的,如今在战场上为国家和民族而战死的人,一般被称作"捐躯""牺牲"等。老百姓一般把"死"称作"没了""老了""走了"等。

---

① 孟令军,贾丽彬.老年服务伦理与礼仪[M].北京:北京大学出版社,2013.

与老人交谈,除了一般禁忌语需要注意外,还要特别留意老年人的特点。老年人随着年龄的增长、身体机能的衰退,再加上各种疾病的困扰,最终形成老年人特有的心理特征,即自尊与自卑并存。因此,我们在与老人交谈时,尤其要注意和了解他们的禁忌,在言语上多加注意,给予老人更多的尊重。

(1) 忌称"老头儿""老太婆"。很多时候,我们会听到身边的人称呼老年人为"老头儿""老太婆",而这样的称呼所传递的语言形象就是白发苍苍、步履蹒跚,言语中有无礼、心生嫌弃之意。这对于自尊心极强,渴望得到尊重的老年人来说,是很大的伤害。

(2) 忌谈论"死亡"话题。对于身体机能日渐衰退,已经明显感觉处在自己人生夕阳中的老人来说,他们对死亡有着一种本能的畏惧。所以,在与老人交谈中,应当尽量避免死亡话题。

(3) 忌说"您不要多管闲事""管好自己就行了"之类的话。这些话在日常生活中经常被我们用来劝慰那些闲不住、爱管闲事的老人。其实,老年人在听到这句话时往往不是怒气反驳就是心中生怨。这是因为,在老年人的内心深处,他们忌讳被当作"废物"。老人年纪大了,退休了,并不意味着他们什么都不能干了,他们最怕别人说他们"没用了"。其实,老人都乐意做一些有意义的事;即便身体真的不好,也愿意以自己的人生阅历为晚辈提供参考意见。而原本希望老人不要太操心、应多多休息的美意,却因为语言不当而带给老人一种被否定的挫败感和失落感。因此,类似这种让老人感觉到无能感、挫败感的话应避免使用。

(4) 忌否定他们经历的过去。每个人的生活态度和价值观都和自己所处的时代有关。老年人的生活经历和所走过的时代记忆是他们生命中最珍贵的东西。无论是成功的还是失败的,是喜悦的还是忧伤的,老人都对自己经历的一切有着不可割舍的情感。我们应当尊重并保护老人的那种情感,而不是自以为是地去评价。

(5) 忌评论家庭纷争与矛盾。在中国传统的观念里,幸福家庭应是父慈子孝、其乐融融。而幸福的家庭是所有老年人的追求和梦想。现实生活中,许多家庭会有一些纷争和家庭成员之间的矛盾。但在老年人的心目中,这些"家丑"是不足为外人道的。因此,在与老人的接触中,即使我们对老人的家庭状况比较了解,也不能太主动地和老人们聊他们家庭中的事,以免给老人带来不必要的困扰。[①]

不久前,张爷爷因身体不适紧急住院,经过治疗,身体已无大碍,但需专人护理,小赵受养老机构委托,到医院专职照顾张爷爷。针对张爷爷的具体情况,小赵应该避免说哪些话?

3. 面部表情丰富

人的面部表情是人的内心世界的"荧光屏",人的复杂心理活动都从面部显现出来。在人际交往中,目光、微笑等表情语言能传递大量信息,是有声语言最好的辅助。因此,在与服务对象进行语言交流的过程中,表情应当与语言表达的内容和情感保持一致,用真挚、亲

① 周淑英,化长河.老年服务伦理与礼仪[M].北京:北京师范大学出版社,2015.

切与温和向对方展示亲和力与专业感。

（1）注意眼神。俗话说："眼睛是心灵的窗户"，它可以折射出人的真实内心。老年服务从业人员是否真心接纳服务对象并乐于为服务对象提供相应服务，可以通过对其眼神的细致观察看出来。这不仅要求老年服务从业人员在为服务对象提供生活照料时发自内心地真诚与尊重他们，还需要了解和掌握眼神运用的知识，在老年人生活照料过程中，服务人员与老年人进行语言交流时，应做到双眼平视对方，不斜视、不脱视、不俯视。视线停留的位置大约在服务对象的眉、眼、额头这一区域。除非以眼神指向语言表述内容相关的物体，其他情况下一般不随意转换视线。征询对方意见及提示、提醒对方某些事项时，须与对方目光相对。

（2）保持笑容。微笑是一种令人愉悦的表情，它可以和有声语言及行动一起互相配合，起到互补作用，在交际中表达深刻的内涵。老年服务从业人员为服务对象提供服务的过程中，尤其是与服务对象对话时，应保持微笑，岗位服务微笑的标准是笑不露齿、眉眼柔和。笑与举止应当协调，以姿助笑，以笑促姿，形成完整、统一、和谐的美，使人感受到愉悦、安详、融洽和温暖。

（3）表情禁忌。老年服务中最忌"面无表情"，这向老年人传递了"我不开心""我有心事"这一类的信息。在为老年人服务时，我们要表现出的是对服务对象的接受和尊重。如果把"我不开心""我有心事"一类的信息传递给服务对象，难免会引起服务对象的猜测，影响服务对象的心情。所以，老年服务人员在服务过程中，要时时提醒自己表情自然、面带微笑。

除"面无表情"外，厌恶、嫌弃、不满、疲惫、烦躁等表情也是在为服务对象服务的过程中应绝对禁止的。

😄 小幽默

一位老大爷骑着单车，车筐里放了一只小狗，见了人就汪汪叫。

我忙问老大爷："老大爷您带个狗狗干吗啊？"

他很淡定地来了句："当喇叭。"

4. 肢体语言运用

肢体语言包括手势语和姿态语，它是人的思想感情和文化教养的外在体现。老年服务从业人员在护理工作中应注意运用。

（1）手的触摸。在与老年服务对象进行交往的过程中，有一种特殊的手姿，即手的触摸。触摸可以传递安全信息，使接受者有种慰藉感、舒服感、满足感和受保护感。触摸者和被触摸者都承认，触摸传播的信息常常比讲话更重要。老年人在与真心接纳或是信任的人交往时，喜欢把对方的手拉到自己身边，边抚触边讲话，而且也喜欢别人这么对待他们。因此，在与老年人交往时，很多时候，我们需要通过抚触来表达对服务对象的关切与爱护。在交往中，根据语言内容的变化，这种触摸除了对手的触摸，还包括对肩部、背部、手肘部的触摸。触摸时，应以温热手心接触服务对象，力度适当，时间适当。

（2）身体姿态。服务人员在为服务对象提供服务时的身体姿态不仅应该是优雅的，令人赏心悦目的，还应当是得体的，符合服务对象的心理要求的。因此，对老年服务从业人员的身姿要求也有两个方面：一是体态端庄大方,举手投足平稳从容;二是在合适的情况下采用合适的身姿,以适应服务的要求。比如,在与服务对象对话时,应靠近对方并弯下身且不能随意走动;在为服务对象提供生活照料服务时,应尽量让自己的身体位置与服务对象同高。注意,不可以居高临下之姿让服务对象产生压抑感和被轻视感;在为服务对象提供服务的过程中,应尽量避免抓、挠等动作,因为这会表现出你极不舒服或是焦虑的样子。[①]

😀 小幽默

养老院的规定

两个老人想要住进养老院,70岁的老人很顺利地被接收了,90岁的老人却被工作人员拦在了门外。

工作人员耐心解释说："对不起大爷,我们有规定,不接收儿女健在的老人。资料显示,您有一个儿子。"

90岁的老人生气地说："刚刚进去的那个就是我儿子!"

二、老年心理健康服务礼仪

老年人心理健康服务包括两方面内容：一是心理咨询及心理辅导;二是心理评估与治疗。要做好老年人的心理健康服务,首先要了解老年人的心理特点。一般地,老年人最普遍的心理特点是失落、焦虑、孤独、无能、缺乏安全感,老年人的心理问题多表现为抑郁、焦虑、痴呆及躯体疾病并发症等。在老年心理评估与治疗中,更多是专业能力和治疗技术发生作用,而在心理咨询与心理辅导中,除了心理学知识,服务人员通过良好的礼仪规范体现专业素质和专业态度,也是心理健康服务的重要组成部分。心理服务人员在心理咨询与心理辅导中的礼仪规范主要体现为以下几个方面。

1. 得体的个人形象

从事老年心理健康服务的人员应当具有得体的个人形象,即规范的着装、得体的举止和整洁的仪容。

（1）着装规范,符合要求。无论是在机构内接受服务对象的上门咨询,还是到服务对象的家里去做心理跟踪和辅导,服务人员的着装都不能过于随意,但也不能太过正式。过于随意的着装让心理咨询工作像随意的谈话聊天,会失去专业感和权威感。而太过正式的服装则会给人以刻板、严肃的印象,还会使服务对象不自觉地进行自我修饰,不利于心理健康服务活动的顺利开展。

具体地,适合老年心理健康服务人员的服饰要求：符合自己的年龄段,体现整洁、干净、得体的特点。不能穿过于暴露的服装。上衣要有领、有袖,衣衫平整,男性下身着有皮带的裤装,女性裙装不能短于膝上两寸。鞋面干净。女性首饰以少为佳,避免对咨询起干扰作用。

（2）举止得体,表情自然。一个人的姿态表情是传递信息的重要途径之一,是对言语信息的补充,因此,也被称为第二语言,具有独特的意义。姿态表情无论是在心理咨询接待

[①] 孟令军,贾丽彬.老年服务伦理与礼仪[M].北京：北京大学出版社,2013.

还是心理咨询疏导中都起着重要作用。从事老年心理健康服务的人员必须具备文明有礼的举止表情，做到得体、悦人，体现出良好的职业素质，增强服务对象对自身的信任感和亲近感。例如，接待来访的老人时，要身体微微前倾，既体现出心理工作人员的精神风貌，也体现出心理咨询师对来访者的尊重。老年心理服务健康工作中，心理咨询人员的表情十分重要，表情要平和，既不可刻板严肃，也不要喜笑颜开。目光也很重要，它不仅是咨询态度的传达，也是最细腻情感交流的体现，因而在心理咨询中，如何恰如其分地使用目光，直接关系到咨询的效果。一般来说，目光最好落在来访者的面部，会给人一种舒服、有礼貌的感觉。如果心理咨询师说我很尊重你，关心你的痛苦，而眼睛却东张西望，游离不定，咨询者就无法感受到咨询师的尊重和关心，这是需要咨询师切记的。当然，眼睛也不能一直盯着对方，这会给人一种压迫感，使咨询者感觉不自在。目光也不能随意扫射，不断游离，这样尤其显得不尊重对方，更不礼貌。

🐾 小贴士

心理咨询中的距离和角度

进行心理咨询时双方的空间距离，要保持正常的社交距离，距离为1米左右为宜。每个人需要跟他人保持一定的距离，来维护心理上的独立、隐私、安全感的需要。如果他人不恰当地闯入，就会引发情绪上的不安和心理上的防御。因而，在心理咨询中，本着彼此适宜的原则，合适的空间距离有助于心理咨询关系的建立以及心理咨询的顺利进行。另外，心理咨询的角度最好是直角或者钝角而坐，避免太多的目光接触带来的压力。

（3）仪容整洁，精神饱满。头发清洁整齐，女性工作中不披发，男性前发不盖额、后发不遮颈、侧发不盖耳，双手指甲修剪整齐，不留污垢，精神饱满，眉目有神。在化妆方面不能化浓妆，应是得体的淡妆，或者整洁干净的面容即可。

2. 良好的听觉形象

拥有良好的听觉形象，对心理健康服务的人员成功地开展老年心理健康服务尤为重要。在生活中，有的人说话，我们会觉得听着是一种享受；而有的人说话，我们会觉得听起来既逆耳又堵心。其中的区别就在于对方"会不会说话"。老年心理健康服务中最主要的工作方式就是对话与倾听，学会说话是做好服务的前提和基础。

（1）准确称呼。对服务对象的准确称呼是拉近人际距离的重要手段。称呼往往决定着交往双方关系的走向，称呼准确会为接下来的交往与交谈打下良好的基础，也会成为情感交流的重要指标。对老年人的称呼更要符合他们的年龄和身份，以使对方感受到被尊重和重视。

（2）清晰表达。规范的咨询语言、清楚的语言表达、温和悦耳的语调、平和的语速是心理健康服务良好职业规范的体现。由于心理咨询是涉及"听"与"说"的工作形式，所以咨询中的语言表达、语气、语调是情感交流和沟通的重要因素。尤其面对特定的心理服务对象——老年群体时，悦耳的声音刺激、温和的语气、优美的语言节律、适中的音调都会让老年人在咨询中获得舒适感、放松感；同时，得体的咨询用语、恰当的词汇选择、清楚的表达能够让老年人感受到心理咨询的力量。

（3）讲普通话。标准的普通话具有用语规范、节律优美、音调和谐的特点，因此，我们鼓励服务人员把普通话当作工作语言。但是,很多时候语言的使用会受到地域和人们不同语言习惯的影响,所以在一定的情境和语境中,有时候普通话的使用可能会在拉近距离、增强亲切感等方面起到不可替代的作用。

小贴士

优秀心理健康服务人员的语言表达规范

优秀的心理健康服务人员要思维清晰、善于表述,要从心理学视野,使用生活化的语言。通俗地说,就是要用专家的视野说老百姓的话,要多举例子,少空谈道理。

优秀心理健康服务人员要有很强的感染力,要和来访者平等对话,语言简洁,富于智慧,让对方深受启发,备受鼓舞。

3. 舒适的服务环境

心理健康服务是一项需要专业知识和专业技术支撑的服务活动。它不仅要求服务人员具备良好的专业能力和职业素养,而且在服务活动中,对于服务环境等外在要素也有一定的要求。一般地,心理健康服务环境应布局合理、舒适安静、干净整洁,并易于保密。

(1) 房间的设置。心理健康服务以服务者和服务对象全方位的信息交流为主。除了直接的言语和体语交流之外,房间的布置、家具的颜色、画像的摆挂、阳光的投射等,都在传达着无声的信息。心理学家指出,心理健康服务场所里的任何一样东西都具有象征意义。因此,在建立心理工作室时,必须认真对待室内的结构、布局及风格。工作场所空间不宜太大,否则会阻碍咨询关系的建立;也不可过小,否则容易产生压迫感。如果有多间房,心理咨询与辅导场所不宜设在进门的第一间,而要选在稍微隐蔽和安静一些的房间。来访者的位置应避开门窗方向,避免让来访者与突然到来的外人照面,避免在门窗外就能清楚地看见来访者。

(2) 气氛的营造。在总体布局上,应该注意气氛的营造,要营造一种让来访者感到温馨、平静、放松、舒适和注意力集中的环境。室内应光线柔和,灯光不要太刺眼或太昏暗;色调和谐,以淡黄、淡绿为好,不要大量使用太鲜艳的颜色,如红色、明黄,也不要大量使用暗淡的颜色,如黑色、灰色、褐色等。地板、窗帘、桌椅、沙发、装饰品整体上要协调,使人赏心悦目,心情愉快。适当点缀鲜花和绿色植物,让房间充满生机。墙壁上可以挂上一些有象征意义的画,也可以挂上与服务内容和岗位职责相关的内容,以增强来访者的信任感。

(3) 安静与保密。心理健康服务人员有责任为来访者创造安静、保密的服务环境。安静的环境可以保证服务人员和来访者都集中注意力去讨论来访者的问题和可能的解决办法。为此,开始心理健康服务时,心理服务人员与来访者就要自觉关掉手机或者将手机调至无声状态。

在心理健康服务过程中,可能涉及采访者的个人隐私,因此需要保密的环境,并保证服务过程无人打扰。

(4) 座椅的位置。在一对一的心理健康服务过程中,服务人员与来访者可以坐在沙发上,也可以坐在椅子上。两张沙发或椅子的位置必须摆好。座位之间的距离要恰当,以1米左右为宜。一般来说,双方应成90°角而坐,这样既可以正视对方,又可以自然地移开视线,不至于使来访者感到很大的压力。切不可正面对正面,形成相互对峙的格局。如果双方坐在同一水平线上,则目光难以交流,也是不妥当的。两个人之间可以摆放茶几,这样可以使来访者有安全、缓冲的人际空间,也可以充当来访者脆弱无力时的支柱依靠。当然,茶几不能太大或是在茶几上放太多的东西,这样拉长了双方的距离,阻碍了双方的信息交流,不利于双方良好关系的建立。[①]

😄 小幽默

傍晚散步时,看到一老奶奶在地上找什么,遂问:"老人家,天黑了,找什么呢,我们帮你。"

老奶奶说:"找口香糖。"

"都掉地上了,还找它干吗啊?"

"我假牙还在上面呢!"

4. 专业的服务水准

在为老年人进行心理健康服务的过程中,心理健康服务人员要恪守职业道德,遵守执业规范,体现出高超专业的服务水准。

小案例

心 理 咨 询

秦阿姨,64岁,退休教师,老伴很早就去世了。近两年,单身的李叔叔一直追求秦阿姨。尽管秦阿姨也觉得李叔叔不错,但是儿子并不赞同母亲再婚。秦阿姨为此焦虑、矛盾,晚上还经常失眠。社区工作人员小赵在社区心理咨询室对秦阿姨进行了心理疏导。以下是小赵和秦阿姨的对话片断。

小赵:秦阿姨,您好!您有什么心理问题就请说吧,我是心理咨询方面的老手了,您看墙上挂的都是我的证书,您放心吧,我会帮助您的!

秦阿姨:嗯,你是心理专家吧,我觉得我没有心理问题,就是心情不好。况且,自己的事,我也不想让别人知道。

小赵:心情不好就是心理问题的表现,您应该说出来让我帮您解决。

……没过几分钟,秦阿姨就逃跑似的离开了心理咨询室。

问题:

① 秦阿姨为什么会离开心理咨询室?

② 小赵应该用什么样的态度给秦阿姨进行心理疏导?[②]

(1) 尊重服务对象,礼貌待人。对服务对象的尊重是服务人员基本的职业道德和行为准则,为此要始终做到礼貌待人。例如,当与服务对象初识时,心理健康服务人员要先做自我介绍,并根据实际情况请教如何称呼对方。服务人员的自我介绍可以让防备心重的老年服务对象明了对方身份和角色,并通过服务人员的自我介绍形成对其的第一印象。这样可

---

① 孟令军,贾丽彬.老年服务伦理与礼仪[M].北京:北京大学出版社,2013.

② 周淑英,化长河.老年服务伦理与礼仪[M].北京:北京师范大学出版社,2015.

以有效消减老年人的不安全感与猜疑心，为后续交流打下基础。除此之外，还可以递上名片，以加深印象。递名片时，应把文字正对服务对象，双手递出。在这一过程中，有的时候还会需要握手。如果是老年人上门寻求服务，则应由服务人员首先主动伸手与对方相握。如果是上门为老年人提供服务，则需对方先伸手自己才可伸手。在机构中进行服务时，还可以为服务对象送上茶水，体现热情的同时有利于让其放松心情。

（2）接纳服务对象，真诚待人。遵循接纳、非批判性的心理健康服务原则，以真诚的态度对待服务对象，是心理健康服务人员专业服务水准的又一体现，关系到咨询双方的关系和咨询的效果。

带着非批判性、中立的态度来接纳各种各样的来访者是心理健康服务中的重要礼仪规范。无论来访者是因为怎样的心理问题而来，无论来访者的心理问题是多么严重，无论来访者有着什么样的地位，无论来访者有着多么丑陋的外貌，心理咨询人员都要真诚地接纳来访者，不能因为这些条件的不同而歧视来访者。对来访者的问题、文化水平、地位等不做价值、道德、对错的评判，不把自己的价值判断强加到咨询中。保持中立、非批判、接纳的原则对待来访者。比如，有位老年人因为孩子们不同意自己再婚前来求助，这时，服务人员绝不能把自己对再婚的看法强加给老人，而是应用真诚的态度接纳老人，去理解老人的心情和处境。

服务人员一定要做到真诚待人，这要求服务人员始终是以"真实的我""诚恳的我"示人，怀着真诚的心、诚挚的情感，没有伪装，表里如一，不把自己隐藏在角色背后，不是戴着心理咨询师的"权威面具"来对待服务对象。

（3）建立良性互动，提高效果。要想让老年人打开心灵之门，作为心理服务人员，要和老年人建立良好的互动关系。有了稳定的关系基础，才能更好地给服务对象实施心理影响。

① 倾听。倾听是心理健康服务中一项重要的基本功，是心理服务的第一步。倾听不仅是心理服务理念的体现和心理健康服务技能的展示，更是和服务对象建立良好沟通关系的基础。倾听也是一门心理服务的艺术。倾听是在尊重、真诚、接纳的基础上，认真地、积极地、主动地、专注地听来访者的言语，细读来访者的非言语信息，并在适当的时候参与。跟生活中听是不一样的，倾听更是用心在听，对服务对象赋予了更多的积极关注和思考。倾听不仅表达了对服务对象的尊重，同时也给服务对象创造了一种安全、宽松、信任和关注的氛围，积极鼓励他们说出自己的困惑，宣泄情绪，以发现问题。倾听是一种互动，不是来访者的独角戏，心理咨询师时刻关注着来访者，也不是不言不语，毫无反应，而是用理解、接纳的姿态适度地反应，如"嗯，我一直在听，请继续说""对，是的""请说下去""然后呢"等简单的语言反应，或者用点头、目光接触等表示来鼓励来访者继续话题。

② 共情。共情，也称同感、同理心，是指一种能深入他人主观世界，了解其感受的能力。共情是心理健康服务的一项很重要的技能，是每个心理健康服务人员的一项基本功。因为只有被他人理解了，才能真正地打开心扉，信任心理健康服务人员和心理健康服务。作为一种态度，它表现为对他人的关切、接受、理解和尊重；作为一种能力，它表现为能进入对方的精神境界，感受到对方的内心世界，能将心比心地体验对方的感受，并对对方的感情做出恰当的反应。能够充分理解对方的心事，并把这种理解以关切、温暖与尊重的方式表达出来。

③ 澄清。澄清也称具体化,是指心理服务人员帮助服务对象清楚、准确地表达他们的观点、他们所经历的事情,并弄清楚他们背后的情感体验。服务对象由于文化背景、受教育程度、逻辑分析能力等不同,尤其是老年群体,很多情况下,他们的问题是很混乱的、不确定的、模糊的、过度概括的、抽象的,所以服务人员应该运用具体化技巧,帮助服务对象理清真正的问题以及原因,让对方领悟事实的本来面目。

④ 自我暴露。自我暴露也叫自我开放或者自我表露,心理咨询人员诚恳地拿出自己的感受、情感、体验、经历,跟服务对象分享。恰当的自我暴露不仅促进双方形成信任、稳定的互动关系,更重要的是,会让服务对象觉得有人分担了困惑,觉得心理师也是有血有肉的普通人,同时,也给来访者树立榜样,让对方更多地打开心扉。所以,在心理健康服务中,自我暴露也是一项比较重要的技巧。自我暴露的形式有两种:一是向服务对象表明自己当下在心理服务中的一些体验、感受和情绪;二是为了让服务对象理解当前的问题而告诉对方自己人生中与此有关的体验、经历和体会。值得注意的是,自我暴露不是为了抒发自己的情绪、谈论自己,而是借助自己的开放让对方有更多的思考和探索,重点始终是围绕服务对象的。

😄 小幽默

一小偷将偷来的货车从车库里倒出来,被一个农村老大爷拦住,马上给警察打电话报警。

小偷很不解,问大爷:你咋知道这车是偷的?

大爷答:你一上车,车就自动报警了。

·警察问:咋报的?

大爷答:请注意,盗车!请注意,盗车!

小偷仰望天空说:唉!没文化太可怕了!

(4) 遵守保密制度,保护隐私。采用适当的措施为服务对象保守秘密,保护其个人隐私,是心理健康服务人员的一项非常重要的责任,所有从业者均应遵守保密制度。心理健康服务人员在服务工作的开始就应向服务对象说明心理咨询与治疗工作的保密原则,以及这一原则在应用时的限度。

心理健康服务人员在工作中收集的个人资料,包括个案记录、测验资料、信件、录音、录像和其他资料,均属于专业信息,应在严格保密的情况下进行保存,除司法机关凭介绍信可以借用外,不得向任何单位和个人泄露。只有在服务对象同意的情况下才能对治疗或咨询过程进行录音、录像。在因专业需要进行案例讨论或进行教学、科研、写作等工作要引用案例时,均需隐去那些可能会据此辨认出咨询者有关信息的资料。

📋 小训练

刘阿姨,61岁,退休职工。退休之前,她性格开朗,乐于助人,但是自打退休之后,就变得闷闷不乐,觉得自己没用了,加其子女常年不在身边,更觉得孤独苦闷。久而久之,患上了严重失眠。了解到刘阿姨的情况后,社区老年服务中心派小王对刘阿姨进行心理健康方面的护理,如果你是小王,你打算怎么做?

老年心理健康服务
礼仪的五个用心

三、祝寿礼仪

请扫描二维码学习本部分内容。

祝寿礼仪

任务评价

"养老服务礼仪实训"考核评分标准见表 8-1。

表 8-1　"养老服务礼仪实训"考核评分标准

序号	考核内容	考核要点	分值	自评分	互评分	教师评分
1	老年生活照料礼仪	语言表达得体,注意交谈禁忌面部表情丰富,肢体语言运用得当	40			
2	老年心理健康服务礼仪	得体的个人形象,良好的听觉形象舒适的服务环境,专业的服务水准	40			
3	整体印象	具有良好的老年服务礼仪习惯,塑造爱心、贴心、耐心、细心、一丝不苟的职业形象	20			
		总　　分				
小组自评		存在不足:				
		改进措施:				
小组互评		存在不足:				
		改进措施:				
教师评价		存在不足:				
		改进措施:				

训练总结:

 课后练习

1. 判断题

(1) 养老护理员可以称呼老人为"老头儿""老太婆"或者直呼其名。　　　　　　　　(　　)

(2) 在与老人交谈中,可以谈与死亡有关的话题。　　　　　　　　　　　　　　　(　　)

(3) 养老护理员与老年人交谈时应保持微笑。　　　　　　　　　　　　　　　　　(　　)

(4) 养老护理员在为老人服务过程中可以面无表情。　　　　　　　　　　　　　　(　　)

(5) 厌恶、嫌弃、不满、疲惫、烦躁等表情是在为服务对象服务过程中应绝对禁止的。

　　　　　　　　　　　　　　　　　　　　　　　　　　　　　　　　　　　(　　)

（6）在与老年人交往时，需要通过抚触来表达对服务对象的关切与爱护。　　（　　）

（7）在为老年人提供服务的过程中，应尽量避免抓、挠等动作。　　（　　）

（8）如果有多间房，老年心理咨询与辅导场所不宜设在进门的第一间，而要选在稍微隐蔽和安静一些的房间。　　（　　）

（9）开始老年心理健康服务时，心理服务人员与来访者要自觉关掉手机或者将手机调至无声状态。　　（　　）

（10）在一对一的老年心理健康服务过程中，服务人员与来访者可以坐在沙发上，也可以坐在椅子上。　　（　　）

（11）倾听是老年心理健康服务中一项重要的基本功，是老年心理服务的第一步。

（　　）

（12）为老人祝寿时，不能穿深色服装。　　（　　）

2. 问答题

（1）与老人交谈更应该注意哪些礼仪？

（2）为老年人提供生活照料方面的服务应注意什么问题？

（3）在老年心理健康服务中，怎样为老人提供一个舒适的服务环境？

（4）为老年人提供心理健康方面的服务应注意些什么问题？

3. 实践题

（1）请对以下老年生活照料过程中服务人员的 A、B 两种表达方式做以评价，并说明原因。

事例1：正准备为服务对象进行按摩服务的服务人员小芹对服务对象说的话。

表达方式 A："张大爷，我准备给您按摩了。您想要力道轻点还是重点？"

表达方式 B："张大爷，我来给你按摩，您看我现在这个力道合不合适？"

（分析提示：以上两种表达方式相比，B 明显较 A 好。原因在于：力道的轻重通常是因人而异的，A 中的这种问话，显然没有一个衡量与选择的参照物，服务对象很难回答，也容易造成信息传递的失误；B 中的问话方式则给予服务对象一个参照标准，以此来征求服务对象的意见，会得到相对准确与有效的沟通结果。）

事例2：服务人员与服务对象意见相左，但希望达成共识时。

表达方式 A："我不同意您的意见，我觉得××××，不信你可以试一试。"

表达方式 B："您的意思是××××对吧，现在，我想和您说说我的想法：××××。

希望能给您提供一些建议和帮助，愿意的话，您可以进一步了解一下。"

（分析提示：更妥当的表达方式应当是 B。通常情况下，最好不要直接地表达对别人意见的否定。与他人意见相左时，首先应当是对对方的意见和想法给予充分尊重，其次才是在合适的时间用合适的方式表达自己的意见。当意见相左的双方不能达成一致时，要学会求同存异。）[①]

---

① 孟令军，贾丽彬. 老年服务伦理与礼仪[M]. 北京：北京大学出版社，2013.

（2）退休干部王先生，今年72岁，他的两个孩子都在外地工作，三个月前，他的老伴突然患病去世，王先生备受打击。老伴去世后，性格一向开朗的王先生变得沉默寡言，社区工作人员小李负责对向先生进行专业的心理疏导，在为王先生服务时，小李应该如何为老人进行心理健康服务？

（3）请测试：你的心理是否老化？

以下是心理老化测试的16个问题（见表8-2），请以"是"或者"否"作答。

表 8-2　心理老化测试题

1. 是否变得很健忘	9. 是否经常束手无策
2. 是否总把心思集中在以自己为中心的事情上	10. 是否觉得生活枯燥无味，没有意义
3. 是否喜欢谈起往事	11. 是否渐渐喜好收集不实用的东西
4. 是否总是爱发牢骚	12. 是否常常很冲动
5. 是否对发生在眼前的事漠不关心	13. 是否常会莫名其妙地伤感
6. 是否对亲人产生疏离感，甚至想独自生活	14. 是否不愿与人交往
7. 是否对接受新事物感到非常困难	15. 是否常常无缘无故地生气
8. 是否对与自己有关的事过于敏感	16. 是否觉得自己已经跟不上时代

温馨提示：如果你的答案有7条以上是肯定的，那么你的心理就出现老化的危机了，要小心保护自己的心灵了。

4. 案例分析题

扫描二维码，阅读案例原文，然后回答每个案例后的问题。

案例分析题原文

任务8.2　酒店服务礼仪

礼仪三百复三千，酬酢天机理必然。

——［宋］吕希哲《绝句》

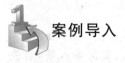 **案例导入**

如此服务用语

在某地一家饭店餐厅的午餐时间，来自台湾的旅游团正在此用餐。

当服务员发现一位 70 多岁的老人面前是空饭碗时，就轻步走上前，柔声说道："请问老先生，您还要饭吗？"

那位先生摇了摇头。

服务员又问道："那先生您完了吗？"

只见那位老先生冷冷一笑，说："小姐，我今年 70 多岁了，自食其力，这辈子还没落到要饭吃的地步，怎么会要饭呢？我的身体还硬朗着呢，不会一下子完的。"

这能怪客人的敏感和多疑吗，是饭店餐厅服务员无意中伤害了客人。

 任务分析

酒店服务礼仪，从概念上来说是指酒店从业人员面向客人的表示尊重的行为方式，是在酒店服务领域中大众所共同认可的一种行为表现和理解方式，酒店服务礼仪具有一定的仪式感。对于酒店从业人员而言，在其工作岗位和工作环境上必须要遵守酒店服务礼仪规范，以职业礼仪的要求为客人服务。

酒店服务礼仪的服务宗旨是顾客至上、礼貌待人。秉承着全心全意为客人服务的理念，在我国的国情、民族文化传统的道德基础上，在服务工作中讲求科学的服务理念、服务方法、服务艺术和服务规范。强调必须要尊重客人的文化习俗、宗教信仰，满足客人的心理感受，发自内心地为客人提供最为满意的服务，使其对酒店的服务满意和认可，树立较好的酒店形象，从而吸引更多的客户人群。

酒店礼仪

像"案例导入"中的饭店餐厅服务员，在为客人服务过程中违反服务礼仪规范，服务语言使用不当，是应该坚决避免的。

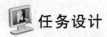 **任务设计**

酒店服务礼仪实训

（1）门厅迎送服务训练

实训目标：熟练掌握门厅迎送服务的礼仪和流程。

实训准备：模拟汽车、前台、行李等。

实训方法：每 5 个学生一组，分别扮演 2 位迎宾员和 3 位客人，轮换角色操作门厅迎送客人服务的流程，按照教师要求和示范，掌握散客、团队客人和重要客人的门厅迎送服务的礼仪，评出"最佳迎宾员"。

（2）入住接待服务训练

实训目标：在入住接待服务中根据客人的不同要求，合理分配客房，快速高效地为客人办理入住登记手续。

实训准备：计算机、入住登记单、有效证件、标牌、模拟大堂等。

实训方法：每 7 个学生一组，分别扮演前台服务员、散客、VIP 客人、团队客人等，轮换角色操作入住登记手续服务的流程。评出"最佳前台服务员"。

（3）楼层迎宾服务训练

实训目标：熟练掌握楼层迎宾服务的礼仪流程。

实训准备：模拟电梯门、住宿凭证、行李等。

实训方法：每3个学生一组，分别扮演1位楼层服务员和2位客人，轮换角色操作楼层接待服务的流程，按照教师要求和示范，掌握散客、团队客人和重要客人的楼层迎宾服务的礼仪，评出"最佳楼层服务员"。

（4）餐厅领位服务训练

实训目标：熟练掌握餐厅领位服务的礼仪流程。

实训准备：模拟服务台。

实训方法：每5个学生一组，分别扮演1位领位服务员和4位客人，轮换角色操作领位服务的流程，评出"最具亲和力领位服务员"。

（5）中餐值台服务训练

实训目标：熟练掌握点菜、斟酒、上菜、撤盘、结账等服务技巧。

实训准备：菜单、餐具、托盘、酒瓶等。

实训方法：每9个学生一组，分别扮演餐厅服务员与客人，轮换角色操作餐饮服务的各个环节，评出"最受欢迎服务员"。

（6）西餐服务训练

实训目标：掌握西餐服务技巧。

实训准备：西餐餐具等。

实训方法：先参观西餐厅，再把学生分成若干小组，在酒店资深西餐服务员的带领下进行西餐服务技能训练。

最后，全程录像，通过大屏幕回放，学生自我评价、小组评价，教师点评总结。评选出"最佳表现小组"和"最佳表现个人"若干。

一、前厅服务

前厅部是宾客最先接触酒店的业务经营部门，是酒店的"窗口"，也是酒店服务与管理的"神经中枢"。前厅部担负着协调、沟通和指导酒店业务经营的重任，其工作情况能直接反映出酒店的服务与管理水平及工作效率。前厅部根据其业务特点可分为六大部门，即接待处、问询处、行李接待处、收银处、总机和酒店代表。不同部门具有不同的工作运行特点，六个部门互相协调合作，共同完成前厅部的各种业务。酒店能否给客人在来时有"宾至如归"之感或在离别时有"宾去思归"之念，在很大程度上取决于总服务台服务质量的好坏，而贯穿在酒店整个经营过程中的服务，其技巧和礼仪的质量如何，则更是其最重要的决定因素。

1. 门厅迎送服务

门厅迎送服务，是对客人进入酒店正门时所进行的一项面对面的服务。迎宾员，也称门童，是代表酒店在大门口迎送客人的专门人员，是酒店形象的具体体现。迎宾员要承担迎送、调车以及协助保安员和行李员等人员的任务，通常应站在大门的两侧或是台阶下、车道边，站立时应微挺胸，眼睛平视，表情自然，抬头，双手自然下垂或前交叉相握，两脚与肩同宽,注意力集中,服务意识强。

1)迎客服务

(1)欢迎宾客光临。如果是走路来酒店的客人,应主动为其拉门,致欢迎词;如果是乘车来的客人,应将其所乘车辆引领到适当的地方停好,以免造成酒店门口交通堵塞。

(2)趋前开启车门,站在两车门的中间,左手开车门成70°,右手挡在车门上沿,为客人护顶,防止其碰伤头部,并协助其下车。客人下车后,要留意有无物品遗留在车内,再轻轻将车门关上。

(3)如果客人携带较多的行李,应在征求其意见后,协助行李员搬运其行李。

(4)引领客人至前台时,应走在其右前方1米左右处,时时侧身照顾客人。

(5)团队客人乘坐的车辆到达后,必须立即与行李员联系,因为大型车辆停在酒店门前会妨碍其他车辆的出入,所以迎宾员应把车引导到稍微偏离正门的位置停放,并提醒司机留出空位。

(6)将客人介绍给前厅工作人员后,迎宾员应立即回到酒店正门,准备接待下一位客人。

2)送别客人

(1)客人离店时,迎宾员应主动为客人叫车,将车引导至客人身边、又不妨碍其他车辆停放的位置,协助行李员装好行李,并请客人清点,然后请客人上车,客人上车时应为其护顶,等其坐稳后再关车门。

(2)如果客人只是暂时外出,可以说"一会儿见"。

(3)送别团体客人时,迎宾员应站在车门一侧,向每一位客人点头致意,欢迎客人再次光临,主动搀扶老人或行动不便的客人,待客人全部到齐,司机关门后,伸手示意司机开车,并目送客人离去。

3)贵宾迎送服务

(1)根据需要,负责升降中国国旗、别国国旗、店旗或彩旗等。

(2)负责维持酒店门口秩序,协助做好安全保卫工作。

(3)引导、疏通车辆,确保大门前交通顺畅。

(4)讲究服务规格,看是否需要铺设红地毯,并正确使用贵宾姓名或头衔向其问候致意。

4)注意事项

(1)搬运客人行李时,应与客人确认行李的数量,以免出现行李数量不符的情况。

(2)下车时应按照相关原则优先为女宾、老年人、孩子和外宾开车门。

(3)下雨天,迎宾员应替客人提供打伞服务,并有礼貌地请客人擦干鞋后再进入大厅。

(4)开车门轻、稳,注意勿使客人的衣、裙被车门夹住。

(5)与客人抵店时注意"第一印象"一样,最后的印象也很重要。送客时要怀着感激的心情,在车辆开动时面带微笑,躬身致意,挥手道别。

(6)送客时,应该站在车辆斜前方一两步、远靠大门一侧的位置,以使客人清楚地看到迎宾员热情、有礼地欢送他们离店。

(7)国旗一定要是新的,不允许有任何破损和脏污。

(8)从酒店里向外看,我国国旗应挂在左边,外国国旗应挂在右边。

2. 客房预订服务

（1）受理预订，要做到接待热情，报价准确，记录清楚，手续完善，处理快速，信息资料输入计算机或预订控制盘无误，订单资料分类摆放整齐规范，为后面的预订承诺、订房核对等提供准确的信息。

（2）受理电话预订，要接听及时，主动问好和询问要求。如果有客人要求的房间，应主动介绍设备，询问细节，帮助客人落实订房，并做好记录；否则应向客人致歉。

（3）当前台接收到预订网站发来的预订传真时，应立刻根据客房销售情况迅速回复传真，并注意保留网站的传真底本。

（4）当客人来到服务台预订房间时，应主动热情接待客人，询问细节，根据客人要求迅速帮助客人落实订房。

3. 入住接待服务

1）散客的入住接待服务

（1）识别客人有无预订。客人来到接待处时，接待服务人员应面带微笑，主动迎上前去，询问客人有无预订。如果有预订，应问清客人是用谁的名字预订的客房，然后根据姓名找出客人的预订资料，确认预订内容，着重注意客房类型与住宿天数；否则，接待服务人员应先查看房态表，看是否有可供出租的客房。如果能提供客房，接待服务人员应向客人介绍客房情况，为客人选房；否则，接待服务人员应婉言谢绝客人，并耐心为客人介绍邻近的酒店。

（2）客人填写入住登记表。

（3）验证身份证件。

（4）安排客房，确定房价。

（5）确定付款方式。主要有现金结账、信用卡结账、传单结账、转账方式结账、微信支付等。

（6）完成入住登记手续，排房、定价、确定付款方式后，接待服务人员应请客人在准备好的房卡上签名，将客房钥匙交给客人。

（7）制作相关表格资料。将客人入住信息输入计算机内，并将与结账相关事项的详细内容输入计算机客人账单内。标注"预期到店一览表"中的相关信息，以示客人已经入住。如果是以手工操作为主的酒店，接待服务人员应立即填写五联客房状况卡条，将客人入住信息传递给相关部门。

2）VIP 客人的入住接待服务

（1）接待 VIP 客人的准备工作。填写 VIP 申请单，上报总经理审批签字认可。VIP 客人的房间，应力求选择同类客房中方位、视野、景致、环境和房间保养等方面处于最佳状态的客房。VIP 客人到达酒店前，接待服务人员要将钥匙卡、钥匙、班车时刻表、欢迎信封及登记卡等放至客务经理处。客务经理在 VIP 客人到达前检查客房，确保房间状态正常、礼品发送准确无误。

（2）办理入店手续。准确掌握当天预抵 VIP 客人的姓名。以 VIP 客人姓氏称呼 VIP 客人，及时通知客务经理，由客务经理亲自迎接。客务经理向 VIP 客人介绍酒店设施，并亲自将其送至房间。

（3）信息储存。复核有关 VIP 客人资料的正确性，并准确输入计算机。在计算机中注明哪些客人是 VIP 客人，以提示其他部门或工作人员。为 VIP 客人建立档案，并注明身份，以便作为预订和日后查询的参考资料。

3）团队客人的入住接待服务

（1）准备工作。在团队客人到达前，预先备好团队客人的钥匙，并与有关部门联系确保客房。要按照团队客人的要求提前分配好客房。

（2）接待团队入店。前厅接待服务人员与销售部团队联络员一起，礼貌地把团队客人引领至团队入店登记处。团队联络员告知领队和团队客人有关事宜，其中包括早、中、晚餐地点及酒店其他设施等。接待员与领队确认客房数、人数、早晨唤醒时间以及团队行李离店时间。经确认后，请团队联络员在团队明细单上签字，前厅接待服务人员也需在上面签字认可。团队联络员和领队接洽完毕后，前厅接待服务人员需协助领队发放钥匙，并告知客人电梯的位置。

（3）信息储存。入住手续办理完毕后，前厅接待服务人员将准确的房间号名单转交行李部，以便行李的发送。修正完所有更改事项后，及时将所有相关信息输入计算机。

"满意加惊喜"
的前厅服务

4）注意事项

（1）切记不要出现客人到跟前也不抬头、边写边谈、用笔指指点点等不礼貌的行为。

（2）一般来说，VIP 客人不在前台办理入住登记手续，而是在客房或贵宾室由客务经理直接办理，这是酒店对 VIP 客人的一种特殊礼遇。

（3）如果酒店实在无法为客人安排住宿，也不能将客人随意打发，要主动帮助其联络同等条件的其他酒店，要为客人介绍清楚，做到礼貌周到。经客人同意，可为客人安排车辆，送客人到刚才为其预订的酒店。

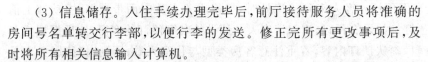

小贴士

不同国家、地区的数字禁忌

在为客人办理入住手续时，除了要了解宾客对客房的具体要求外，还要注意根据不同国家、种族的不同禁忌，为其提供满意的住宿环境。这就要求前厅接待员要准确掌握不同国家或地区宾客的风俗禁忌。

（1）韩国：与中国的数字忌讳相同，韩国人也忌讳4（因4与"死"发音相近），酒店等建筑物没有第四层和四号房间。

（2）日本：除了与韩国一样忌讳4之外，还忌讳9（因9与"苦"发音相近）。

（3）新加坡：视4、6、7、13、37和69为消极数字，尤其忌讳7。

（4）美国、加拿大：忌讳数字13和星期五，要是"13日"正赶上"星期五"被认为更不吉利。

（5）欧洲国家：英国人普遍忌讳13，还忌3，英国和法国人在送花时，枝数和朵数都不能是13或双数；意大利人也忌讳送双数，认为双数不吉利；俄罗斯人忌讳数字13，不喜欢星期五,他们视 7 为吉祥数字,同样送花时枝数和朵数都不能是 13 或双数。

4. 行李部服务礼仪

（1）着装整洁,仪容端庄,精神饱满。客人抵达时,热情相迎,微笑问候。

（2）主动帮助客人提携行李,并问清行李件数,陪同客人到总服务台办理入住手续时,应站在客人身侧后二三步处等候,看管好客人行李并随时接受宾客的吩咐。

（3）待客人办完手续后,应主动上前向客人或总台服务员取房间钥匙,提上行李引送客人到房间。在此过程中,行李员在客人右前方 1 米左右,遇到转弯应回头向客人示意。并注意根据客人情况介绍酒店设施。

（4）引领客人至电梯,先将一只手按住电梯门,请客人先进电梯,进电梯后应靠近电梯按钮站立,以便于操作电梯,出电梯时自己携行李先出,出梯后继续在前方引领客人到房间。

（5）随客人进入房间后,将行李放在行李架上或按客人吩咐将行李放好;根据客人情况向客人介绍房间设备的用法;房间介绍完毕后,征求客人是否还有吩咐,如果客人无其他要求,即向客人道别,并祝客人住店期间愉快,将房门轻轻关上,迅速离开。

（6）客人离开酒店时,行李员在接到搬运行李的通知后,进入客房之前无论房门是否关着,均要按门铃或敲门通报,听到"请进"声,方可进入房间,并说"您好,我是来运送行李的,请吩咐"。当双方共同点清行李件数后,即可提携行李,并负责运送到车上,如客人跟行李一起走,客人离开房间时,行李员要将门轻轻关上,尾随客人到大门口,安放好行李后,行李员要与大门接应员一起向客人热情告别,方可离开。

5. 问询服务礼仪

（1）对大多数住店客人来说,酒店所在城市是陌生的,客人很可能会遇到很多麻烦,作为问询员,要耐心、热情地解答客人的任何疑问,做到有问必答、百问不厌。

（2）了解客人通常要问的问题。类似问题主要有:离这里最近的教堂在什么地方？你能为我叫一辆出租车吗？这里最近的购物中心在什么地方？我要去最近的银行,怎么走？我要去看电影,怎么走？哪里有比较好的中国餐厅、墨西哥餐厅、法国餐厅？附近有旅游景点吗？

（3）掌握有关店内设施及当地情况的业务知识。这包括:酒店所属星级;酒店各项服务的营业时间;车辆路线、车辆出租公司、价格等;航空公司的电话号码;地区城市地图;本地特产及名胜古迹;其他一些酒店、咖啡厅、餐厅和商场的营业时间等。

6. 总机服务礼仪

（1）话务员是酒店"看不见的服务员",虽然不和客人直接见面,但通过声音传播,也是从另一侧面反映酒店服务的水平和质量。故话务员在服务中应做到:坚守岗位,集中精神,话务时坚持用礼貌用语,接外线时,应立即问候并报出酒店的中外名称,切忌一开口就说"喂"。为客人接线,动作要快而准,切记不能出差错。

（2）话务员的发音要准确、清晰,语速快慢要适中,保证客人听得懂、听得清,音质要甜润、轻柔,语调要婉转、亲切,语气要友好、诚恳。接线中语言要简练,用词要得当;要避免使用"我现在很忙""急什么"等不耐烦的语句。

（3）话务服务必须热心、耐心、细心，如果接听电话的客人不在，应问清对方是否留言，如需留言，应认真做好记录，复述肯定；讲究职业道德，不偷听他人电话；通话结束后，应热情告别，待对方挂断电话后，方可切断线路。

（4）如遇到客人要求叫醒服务，应记录清楚，准确操作自动叫醒机或准时用电话叫醒，不得耽误，无人接听时，可隔二三分钟叫一次，三次无人接听时，应通知客房服务员。

7. 大堂副理处理投诉的技巧

（1）注意投诉的地点和场合。可根据投诉性质来选择地点，可在办公室或现场，但不宜在大堂、餐厅等人流多的地方处理投诉。

（2）认真听取客人的投诉。面对客人投诉，要保持头脑冷静，面带微笑，仔细倾听，并做好记录以表重视。要以自己谦和的态度感染客人，让客人的情绪渐趋平静。

（3）对客人的投诉表示理解、同情和感谢。理解，就意味着尊重；同情，容易让客人觉得你值得信赖；感谢，让客人感觉到自己的投诉有望得到妥善解决。

（4）及时处理好客人的投诉。听完投诉后，立刻判断出是否是酒店方面出的错，如果是，要立即向客人表示歉意，做出处理，并征求客人对解决投诉的意见，以示酒店对客人的重视。当投诉处理涉及酒店其他部门时，应立即通知部门经理，查清事实，做出处理，大堂副理必须跟进事件，妥善解决问题。

（5）处理完客人的投诉后，要再次向客人表示关注、同情及歉意，以消除客人因该事引起的不快。

（6）处理投诉应详细记录投诉客人的姓名、房号、投诉时间、投诉事由和处理结果。将重大投诉或重要意见整理成文，呈总经理批示。

小贴士

前厅接待服务用语：

您好！

欢迎光临！

这里是接待处，可以为您效劳吗？

先生（女士），请稍等一下。

对不起，让您久等了。

这里是××酒店，非常乐意为您效劳。

先生（女士），您喜欢什么样的房间呢？

先生（女士），请问您的尊姓大名？

您对这间房感到满意吗？

先生（女士），您对我们的服务感到满意吗？

请慢走！

祝您好运！

欢迎您再次光临！

二、客房服务

客房是酒店的主体，是酒店的主要组成部门，是酒店存在的基础，在酒店中占有重要地位。客房是带动酒店一切经济活动的枢纽,是客人在酒店中逗留时间最长的地方。因此,客房是否清洁,服务人员的服务态度是否热情、周到,服务项目是否周全、丰富,直接影响到客人对酒店的评价。

1. 楼层迎宾服务礼仪

(1) 在客人到来之前,整理好房间,调节好客房空气和温度,掌握客情,准备好香巾、茶水。

(2) 仪表整洁大方,提前到达电梯口,主动问候客人,并说出自己的身份。

(3) 核对房卡,接过客人的房间钥匙,征求客人意见是否需要帮助其提行李。

(4) 引领客人到客房,帮助客人打开房门,退到门边,请客人进房,并根据客人要求摆放行李。

(5) 客人坐下后,及时送上香巾、茶水,根据客人精神状态,详略得当地介绍房间设施和使用方法,以及相关服务项目。

(6) 在确认客人暂时无须其他服务后,祝客人住得愉快,礼貌退出客房,面向客人轻手关上房门,回到工作间写好工作记录,随时准备为客人提供服务。

2. 客房清洁服务礼仪

(1) 填写钥匙领取登记表,领取客房钥匙,了解客房状态,将自己负责的房间分成退房、住房、预走房、空房、维修房等几类,决定清扫顺序,清理好工作车,准备好吸尘器等清洁工具。

"热情服务"
惹来尴尬

(2) 来到客房门前,用食指关节,力度适中,缓慢而有节奏地敲门,并通报"客房服务员"。如果客人开门,要礼貌问好并说明来意,征得客人允许后方可进入;如果房内无人,则用钥匙开门,并把"正在清洁"牌挂在门把手上,开始客房清洁工作。

(3) 按照客房清洁流程和质量标准做好客房清洁工作,一般流程如下。

开——开门、开空调、开窗帘;

撤——撤出用过的用品、用具,倒去茶水;

扫——扫蛛网、尘污,清去所有垃圾杂物;

铺——铺设床上用品;

抹——抹家具、设备;

摆——按陈设布置的要求补充好摆设用品、用具;

洗——洗卫生间;

补——补充卫生间用品并摆好;

吸——吸尘;

看——看清洁卫生和陈设布置的效果;

关——关窗帘、关灯、关门;

填——填写客房清洁的日报表。

(4) 住房的清扫一般在客人外出时进行,要特别留意,客人房内一切物品,应保持其原来位置,不要随便移动。不可随意翻阅客人的书刊、文件和其他材料,也不可动客人的录音机、照相机等物品，更不得拆阅其书信和电报。

（5）房间整理完离开时：如果客人不在，要切断电源，锁好门；如果客人在房，要礼貌地向客人道歉："对不起，打扰了。"然后退出房间，轻轻关上房门。

急促的敲门声

经过岗前培训，小王被分配到酒店楼层做卡房服务员，第一天上班，她满怀信心，相信自己一定能够胜任这份工作，为宾客提供满意加惊喜的服务。下午，她接到客房服务中心通知，1501房间的张女士因客人来访要求服务员马上为其整理房间。小王接到通知立刻来到1501房间门口，由于怕影响客人来访时间，敲门也急促了起来，张女士听到急促的敲门声，以为发生了什么事情，着急开门时不小心扭伤了脚，小王也因此遭到了投诉。

可见，敲门通报是客房服务中的一个基本礼仪，在酒店服务工作中，事无大小，都必须严格按照酒店礼仪规范来处理，讲究礼仪。

3. 客房日常服务礼仪

（1）客人到达前，应了解其国籍、风俗习惯、生活特点、到达时间等情况，以便有针对性地做好服务工作。工作前严禁吃葱、蒜等有浓烈气味的食物。工作中要热情诚恳、谦虚有礼、稳重大方，使客人感到亲切温暖。

（2）日常工作中要保持环境的安静。搬动家具、开关门窗要避免发出过分的声响。禁止大声喧哗、开玩笑、哼唱歌曲。应客人呼唤也不可声音过高，如果距离较远可点头示意，对扰乱室内安静的行为要婉言劝止。

（3）在楼道与客人相遇，应主动问好和让路。同一方向行走时，如无急事不要超越客人，因急事超越时，要说"对不起"。

（4）进入客人房间，须先轻轻敲门，经允许方可进入。敲门时不要过急，应先轻敲一次，稍隔片刻再敲一次，如无人回答，就不要再敲，也不要开门进去。特别是夫妇房间，更不能擅自闯入。

（5）凡客人赠送礼物、纪念品，应婉言谢绝，如不能谢绝，接受后应立即上报。

（6）要关心客人健康，对病员要多加照顾。对饮酒过度或精神反常的客人，除妥善照顾外，应及时向上级报告。

（7）服务台要随时掌握来往人员情况，如果发现不认识的人，要有礼貌地查问，防止无关人员进入客人房间。

（8）客人到服务台办事，服务员要起立，热情接待。与客人说话要自然大方，切忌态度生硬、语言粗鲁。

（9）客人离开酒店后，应即刻清查房间，尤其是枕下、椅下等处。发现遗忘物品时，如果时间来得及，应追赶当面交给客人；如来不及，则速交接待单位。

4. 客房个性化服务礼仪

要使顾客高兴而来，满意而归，光凭标准的、严格的、规范化服务是不够的，只有在规范化的基础上，逐渐开发和提供个性化服务，才能给客人以惊喜，才能让客人感觉到"宾至如归"，才能使客人流连忘返。以下相关做法会给我们以启发。

（1）服务员早上清扫房间时发现，客人将开夜床时已折叠好的床罩盖在床上的毛毯上，再看空调是23℃。这时服务员立即主动加一张毛毯给客人，并交代中班服务，夜床服务时将温度调到26℃左右。

（2）服务员为客人清扫房间时，发现客人的电动刮须刀放在卫生间的方石台面上，吱吱转个不停，客人不在房间。分析客人可能因事情紧急外出，忘记关掉运转的刮须刀，这时，服务员要主动为客人关闭刮须刀开关。

（3）服务员清扫房间时，发现一张靠背椅靠在床边，服务员不断地观察，才发现床上垫着一块小塑料布，卫生间还晾着小孩衣裤，服务员这才明白，母亲怕婴儿睡觉时掉到地上，服务员随即为客人准备好婴儿床放入房间。

（4）服务员发现客房中放有西瓜，想必是旅客想品尝一下本地的西瓜，绝对不会千里迢迢带个西瓜回家留个纪念。所以服务员主动为客人准备好了一个托盘、水果刀和牙签。

三、餐厅服务

餐厅是酒店的重要服务部门，它既是酒店宾客用餐的主要场所，也是客人进行人际交往的重要平台，餐饮服务质量的高低直接影响整个酒店的经营水平。因此，餐厅服务员不但要熟练掌握业务技能，还要遵守服务中的各种礼仪，为顾客提供最满意的服务，使顾客不但吃得饱，还要吃得愉快。

1. 迎宾礼仪

迎宾服务是餐厅为宾客提供服务的开端,礼貌得体、优雅大方的迎宾服务,在服务宾客的同时,也会为餐厅树立良好的形象。

(1) 迎宾员着装应华丽、整洁、挺括,仪容端庄、大方,站姿优美、规范。开餐前5分钟,迎宾员应恭候在餐厅大门两侧,做好迎客的准备。

(2) 迎宾员要神情专注,反应敏捷,注视过往宾客。当客人走向餐厅约1.5米处,应面带笑容,拉门迎客,热情问候:"小姐(先生),您好,欢迎光临!""小姐(先生),晚上好,请!""您好,请问几位? 有预定了吗?"(以便迎候指引)客人离开餐厅时,礼貌道别:"小姐(先生),谢谢您的光临,请慢走,再见!"语调柔和、亲切,并致以身体向前30°角的鞠躬礼。

(3) 如遇雨天,要主动收放客人的雨具。客人离厅时把雨具及时递上,并帮助客人打开雨伞,穿好雨衣。

(4) 迎宾要主动积极,答问要热情亲切,使客人一进门就感觉到他们是受到欢迎的尊贵客人,从而留下美好的第一印象,使客人感觉进餐厅用餐是一种美的享受。

2. 引位礼仪

1) 引位服务礼仪要点

(1) 引客入座时,迎宾员应对宾客招呼"请跟我来",同时走在客人左前方距离1米左右的位置,并伴之以手势指引。手势指引的正确姿势应为手臂自然弯曲,手指并拢,掌心向上,以肘关节为轴指向目标。

(2) 把客人引到餐桌前,按女士优先的原则拉开椅子,帮助客人入座。待客人坐下前,再在后面将椅子轻轻推一下,为客人将椅子靠近餐桌。

(3) 当重要宾客光临时,要把他们引领至本餐厅最好的位置就座。

(4) 如果是夫妇、情侣来进餐,最好把他们引至较为安静的餐桌就座,这样便于他们说悄悄话。

(5) 当有容貌漂亮、服饰华丽的女宾来进餐时,要将其引领到众多宾客都能看到的位置。这样既可满足客人的心理需求,又可给餐厅增添华贵的气氛。

(6) 如果是有明显生理缺陷的客人前来就餐,应尽量将其安排在不太显眼的地方,以能遮掩其生理缺陷为宜。

(7) 当餐厅内空位较多时,引位员可以让客人自行选择他愿意就座的餐位。

(8) 如果宾客选择的餐位已有人占用,应向客人解释,表示歉意,然后将客人引领至其他令其较为满意的座位上。

2) 引位服务规范

引位服务一般由站立、引客、入座、服务、告退5个服务环节组成。

(1) 站立服务规范。引座小姐在引座台内或餐厅大门一侧成正立站姿。宾客走近2~3米处,由正立换成握指式站姿,同时用"小姐(先生),您好""请问你们几位?""请"或"请跟我来"等礼貌语欢迎宾客,使用礼貌语"请"时需将语言和动作配合一致。

(2) 引客服务规范。引座小姐做出"请"的动作后,随即领客走入餐厅。走姿采用"一字步"为佳,行走速度为每分钟90步,步幅为半脚距离。

（3）入座、服务与告退服务规范。主要包括以下技巧。

① 安排入座技巧：先女宾后男宾,引座小姐需两手扶握椅背两侧,将座椅稍提拉开适当距离,然后用"小姐(先生),请坐"礼貌语,与动作配合一致示意宾客入座,宾客就座时,迅速调整椅位。

② 口布服务技巧：引座小姐应从宾客左侧,用右手将杯中的口布取出,轻轻打开,迅速示意给宾客。

③ 告退服务技巧：服务完毕,引座小姐成握指式站立,同时配合礼貌语"小姐(先生),请慢用"招呼宾客,接着一脚后退一小步,向另一脚方向转体 90°离开。

3. 点菜礼仪

（1）恭请点菜。如果不是事先包餐,餐厅值台员应及时主动递上菜单,请宾客点菜。同时,微笑站在点菜客人的右侧,身体不要倚靠餐桌,上身微前倾,耐心等候;认真、准确记录宾客点的菜肴,点菜完毕,复述一遍,请其确认。

（2）当好参谋。接受点菜时,热心当好参谋。根据宾客的就餐目的、人数、饮食偏好,介绍本店的特色菜、畅销菜、时令菜等,协助宾客控制好菜品的搭配及数量。

（3）灵活机动。如遇宾客点到已无原料的菜品,应礼貌致歉解释,求得宾客谅解,并婉转建议宾客点其他菜品,注意语气要亲切委婉："我们这里的××菜很有特色,您可以试试!"如宾客点出菜单上没有的菜肴,不可一口回绝,可以说："请允许我与厨师长沟通一下,我们会尽量满足您的要求。"对宾客饮食上的特别要求,应灵活机动,妥善处理。

酸辣汤的启示

服务员小赵刚上班,便迎来一对青年夫妇,点菜过程中,得知妻子刚怀孕三个月,胃口一直不好,今天特别想吃酸辣汤,但此时酒店并不供应酸辣汤。经过小赵与厨师的沟通,为他们特制了酸辣口味的两菜一汤,用餐完毕后,丈夫感激地告诉小赵,妻子对饭菜特别满意,吃得比平时多,并表示"孩子的满月酒一定会来这里办"。几个月后,这对夫妇真的抱着孩子,带着亲朋好友,再次光临酒店,并再次向小赵致谢。

可见,因人而异、满意舒心的真情服务,可以大大增加宾客的满意度,而宾客的满意度能够带来宾客的忠诚,宾客的忠诚必然会扩大酒店的知名度,从而带来酒店的持久发展。

4. 中餐服务礼仪

（1）斟酒服务礼仪规范。主要包括以下几个方面。

① 为宾客斟倒酒水时,要先征求宾客意见,根据宾客的要求斟倒各自喜欢的酒水饮料,一般酒水斟八分满即可。

② 斟白酒时,如宾客提出不要酒,应将宾客位前的空杯撤走。

③ 酒水要勤斟倒,宾客杯中酒水只剩 1/3 时应及时添酒,斟酒时注意不要斟错酒水。

④ 宾客干杯或互相敬酒时,应迅速拿酒瓶到台前准备添酒。

⑤ 主人和主宾讲话前,要注意观察每位宾客杯中的酒水是否已满上。

⑥ 在宾主离席讲话时,主宾席的服务员要立即斟上果酒、白酒各一杯,放在托盘中,托好站在讲台侧等候。

⑦ 致辞完毕,迅速端上托盘以备宾客举杯祝酒。

⑧ 当主人或主宾到各台敬酒时,服务员要托着酒瓶跟着准备斟酒,宾客要求斟满酒杯时,应予满足。

（2）上菜服务礼仪规范。酒席宴会的上菜要严格按照上菜规则进行。

① 要掌握好上菜时机,按进餐的节奏,每一道菜都要趁热上,多台宴会的上菜要看主台或听从主管指挥,做到行动统一,以免造成早上或晚上、多上或少上等现象。

② 要遵循一定的上菜顺序。宴会的上菜顺序要按菜单排定的顺序执行,一般是先上冷盘,再上热炒菜和大菜,后上水果、汤和甜点。

③ 要正确选择上菜位置,操作时在译、陪人员之间进行。

④ 每上一道菜要介绍菜名和风味特点,并将菜盘放在转盘上,再转向主位。

⑤ 上新菜前,先把旧菜撤走或摆向副主位。如盘中还有分剩的菜,应征询宾客是否需要添加,在宾客表示不要时方可撤走。

⑥ 一般宴会通常由主人自己分菜,高档宴会服务员要主动、均匀地为宾客分汤、分菜。分派时要胆大心细,掌握好菜的分量、件数,尽量准确均匀。

🐱 小贴士

上菜的礼仪习俗

上热菜中的整鸡、整鸭、整鱼时,中国传统的习惯是"鸡不献头,鸭不献掌,鱼不献脊",即上鸡、鸭、鱼时,不要将鸡头、鸭尾、鱼脊对着主宾,而应当将鸡头与鸭头朝右边放置。上整鱼时,鱼腹可向主人,由于鱼腹的刺较少,肉味鲜美娇嫩,所以应将鱼腹而不是鱼脊对着主宾,表示对主宾的尊重;鱼眼朝向主人,鱼尾应朝向第二主人与第三或第四宾客(如果是转台,服务人员应该把以上鱼的部位转到位);也可以根据宴会是否用酒,喝酒的习惯或习俗确定鱼的位置(一般上鱼的时候,鱼头冲客人,表示对客人尊重。这个时候,客人要喝鱼头酒,尾巴方向的人要喝鱼尾酒,一般是"头三尾四""高看一眼""腹五脊六"等)。

（3）撤换餐具礼仪规范。为显示宴会服务的优良和菜肴的名贵,保持桌面卫生雅致,突出菜肴的风味特点,在宴会进行的过程中,需要多次撤换餐具或小汤碗。重要宴会要求每一道菜换一次餐碟,一般宴会换碟不得少于三次。

① 撤换餐碟时,要待宾客将碟中食物吃完方可进行。

② 如宾客放下筷子而菜未吃完,应征得宾客同意后方能撤换。

③ 撤换时要边撤边换,撤与换交替进行。

④ 按先主宾后其他宾客的顺序先撤后换,所有操作在宾客右侧进行。

（4）席间服务礼仪规范。宴会进行中,要勤巡视、勤斟酒、勤换烟灰缸。细心观察宾客的表情及示意动作,主动服务。

① 服务时,态度要和蔼,语言要亲切,动作要敏捷。

② 宾客用餐完毕,送上热茶和香巾,随即收去台上除酒杯、茶杯以外的全部餐具,抹净转盘,换上点心碟、水果刀叉,然后上甜品、水果,并按顺序分送给宾客。

③ 宾客吃完水果后,撤走水果盘,递给宾客香巾,然后撤走点心碟和刀叉,摆上鲜花,以示宴会的结束。

（5）结束服务礼仪规范。中餐宴会结束后，服务员要提醒客人带齐物品。可代主宾挪开座椅，并恭候在餐厅门口热情欢送，客气道别。宴会的结束服务礼仪技巧主要包括以下几项。

① 检查现场。客人离席后，必须首先检查现场有无客人遗留的物品，如有应立即交还给客人。如客人已离去，应交餐厅经理处理，积极与有关单位或个人取得联系，尽快将遗留物品交还给失主。

② 收拣、清理餐具及其他物件。收拣工作宜分工进行。应专人分别收拣酒杯、水杯、盘、碗、勺等。要先收毛巾、口布，再收饮具，后收餐具。

③ 清理现场。将桌、椅抹洗干净，摆好，打扫好餐厅的卫生。

④ 结账。核实所用菜点、酒水、香烟、茶及其他食品的数量、价格等，及时与酒席宴会的举办人准确结账。

（6）服务的注意事项。主要包括以下几个方面。

① 服务操作时，注意轻拿轻放，严防打碎餐具和碰翻酒瓶、酒杯，从而影响场内气氛。如果不慎将酒水或菜汁洒在顾客身上，要表示歉意，并立即用毛巾或香巾帮助擦拭。

② 当宾主在席间讲话时，服务员要停止操作，迅速退到工作台两侧肃立，姿势要端正。餐厅内保持安静，切忌发出声响。

③ 席间如有顾客突感身体不适，应立即请医务室协助并向主管汇报。将食物原样保存，留待化验。

④ 宴会结束后，应主动征求宾主和陪同人员对服务和菜品的意见，客气与宾客道别。服务员还要对完成任务的情况及时进行小结，以利发扬成绩，克服缺点，不断提高餐厅服务质量和服务水平。

"一片热心"只换来
客人"一声怒吼"

5．西餐服务礼仪

（1）客人订餐服务。服务要主动，态度要热情，面带微笑，语言亲切。

（2）迎接客人服务。领位员要熟知餐厅座位安排、风味特色、食品种类、服务程序与操作方法。微笑相迎，主动问好，常客、回头客要称呼姓名。

（3）餐前服务。客人入座后，桌面服务人员主动问好，及时递上餐巾。

（4）开单点菜服务。客人审视菜单并示意点菜时，服务人员立即上前，询问客人的需求，核实或记录内容。

（5）上菜服务。客人点菜后，服务人员应按面包、黄油、冷菜、汤类、主菜、旁碟、甜品、水果、咖啡和红茶的顺序上菜。20分钟内送上第一道菜，90分钟内菜点出齐。菜点需要增加制作时间的，应告知客人大致等待时间。各餐桌按客人点菜先后次序上菜。

（6）看台服务。客人用餐过程中，照顾好每一个台面的客人。客人每用完一道菜，撤下餐盘刀叉，清理好台面，摆好与下一道菜相匹配的餐碟刀叉。操作快速、细致。

（7）收款送客服务。客人用餐结束示意结账时，服务人员应将账单准备妥当，账目记录清楚，账单夹呈放在客人面前，收款、挂账准确无误。

（8）注意事项。西餐服务人员在进行服务时应注意以下事项。

① 服务人员询问客人用餐时间、订餐内容、座位时要清楚，复述客人姓名、房号、用餐人数与时间时要准确。台面摆放整齐、横竖成行，餐具布置完好，整洁大方，环境舒适。

② 领位员引导客人入座，遵守礼仪顺序。订餐、订座客人按事先安排引导，座次安排适当。客人入座时应主动拉椅，交桌面服务人员照顾。

③ 询问客人餐前饮用何种饮料，服务操作主动热情，斟酒、送饮料服务规范，没有滴洒现象。递送菜单时应用双手。

④ 注意客人所点菜肴与酒水的匹配，善于主动推销，主动介绍菜品风味、营养与做法。

⑤ 上菜一律用托盘，热菜食品加保温盖。托盘走菜轻稳，姿态端正。菜点上桌介绍名称，摆放整齐。为客人斟第一杯饮料，示意客人就餐。

⑥ 上菜过程中，把好质量关，控制好上菜节奏、时间与顺序，无错上、漏上、过快、过慢状况发生。

⑦ 符合西餐服务要求，每上一道菜，主动及时地为客人分菜、派菜。分菜操作熟练准确，斟酒及时。客人需要用手食用的菜点，应呈上茶水洗手皿。客人用餐过程中，随时注意台面整洁。及时撤换烟缸，烟缸内烟头不超过三个。上水果甜点前，撤下台面餐具，服务要及时周到。

⑧ 客人起身离开时，服务人员要主动拉椅，提醒客人不要忘记个人物品，微笑送客，主动征求意见，告别客人。客人离开后，清理台面快速轻稳，台布、口布、餐具按规定收好，重新铺台摆放餐具，3分钟后完成清台、摆台，重新整理好餐桌，准备迎接下一批客人。

6. 冷餐会服务礼仪

冷餐会又称自助餐会，适用于会议用餐、团队用餐和各种大型活动。冷餐会一般有设座式与立式两种就餐形式。不设座的立式就餐可以在有限的空间里容纳更多的宾客，而且气氛活跃，不必拘束。设座式冷餐会的规格较立式高，得到的个人照顾多。冷餐会的服务礼仪程序如下。

（1）餐前准备。主要包括以下几个方面。

① 布置会场。从宴会通知单上了解参加人数、酒会形式、台形设计、菜肴品种、布置主题等事项。食品台的摆设，应方便宾客迅速、顺利选取菜肴，考虑宾客流动方向安排取菜顺序。餐桌在摆放时，要突出主桌，预留通道。布置环境，应围绕宴会主题进行，如元旦、周年庆典、圣诞节等。

② 食台的摆设。食台的摆设形式多种多样，除了设完整的自助餐台外，也可将一些特色菜分离出来，如色拉台、甜品台、切割烧烤肉类的工作车等。

③ 食台的布置。布置食台时，先在食台上铺台布，台子四周围桌裙，台中央可以布置冰雕、雕刻、鲜花、水果等装饰物点缀，以烘托气氛，增加立体感。

④ 菜肴及其他物品的摆放。菜肴陈列，应根据通知单上所有菜肴品种和食客的取食习惯来排列。宾客盛菜用盘，整齐地放在自助餐台最前端，立式自助餐台应附有杯托架、餐刀、餐叉、餐巾等用具。色拉、开胃品和其他冷菜放在宾客首先能取到的一端，摆放时图案新颖美观。接着摆放热蔬菜、肉类菜、其他热主菜，菜肴的配汁与菜肴摆放在一起。热菜通常用保温锅保温。甜品、水果一般是单独设台摆放，也可放在主菜后面，即宾客最后取到的一端。

⑤ 设座式自助餐。要摆好宾客用餐桌，桌上的餐具有餐刀、餐叉、汤勺、甜品叉勺、面包碟、面包刀、餐巾、胡椒皿、盐皿等。

（2）餐中服务礼仪。主要包括以下几个方面。

① 冷餐会开始前的鸡尾酒服务礼仪。在酒会开始前半小时或15分钟,一般在宴会厅门外大厅或走廊为先到的宾客提供鸡尾酒、饮料和简单小吃,直到酒会时间将到,才请宾客进入宴会厅。

② 入座就餐礼仪。除了主桌常设席卡外,其他客桌用桌花区别,由宾客自由选择入座,服务员为每位宾客斟冰水,询问是否需要饮料。主办单位等全部宾客就座后致辞、祝酒,宣布酒会正式开始。设座式冷餐会中的开胃品和汤则常由服务员送到餐桌上,而面包、黄油是提前派好的。

③ 自助餐台服务礼仪。自助餐台应有厨师值台,负责向宾客介绍、推荐、夹送菜肴,分切大块烤肉,及时更换和添加菜肴,检查食品温度,回答宾客提问。

④ 其他服务礼仪。服务员要随时接受宾客点用饮料,并负责送到餐桌或宾客手中。巡视服务区域,及时整理餐台,换烟灰缸,撤走空盘。

⑤ 管理人员的现场控制技巧。管理人员在现场检查服务运转情况,协调厨房生产与餐厅服务工作,处理各种突发事件,指挥员工圆满地完成各项工作。

（3）餐后结束服务礼仪。冷餐会结束后,由主管或经理及时结账,检查所有账目。厨师负责将余下的菜肴全部撤回厨房,分别处理。服务员负责清理餐台、食台,将用过的餐具、物品交洗涤间,由宴会负责人写出"酒会服务报告"备案。

7. 鸡尾酒会服务礼仪

鸡尾酒会是较流行的社交、聚会的宴请方式。举办鸡尾酒会简单而实用,热闹、欢愉且又适用于不同场合。它不需要豪华设备,可以在任何时候举行,与会者不分高低贵贱,气氛热烈而不拘泥。从酒会主题来看,多是欢聚、庆祝、纪念、告别、开业典礼等。鸡尾酒会以供应各种酒水为主,也提供简单的小吃、点心和少量的热菜。鸡尾酒会一般不设座,只准备临时吧台、食品台,在餐厅四周设小圆桌,桌上放置纸餐巾、烟灰缸、牙签盒等物品。鸡尾酒会的礼仪服务程序如下。

（1）准备工作。根据宴请通知单的具体细节要求,摆放吧台、食品台、桌椅,准备所需的各种设备,如立式麦克风、横幅、会标等。

① 吧台。鸡尾酒会临时吧台,由酒吧服务员负责在酒会前准备好。根据通知单上的"酒水需要"栏,准备各种规定的酒水、冰块、调酒具及足够数量的玻璃杯具等。

② 食品台。将足够数量的甜品盘、小叉、小勺放在食品台的一端或两端,中间陈列小吃、菜肴。高级鸡尾酒会还准备工作车为宾客切割牛排、火腿等。

③ 小桌、椅子。小桌摆放在餐厅四周,桌上置花瓶、餐巾纸、烟灰缸、牙签盒等物品,少量椅子靠场边放置。

④ 酒会前的分工。宴会厅主管根据酒会规模配备服务人员,一般以一人服务10~15位宾客的比例配员。专人负责送酒水,照顾和托送菜点及调配鸡尾酒,提供各种饮料。

（2）鸡尾酒会服务礼仪。鸡尾酒会开始后,每个岗位的服务员都应尽自己所能,为宾客提供尽善尽美的服务。

① 负责托送酒水的服务员,用托盘托送斟好酒水的杯子,自始至终在宾客中巡回,由宾客自己选择托盘内的酒水或另外点订鸡尾酒。负责收回宾客放在小桌上的空杯、空盘,

送至洗涤间洗涤。

② 负责菜点的服务员,要保证有足够数量的盘碟、勺、叉,帮助老年宾客取食,添加点心菜肴,必要时用托盘托送特色点心,负责回收小桌上的空盘、废牙签、脏口纸等送往洗涤间。

③ 吧台服务员,负责斟倒酒水和调配宾客所点的鸡尾酒,在收费标准内保证供应。

（3）鸡尾酒会结束服务礼仪。宾客结账离去后,服务员负责撤走所有的物品。余下的酒品收回到酒吧存放,脏餐具送洗涤间,干净餐送工作间,撤下台布,收起桌裙,为下一餐做好准备。

小贴士

餐厅服务礼貌用语

您好! 欢迎您光临我们餐厅。

请您稍等,我马上给您安排。

请往这边走。请跟我来。请坐。

对不起,现在可以点菜吗?

这是今天的特色菜,欢迎各位品尝!

真对不起,这个菜今天已经卖完了。

您喜欢喝点什么酒?

饭后您想吃点甜品吗?

请问还需要什么?

现在可以上菜了吗?

对不起,让您久等了,这是您的菜。

我可以撤掉这个盘子吗?

对不起,打扰您了。谢谢您的帮忙。

现在可以为您结账吗?

对不起,我们这里不可以签单,请付现款好吗?

希望您吃得满意。谢谢,欢迎您再次光临!

任务评价

"酒店服务礼仪实训"考核评分标准见表 8-3。

表 8-3 "酒店服务礼仪实训"考核评分标准

序号	考核内容	考核要点	分值	自评分	互评分	教师评分
1	前厅服务	门厅迎送服务礼仪,客房预订服务礼仪,入住接待服务礼仪,行李部的服务礼仪,问询服务礼仪,总机服务礼仪,大堂副理处理投诉礼仪	30			

續表

序号	考核内容	考核要点	分值	自评分	互评分	教师评分
2	客房服务	楼层迎宾服务礼仪,客房清洁服务礼仪,客房日常服务礼仪,客房个性化服务礼仪	30			
3	餐厅服务	迎宾礼仪,引位礼仪,点菜礼仪,中餐服务礼仪,西餐服务礼仪	30			
4	整体印象	具有良好的酒店服务礼仪习惯,塑造大方、得体、高雅的职业形象	10			
	总　分					
小组自评	存在不足:					
	改进措施:					
小组互评	存在不足:					
	改进措施:					
教师评价	存在不足:					
	改进措施:					

训练总结:

课后练习

1. 判断题

(1) 酒店员工的穿着打扮是酒店礼仪重要的组成部分,所以员工着装的要求就是"时髦时尚",否则会破坏酒店的形象。（　　）

(2) 酒店的"窗口"是客房,这也是酒店的管理核心区域。（　　）

(3) 酒店员工在服务中要做到三轻:走路轻,说话轻,动作轻。（　　）

(4) 前厅所有来的电话,务必在三响之内接听,只有这样才能充分体现酒店的工作效率。（　　）

(5) 上菜要从客人的左边上;酒席中的头菜,其看面要对正主位,其他菜的看面要朝向四周。（　　）

(6) 酒店服务员在服务工作完成之后,可以在客房内看电视、听音乐,陶冶情操。（　　）

(7) 酒店服务员要主动与客人握手,以表示热烈欢迎。（　　）

(8) 客人在进餐中,把账单正面朝下放在小托盘上,从左边给客人结账。（　　）

2. 简答题

(1) 酒店前厅服务礼仪包括哪些内容?

(2) 酒店客房服务礼仪包括哪些内容?

(3) 酒店餐厅服务礼仪包括哪些内容?

项目8 服务礼仪

3. 实践题

（1）以酒店的某一个服务岗位为例，谈谈如何让客人产生"宾至如归"的感受。

（2）下面是某星级酒店对客房服务员的工作要求，对照各条自查一下，看你能否做到。

"三轻"：即要求客房服务员工作时，要说话轻、走路轻、操作轻。

"六无"：即客房卫生要做到无虫害、无灰尘、无碎屑、无水迹、无锈蚀、无异味。

"五声"：宾客来店有欢迎声，宾客离店有告别声，宾客表扬有致谢声，工作不足有道歉声，宾客欠安有慰问声。

"五个服务"：包括主动服务、站立服务、微笑服务、敬语服务、灵活服务。

"八字"：要求客房服务员从宾客进店到离店，从始至终要做到迎、问、勤、洁、灵、静、听、送八个字。具体如下。

迎：客人到达时要以礼当先、热情迎客。

问：见到客人要主动、热情问候。

勤：服务员在工作中要勤快、迅速稳妥地为宾客提供快速敏捷、准确无误的服务，不图省事，不怕麻烦。

洁：房间要清洁、勤整理，做到每日三次进房检查整理房间。坚持茶具消毒，保证宾客身体健康。

灵：办事要认真、机动灵活，眼观六路、耳听八方，应变能力强。

静：在工作中要做到说话轻、走路轻、操作轻，保持楼层环境的安静。

听：在工作中要善于听取客人意见，不断改进工作，把服务工作做在客人提出之前。

送：客人离店送行，表示祝愿，欢迎再次光临。

（3）以下是酒店楼面服务基本的礼貌用语，请模拟进行分组练习。

迎客——"您好，欢迎光临！"

拉椅请坐——"先生/小姐，请坐！"

开位问茶——"请问先生/小姐喜欢喝什么茶呢？"

送餐巾——"先生/小姐，请用毛巾。"

斟茶——"先生/小姐，请用茶。"

问酒水——"先生/小姐，请问喜欢喝些什么酒水呢？"

斟酒水——"先生/小姐，帮你斟上××酒水好吗？"

收茶杯——"先生/小姐，帮您把茶杯收走好吗？"

上汤——"这是××汤，请慢用。"

上菜——"这是××菜，请各位慢用。"

更换骨碟——"先生/小姐，帮您换骨碟。"

撤换茶碟——"请问，这个茶碟可以收走吗？"

上水果——"这盘水果是我们酒楼××经理送的，是本酒楼的小小心意，请慢用。"

饭后茶——"请用热茶。"

结账——"请问哪位买单？""多谢八折N多钱""多谢收到N多钱""多谢找回N多钱。"

送客——"多谢光临，欢迎下次再来，拜拜！"

（4）酒店服务礼仪操作中需打"请"的手势有以下方面，请组织学生进行分组训练。

带位手势—拉椅手势—开位手势—斟茶手势—斟酒水手势—收茶杯手势—撤换骨碟手势—换烟灰缸手势—上汤手势—分汤手势—加汤手势—上菜手势—撤换菜碟手势—上茶手势—上水果手势—送客手势

（5）请根据以下情境，组织学生分组训练规范礼貌用语及操作程序。

① 当客人进入餐厅时，咨客应主动上前，热情地征询客人："先生／小姐，您好！欢迎光临，请问您几位？"当客人回答后，便问："请问先生／小姐贵姓？"

② 把客人带到座位后，拉椅请坐（并做请的手势）。双手把菜谱递给客人并说道："××先生，这是我们的菜单。"然后询问客人："您好，请问喝什么茶？我们这有普洱、铁观音、龙井等茶"。客人选定茶叶后，应把客人所点的茶告知看台的服务员。

要求：语言亲切，保持微笑，使客人有得到特别受尊重的感觉。迅速把客人的尊姓告知上前拉椅问茶的服务员，以及该区域的领班、部长，并把姓名写在菜卡上。

③ 服务员在分管的岗位上站岗，笑脸迎接客人，协助咨客安排客人入座，稍鞠躬讲："先生／小姐，您好，欢迎光临！"

④ 拉椅请坐，先将女性坐的椅子拉出，在她坐下时，徐徐将椅子靠近餐桌，说："先生／小姐，请坐。"并做请的手势，向咨客了解客人尊姓。

（6）阅读以下内容，然后回答问题。

温情服务的经典内涵

日本学者武田哲男在《顾客满意经营》一书中，对"温情服务"做了一段精彩的论述。他从组成 service 的字母中挖掘"温情服务"的内涵，令人深受启发。

s——sincerity，speed & smile，即诚意、迅速、微笑，就是所谓的销售"3s"。

e——energy，精神振奋、活泼有力的样子。

r——revolutionary，创新与突破，经常加入新鲜且革新的要素。

v——valuable，服务必须是"有价值之物"。

i——impressive，服务必须是"令人感动"的东西。如果对方没有喜悦或感动，服务就会显得无力。

c——communicate，服务必须以彼此的沟通为原则。

e——entertainment，服务必须以亲切的态度对待。

问题：请谈谈你对温情服务的理解，你怎样在服务中体现"温情服务"？

（7）某烹饪协会理事认为：餐饮服务员不仅要懂服务，还要懂菜肴，要弄懂不同菜肴的原材料、价格、营养成分、制作程序及其色、形、味等特点。你是否赞同这个观点？说说你的看法。

（8）中国是一个餐饮文化大国，长期以来在某一地区由于地理环境、气候物产、文化传统以及民族习俗等因素的影响，形成有一定亲缘承袭关系，菜点风味相近，知名度较高，并为部分群众喜爱的地方风味著名流派。其中，粤菜、川菜、鲁菜、淮扬菜、浙菜、闽菜、湘菜、徽菜被称为"八大菜系"。你了解"八大菜系"的特点吗？请把你掌握的信息跟同学们分享一下。

项目8 服务礼仪

4. 案例分析题

扫描二维码，阅读案例原文，然后回答案例后的问题。

案例分析题原文

电子活页

1. 常见会议的礼仪

新产品发布会　　　　　商品展销会　　　　　　展览会

2. 服务"五快"

眼快　　　　　　　　　耳快　　　　　　　　　脑快

手快　　　　　　　　　脚快

思 政 园 地

张秉贵："一团火"精神光耀神州

张秉贵（1918—1987 年），北京百货大楼售货员。作为一名优秀的共产党员，他在平凡的岗位上练就了令人称奇的"一抓准""一口清"技艺和"一团火"服务精神，成为新中国商业战线的一面旗帜。

一、当上"新中国第一店"售货员

1918年,张秉贵出生于北京。因家境贫寒,11岁就到地毯厂当了学徒,17岁开始在北京德昌厚食品店当学徒。

1949年,北平(当年10月改称北京)解放。在中国共产党的领导下,人民真正成为社会的主人。张秉贵在黑暗的旧中国做过童工,当过学徒,是被压迫者,他深切地感受到,和自己一样的穷人不再受欺负了,有一种扬眉吐气、迎来新生的感觉。他说过:"新旧社会两重天,一个苦来一个甜。"他从心里热爱共产党,热爱新中国。这种纯朴的感情使他有一种劲头:要在新社会里好好工作,报答共产党的解放之恩。

20世纪50年代初,北京在王府井建立当时全市最大的百货大楼,需要招聘大批营业员。张秉贵得知后立即去报名,但告示上写着只招25岁以下的年轻人,而自己当时已经36岁了,不由得心中凉了半截。但他不甘心,找到招聘处,自我介绍说:我原来在杂货店工作,有当售货员的经验。招聘负责人见张秉贵态度恳切,年纪也不算大,又有杂货店工作经验,就破格录取了他。

张秉贵一进百货大楼,就暗暗地下决心,要拼上全部精力好好干工作。他自己做梦也没想到自己能当上"新中国第一店"的售货员,因此十分珍惜这个工作岗位。在旧社会,自己是个没有地位、受人压迫、任人打骂的人,现在成了社会的主人,这种极大的反差,让他对新社会无比热爱,要为新社会发展尽一把力。另外,百货大楼那宽敞明亮的柜台,决非自己原来的小杂货店柜台可比,站在那里,自己觉得体面,能为和自己同样得到解放的人民大众服务,自己也觉得光荣。站在百货大楼柜台前,张秉贵有一种受尊敬的感觉。旧社会他不被当人看,而在新社会他真觉得自己是与众人平等的一员。一次,他接待了一名有病的顾客,帮她选择了几种适合的点心。后来,这位顾客还专门带着礼品到柜台前来看望他,这使他感到自己受人尊敬了,与旧社会不同了。强烈的对比,更坚定了他好好干的信念。

二、受到两次批评后的思想跃升

刚到百货大楼的张秉贵,只有一个心思:好好干,让顾客购买好商品。但此时的他还没有把自己干的工作和为人民服务联系起来。这样,难免会表现出一些毛病,因此,他也受到过两次批评。

第一次受批评,是他到百货大楼不久。一天,百货大楼里来了一位顾客,只要买两块桃酥。张秉贵受过去一些旧商人陋习的影响,觉得这位顾客买的东西太少了,便没有理睬他,转身去接待购货多的顾客。这位顾客不高兴了,找到百货大楼领导提意见。百货大楼领导也发觉新来的售货员普遍存在这类思想,便开了个小会讨论这件事。会上,同事们纷纷对张秉贵提出批评。面对批评,张秉贵觉得委屈,他说:"我多售货,是想为国家多创造些财富,有什么不对?"会后,党支部书记单独找他做思想工作,向他讲明白:"我们售货员,是为人民服务的,为人民服务,就不能挑对象,买多的买少的,同样是我们服务的对象,应该同样对待人家。"

"我们自己在旧社会穷,被人看不起,在新社会,我们不能再用这种眼光看待别人"。党支部书记谈话后,送给张秉贵一本毛泽东的《为人民服务》单行本。张秉贵认识到自己错了。他回家后,把这本书反复看了几遍,真正从心里体会到:人民是国家的主人,要为国家服务，怎能不先为人民服务呢？一个人，不管在什么样的工作岗位上，只要把自己投身到为人民服务的工作中去，全心全意为人民服务，他就是高尚的人，他的一生就有很高的价值。他的思想上升到这一点后，就从没有动摇过，此后一生坚守这个理念，用这种高尚思想要求自己，并付诸行动。从那以后的30多年时间里，张秉贵接待顾客近400万人次，没有跟顾客红过一次脸，吵过一次嘴，没有怠慢过任何一个人。

张秉贵第二次受批评是他到百货大楼的第二年。那一年，百货大楼经过业务扩展，不仅在北京是最大的商业中心，也是全国最大的商业中心了。凡是到北京来的外地人，都要到百货大楼去转转，买一点东西，因此，这里也就成了全国客流量最大的地方。中华人民共和国成立初期，整个国家都处在物资匮乏状态，百货大楼虽然货物较其他商店要丰富一些，但也供不应求。来这里的顾客通常要排很长时间的队才能买上东西。久而久之，顾客也难免抱怨。一天，正在忙着售货的张秉贵听到两个女顾客在议论他："服务态度还行，就是动作太慢。""响鼓不用重槌敲。"两位女顾客虽然不是当面批评，而是私下议论他，但他从中看到了自己的不足，下决心弥补。

要使自己动作快、准，就要脑子算得快又对，手上利落、准确。张秉贵决心在这两方面下功夫。下班后，别人休息了，可张秉贵却在苦练心算和售货技术动作。工作中，他对自己学习的知识、技巧，反复实践，经过一段时间的努力，他终于练就了"一抓准"和"一口清"的过硬本领。所谓"一抓准"，就是指张秉贵一把就能抓准分量，如顾客要半斤，他一手便能抓出5两；"一口清"则是非常快的算账速度。遇到顾客分斤分两买几种甚至一二十种糖果，他也能一边称糖一边用心计算，经常是顾客要买多少的话音刚落，他就同时报出了应付的钱数。后来他又发明了"接一问二联系三"的工作方法，即在接待第一个顾客时，便问第二个顾客买什么，同时和第三个顾客打好招呼，做好准备。他在问、拿、称、包、算、收六个环节上不断摸索，接待一个顾客的时间从三四分钟减为一分钟。张秉贵还注意研究顾客的不同爱好和购买动机，揣摩他们的心理。为使说话亲切动人、言简意明，他又自学了语言学。他的努力受到肯定，成为百货大楼和北京市的服务标兵。

三、"一团火"的由来

谁都知道，"一团火"是群众和组织对张秉贵的特有称呼。这个称呼是怎么来的？却很少有人知道。

实际上一开始，"一团火"是张秉贵在谈自己体会时一段话中的一个词。有一次，一个同志问张秉贵："你为什么能把售货员这样平凡的工作做得这样不平凡？"张秉贵说："我们售货员要胸中有一团火，温暖顾客的心，树立'完全''彻底'为人民服务的思想。"

这本是出于一个平凡人的平凡话，在当年却影响相当大。这句话见报后，立即在全国传播开来。最先用这句话来鼓舞职工的是一些服务单位。这些单位的职工把满腔热忱、全心全意地为顾客服务当作自己的努力目标。但当时还没有把"一团火"作为集中概括张秉贵精神的一个词。

1957年，张秉贵被评为北京市劳动模范。他成为模范人物之后，上级单位为了宣传他的事迹，寻找能集中概括张秉贵特点的词，顾客群众、张秉贵同事称赞张秉贵的话自然进入他们的视野。最后，他们觉得张秉贵自己谈工作体会的话中那三个字"一团火"，最能代表他的精神。这样，"一团火"就被约定俗成地作为概括张秉贵精神的词汇了。

"一团火"的实质内容就是张秉贵总结出的服务经——"五个劲"：站柜台的精神劲、服务态度的热情劲、售货中的迅速劲、始终如一的持久劲、坚持不懈的虚心学习劲；"十个字"：主动、热情、诚恳、耐心、周到；"四个一样"：买与不买一个样，买多买少一个样，生人熟人一个样，本市外埠一个样。后来，张秉贵的"一团火"精神受到中央领导的肯定，中央和地方的各种宣传媒体也用这三个字介绍张秉贵的精神，全国各地服务行业更是用这种精神教育广大职工，"一团火"，就与张秉贵一生联系在一起，成为他的精神写照。同时，后来随着各地各级的广泛宣传和被广大人民群众肯定，"一团火"精神也成为中华民族优良传统的一个重要组成部分。

　　四、"燕京第九景"

　　在北京地区，早就有"燕京八景"之说。"卢沟晓月""玉泉趵突""西山晴雪""琼岛春阴""太液秋风""金台夕照"……从事旅游行业的人对此耳熟能详。但在 20 世纪 60 年代，却出现了"燕京第九景"之说，这就是张秉贵在百货大楼售货的情景。

　　为什么把张秉贵在百货大楼售货情景称为"燕京第九景"呢？因为张秉贵在售货过程中的一举一动、一言一行，不仅表现出他全心全意为人民服务的精神，而且也带有一种特殊的美，吸引北京和外地无数人前来观看。

　　张秉贵在当售货员过程中常常感到，要使顾客满意，自己的形象很重要。他说过：我们售货员，每天要和千千万万的顾客打交道，自己的形象一定要好，要展现给每个顾客一种清新、健康、干净的形象。

　　注重仪表只是一个方面，更主要的是张秉贵在售货过程中，以全心全意为人民服务的精神为基础的那股热情洋溢的劲头，以及把这种劲头体现出来的一整套服务过程。张秉贵一进柜台，就像战士进入阵地。普通售货员一般早晨精神饱满、服务态度较好；下午人疲倦了，不太爱说话，也懒得动弹，对顾客就容易冷漠。张秉贵却不然，从清晨开门接待第一个顾客，到晚上送走最后一个顾客，自始至终都能春风满面、笑容可掬。他在百货大楼的 30 多年，每天都腰板挺直、干干净净地站在柜台前，接待了几百万名顾客。他通过眼神、语言、动作、表情、步伐、姿态等调动各个器官的功能，商业服务业的简单操作，被他升华为艺术境界。这种艺术境界，不光有形象美、神态美，还有节奏美。正因如此，他的售货过程才被喻为"燕京第九景"，吸引来那么多并不购物的人前来争相观看。有不少人，本来不缺少糖果，但为了观看张秉贵的售货过程，拿着少量的钱前来买一点糖果，以能从他手中买到糖果为荣。到百货大楼来买他的东西的顾客越来越多。有的人干脆什么也不买，就是来看他售货的。每天，张秉贵的柜台前都挤满了观看的人们。有好几次，为了看他的表演，热情的顾客曾经将百货大楼的玻璃柜台挤碎。

　　商业部门领导同志知道这件事后，在感动之余提出，要张秉贵把他这套服务艺术写成书，在全国商业战线推广。为了把为人民服务的经验传播开来，张秉贵愉快地接受了这项任务。白天他精神焕发地工作，夜晚，文化水平不高的他，在灯下把自己的经验付诸文字。经过无数不眠之夜，他的柜台服务经验终于完稿，名为《张秉贵柜台服务艺术》。这本书曾在全国商业、服务行业广泛发行，为提高全国商业、服务行业人员素质做出了重要贡献。张秉贵出名后，请他去做讲演、讲课的单位很多，听众达十多万人次。张秉贵介绍自己服务经验的语言非常朴实，也很生动，大家都爱听，并且为他对顾客的一片诚心所感动，也从中学到了不少知识。

张秉贵全心全意为人民服务,他自己也受到了广大群众的尊敬。张秉贵每天都能收到许多来自全国各地的赞扬信。一位北京的高中毕业生给张秉贵的信中这样写道:"我几乎天天和售货员打交道,但像您这样的售货员极少见。多么希望像您这样的售货员,星罗棋布于天下。"

党和人民也给了张秉贵很高的荣誉。早在1957年,张秉贵就被评为北京市劳动模范。1978年,他被北京市授予特级售货员称号。1979年被国务院授予全国劳动模范称号。1987年,张秉贵同志因病医治无效,在北京不幸去世,享年67岁。在他病重住院期间,前来看望他的人络绎不绝,有党和国家领导人,也有教授、专家,更多的是热爱他的顾客。1988年,北京市百货大楼在大门广场处为其竖立半身铜像至今。陈云同志为其题词:"一团火"精神光耀神州。2009年9月10日,在中央宣传部、中央组织部、中央统战部、中央文献研究室、中央党史研究室、民政部、人力资源和社会保障部、全国总工会、共青团中央、全国妇联、解放军总政治部11个部门联合组织的"100位为新中国成立做出突出贡献的英雄模范人物和100位新中国成立以来感动中国人物"评选活动中,张秉贵被评为"100位新中国成立以来感动中国人物"。

张秉贵的风采如图8-1所示。

图 8-1　张秉贵的风采

(资料来源:完颜亮.张秉贵:"一团火"精神光耀神州[J].党史博采,2012(10):4-8.)

参考文献

[1] 梁冰,叶秋玲,高慧霞,等. 美容礼仪[M]. 上海:复旦大学出版社,2021.

[2] 王常红,孟文燕,秦承敏. 商务礼仪与职场处世[M]. 大连:东北财经大学出版社,2021.

[3] 赵蓉. 商务礼仪[M]. 北京:人民邮电出版社,2021.

[4] 朱向军. 沟通与礼仪[M]. 北京:人民邮电出版社,2021.

[5] 商香华,陈春梅,闫春丽. 汽车营销礼仪[M]. 济南:山东大学出版社,2021.

[6] 戴雯,张鹏利. 大学生礼仪指导与实践[M]. 北京:首都经济贸易大学出版社,2020.

[7] 江彩,黄仪娟,徐红梅. 礼仪规范教程[M]. 北京:人民邮电出版社,2020.

[8] 褚倍. 商务礼仪[M]. 北京:清华大学出版社,2020.

[9] 金焕,王川. 商务礼仪[M]. 3版. 北京:人民邮电出版社,2020.

[10] 赵英,罗元浩. 公共关系与现代礼仪[M]. 5版. 北京:清华大学出版社,2020.

[11] 李博,王晓娟. 商务礼仪[M]. 北京:清华大学出版社,2019.

[12] 杜明汉,刘巧兰. 商务礼仪[M]. 北京:高等教育出版社,2019.

[13] 王淑华,孙岚. 服务礼仪[M]. 北京:首都经济贸易大学出版社,2019.

[14] 张鹏. 商务礼仪与职业形象[M]. 北京:清华大学出版社,2019.

[15] 赵晓利. 现代商务礼仪[M]. 长春:东北师范大学出版社,2019.

[16] 李银兰. 现代礼仪[M]. 大连:东北财经大学出版社,2019.

[17] 段玲. 礼仪与修养[M]. 北京:人民邮电出版社,2019.

[18] 陈玲. 商务礼仪[M]. 2版. 北京:清华大学出版社,2018.

[19] 张铭. 大学生社交礼仪[M]. 2版. 北京:清华大学出版社,2018.

[20] 王玉芩. 商务礼仪案例与实践[M]. 北京:人民邮电出版社,2018.

[21] 高琳. 人际沟通与礼仪[M]. 北京:人民邮电出版社,2017.

[22] 赵颖. 社交礼仪[M]. 北京:中国人民大学出版社,2017.

[23] 韩旭. 大学生社交与礼仪[M]. 北京:人民邮电出版社,2017.

[24] 赵敏,王辉. 商务礼仪[M]. 2版. 北京:人民邮电出版社,2017.

[25] 孙玲,江美丽. 商务礼仪实务与操作[M]. 3版. 北京:对外经济贸易大学出版社,2017.

[26] 张永红. 商务礼仪实践[M]. 北京:北京理工大学出版社,2017.

[27] 黄琳. 商务礼仪[M]. 3版. 北京:机械工业出版社,2016.

[28] 伍新蕾. 服务礼仪与形体训练[M]. 大连:东北财经大学出版社,2016.

[29] 孙艳红. 旅游服务礼仪[M]. 北京:电子工业出版社,2016.

[30] 秦保红. 职场礼仪教程[M]. 北京:中国人民大学出版社,2016.

[31] 张岩松. 知书达礼——现代交际礼仪畅讲[M]. 北京:清华大学出版社,2016.

[32] 张再欣. 现代商务礼仪[M]. 北京:中国人民大学出版社,2016.

[33] 杨再春,陈方丽. 商务礼仪实训教程[M]. 北京:清华大学出版社,2016.

[34] 陈玉慧,唐玉藏. 商务礼仪实训[M]. 北京:机械工业出版社,2016.

[35] 李慧茹,王瑞春. 商务礼仪[M]. 北京:清华大学出版社,2016.

[36] 杨贺,杨娟,马静静. 商务礼仪[M]. 北京:北京理工大学出版社,2016.

[37] 牟红,杨梅. 旅游礼仪实务[M]. 2版. 北京:清华大学出版社,2015.

［38］何浩然. 中外礼仪［M］. 3 版. 大连：东北财经大学出版社，2015.

［39］周淑英，化长河. 老年服务伦理与礼仪［M］. 北京：北京师范大学出版社，2015.

［40］张学娟. 实用商务礼仪［M］. 北京：人民邮电出版社，2015.

［41］徐汉文，张云河. 商务礼仪［M］. 北京：高等教育出版社，2015.

［42］王小静. 酒店服务礼仪［M］. 北京：北京交通大学出版社，2014.

［43］舒静庐. 服务礼仪［M］. 上海：上海三联书店，2014.

［44］肖晓. 职场礼仪——职场生存与发展的智慧［M］. 北京：经济管理出版社，2014.

［45］徐光寿. 旅游服务礼仪［M］. 北京：北京大学出版社，2013.

［46］孟令军，贾丽彬. 老年服务伦理与礼仪［M］. 北京：北京大学出版社，2013.

［47］许宝良. 商务礼仪［M］. 北京：高等教育出版社，2013.

［48］谢彦波，冯玥. 旅游服务礼仪［M］. 哈尔滨：哈尔滨工程大学出版社，2012.

［49］李丽. 旅游礼仪［M］. 北京：中国轻工业出版社，2012.

［50］陈光谊. 现代实用社交礼仪［M］. 北京：清华大学出版社，2012.

［51］金常德. 现代交际礼仪［M］. 大连：大连出版社，2012.

［52］万文斌，郝素岭，陈明华. 商务礼仪［M］. 北京：航空工业出版社，2012.

［53］崔玉环，祝永志. 商务礼仪［M］. 北京：高等教育出版社，2012.

［54］张建宏. 现代商务礼仪教程［M］. 北京：国防工业出版社，2011.

［55］张建宏. 社交礼仪与沟通技巧［M］. 北京：国防工业出版社，2011.

［56］钟立群，王炎. 现代商务礼仪［M］. 北京：北京大学出版社，2010.

［57］汪彤彤. 职场礼仪［M］. 大连：大连理工大学出版社，2010.

［58］吴新红. 实用礼仪教程［M］. 北京：化学工业出版社，2010.

［59］刘克芹. 社交礼仪［M］. 北京：经济科学出版社，2010.

［60］陈乾文. 别说你懂职场礼仪［M］. 北京：龙门书局，2010.

［61］杨海清. 现代商务礼仪［M］. 北京：科学出版社，2010.

［62］关彤. 社交礼仪［M］. 海口：海南出版公司，2010.

［63］杜明汉. 商务礼仪——理论、实务、案例、实训［M］. 北京：高等教育出版社，2010.

［64］王忠伟，蒲岸华，李洪娜，等. 商务礼仪［M］. 大连：东北财经大学出版社，2010.

［65］廖春红. 中国式商务应酬细节全攻略［M］. 广州：广东人民出版社，2010.

［66］贾孟喜，陈开梅. 职业女性形象设计教程［M］. 武汉：华中师范大学出版社，2009.

［67］伍海琳. 旅游礼仪［M］. 长沙：湖南大学出版社，2009.

［68］王琦. 旅游礼仪服务实训教程［M］. 北京：机械工业出版社，2009.

［69］舒伯阳，刘名俭. 旅游实用礼貌礼仪［M］. 天津：南开大学出版社，2008.

［70］关小燕. 礼仪：规范行为的学问［M］. 北京：清华大学出版社，2008.

［71］邹翃燕，丁永玲. 现代服务礼仪［M］. 武汉：武汉大学出版社，2007.

［72］刘长凤. 实用服务礼仪培训教程［M］. 北京：化学工业出版社，2007.

［73］徐昌才. 古道热肠迎宾客——浅析唐诗"待客"之道［EB/OL］.［2020-05-08］. https://jiaoan1.7139.
com/1417/03/132281.html.

［74］胡红霞. 浅谈会议中的个人礼仪［J］. 秘书之友，2010(1)：42-44.

［75］今日镇海. 最美养老护理员：用心呵护情暖夕阳.［EB/OL］.［2020-10-22］. http://www.zh.gov.cn/
art/2020/10/22/art_1229033272_58923477.html.

［76］佚名. 细节决定成败［EB/OL］.［2017-11-18］.http://m.sohu.com/a/205126205_120055.

［77］佚名. 酒店服务案例［EB/OL］.［2019-01-29］. https://www.doc88.com/p-6836186695201.html.